经济转型与供给侧改革：
日本经验借鉴

孙丽 著

中国财经出版传媒集团
经济科学出版社
Economic Science Press

图书在版编目（CIP）数据

经济转型与供给侧改革：日本经验借鉴/孙丽著.
—北京：经济科学出版社，2018.2
ISBN 978-7-5141-9048-9

Ⅰ.①经… Ⅱ.①孙… Ⅲ.①经济改革-研究-日本
Ⅳ.①F131.34

中国版本图书馆 CIP 数据核字（2018）第 031053 号

责任编辑：殷亚红　王　洁
责任校对：郑淑艳
版式设计：齐　杰
责任印制：王世伟

经济转型与供给侧改革：日本经验借鉴
孙　丽　著
经济科学出版社出版、发行　新华书店经销
社址：北京市海淀区阜成路甲 28 号　邮编：100142
总编部电话：010-88191217　发行部电话：010-88191522
网址：www.esp.com.cn
电子邮件：esp@esp.com.cn
天猫网店：经济科学出版社旗舰店
网址：http://jjkxcbs.tmall.com
北京季蜂印刷有限公司印装
787×1092　16 开　15.75 印张　320000 字
2018 年 2 月第 1 版　2018 年 2 月第 1 次印刷
ISBN 978-7-5141-9048-9　定价：46.00 元
（图书出现印装问题，本社负责调换。电话：010-88191510）
（版权所有　侵权必究　举报电话：010-88191586
电子邮箱：dbts@esp.com.cn）

目录
CONTENTS

第1章 绪论 ··· 1
  1.1 问题的提出 ··· 1
  1.2 供给侧改革的理论基础 ·· 3
  1.3 本书的研究框架 ·· 6

第2章 供给侧改革与政企关系研究 ·· 8
  2.1 有关政府与企业关系的研究视角 ·· 8
    2.1.1 和东亚的经验相联系的视角 ····································· 9
    2.1.2 世界银行的视角 ·· 9
    2.1.3 新政治经济学的视角 ··· 10
    2.1.4 比较制度分析的视角 ··· 11
    2.1.5 转轨经济学的理论视角 ·· 11
    2.1.6 "国家发展推动论"的视角 ···································· 12
    2.1.7 "市场增进论"理论的视角 ···································· 12
  2.2 日本关系依存型政企关系模式的形成过程 ····························· 13
    2.2.1 解散财阀 ··· 14
    2.2.2 制定反垄断法 ··· 14
    2.2.3 实施"道奇计划" ·· 14
  2.3 日本政府企业间关系的特征 ·· 15
    2.3.1 "政产复合"是基本特征 ······································ 15
    2.3.2 "铁三角"相互制约 ··· 17
    2.3.3 各产业界介入产业团体 ·· 17
    2.3.4 官僚机构为主导 ·· 18

  2.3.5 "促进者"而非"管制者" 18
  2.3.6 "内部人控制"模式 19
 2.4 政府企业关系对企业发展带来的影响 25
  2.4.1 "护送船团"维护金融秩序 26
  2.4.2 运用各种手段调节企业行为 27
  2.4.3 政府以产业政策为核心 27
  2.4.4 限制外部市场收购 28
  2.4.5 制定相关发展战略和计划 28
  2.4.6 建立内生的创新机制 29
 2.5 日本政府和企业关系弊端 29
  2.5.1 没有与时俱进 30
  2.5.2 既得利益集团阻碍改革 30
  2.5.3 产业政策带来寻租行为 30
  2.5.4 政府的管理能力有限 31
  2.5.5 政府对企业的过度干预 31
 2.6 日本政企关系的改革方向及启示 31
  2.6.1 要防止不切实际的高增长目标 32
  2.6.2 要防止政府对企业的过度干预 32
  2.6.3 要防止"大企业病" 33
  2.6.4 要转变政府职能 33

第3章 供给侧改革的产业政策研究 34
 3.1 供给侧产业政策的理论基础 34
 3.2 中国的供给侧产业政策 39
  3.2.1 中国产业政策的内涵 39
  3.2.2 产业政策的发展阶段 40
  3.2.3 产业政策的手段 42
  3.2.4 林毅夫与张维迎之争 43
  3.2.5 对林毅夫与张维迎之争的评析 44
 3.3 日本的供给侧产业政策 45
  3.3.1 日本产业政策的内涵 45
  3.3.2 日本产业政策的实施手段 46
  3.3.3 日本各个时期的产业政策 47

  3.3.4 日本政府规制的制定 ……………………………………………… 50
 3.4 日本执行产业政策的经验教训 ………………………………………… 52
  3.4.1 日本经济学界对产业政策的评价 ……………………………… 52
  3.4.2 日本执行产业政策教训 ………………………………………… 52
  3.4.3 日本执行产业政策的经验 ……………………………………… 55
  3.4.4 供给侧改革的产业政策转型相关建议 ………………………… 57

第4章　"二战"后（20世纪40年代）日本供给侧改革发展的历程 …… 58
 4.1 第一次供给侧改革（1945~1955年） ………………………………… 58
  4.1.1 第一次供给侧改革的背景 ……………………………………… 58
  4.1.2 第一次供给侧改革的内容 ……………………………………… 59
  4.1.3 第一次供给侧改革的效果 ……………………………………… 59
 4.2 第二次供给侧改革（1973~1978年） ………………………………… 60
  4.2.1 第二次供给侧改革的背景 ……………………………………… 60
  4.2.2 第二次供给侧改革的主要改革措施 …………………………… 61
 4.3 第三次桥本内阁"财政结构改革"（20世纪80年代后期到90年代初） … 63
  4.3.1 供给侧财政结构改革的背景 …………………………………… 63
  4.3.2 财政结构改革所面临的问题 …………………………………… 64
  4.3.3 供给侧结构改革的内容及效果 ………………………………… 67
 4.4 第四次小泉内阁的"结构改革"（2001年4月~2006年9月） ……… 67
  4.4.1 改革的背景 ……………………………………………………… 68
  4.4.2 改革的主要内容 ………………………………………………… 69
  4.4.3 小泉时期的邮政民营化改革 …………………………………… 71
  4.4.4 小泉改革的成效 ………………………………………………… 79
  4.4.5 对中国的借鉴意义 ……………………………………………… 80
 4.5 第五次安倍内阁的"新经济增长战略"（2012年至今） ……………… 81
  4.5.1 安倍内阁供给侧改革的主要内容 ……………………………… 82
  4.5.2 安倍内阁供给侧结构改革面临的挑战 ………………………… 87
  4.5.3 安倍内阁供给侧结构改革的效果 ……………………………… 88
  4.5.4 日本供给侧改革的经验教训 …………………………………… 91

第5章　"安倍经济学"与供给侧改革 ……………………………………… 95
 5.1 安倍经济学的难题 …………………………………………………… 95

- 5.1.1 日本GDP的组成 ·········· 99
- 5.1.2 短期成功，长期效果不确定 ·········· 99
- 5.1.3 消费税率上涨后日本经济走势 ·········· 103

5.2 安倍经济学的弊端 105
- 5.2.1 债务黑洞的制约 ·········· 105
- 5.2.2 征税的"双刃剑"效应 ·········· 106
- 5.2.3 货币政策传导机制有效性分析 ·········· 107

5.3 日本非常规利率政策的传导机制：通货再膨胀 109
- 5.3.1 日本央行的零利率政策实践 ·········· 111
- 5.3.2 日本非常规利率政策效果实证分析 ·········· 114
- 5.3.3 日本非常规利率政策目标未能实现的原因分析 ·········· 123
- 5.3.4 结论 ·········· 128

5.4 日元国际化对日本货币政策有效性的影响 129
- 5.4.1 研究综述 ·········· 129
- 5.4.2 日元国际化现状分析 ·········· 131
- 5.4.3 日元国际化进程中的货币政策 ·········· 133
- 5.4.4 日元国际化对货币政策有效性影响的实证分析 ·········· 136
- 5.4.5 结论 ·········· 142

第6章 日本供给侧改革与处理僵尸企业问题的经验教训 145

6.1 相关研究述评 145

6.2 僵尸企业的理论及内涵 148
- 6.2.1 创造性破坏（Creative Destruction） ·········· 148
- 6.2.2 僵尸企业的内涵及识别方法 ·········· 149

6.3 日本僵尸企业的概况 153
- 6.3.1 僵尸企业占日本企业的比例 ·········· 153
- 6.3.2 日本僵尸企业的行业特征 ·········· 154
- 6.3.3 各行业中的僵尸企业资产占比 ·········· 155

6.4 日本僵尸企业产生的原因 157
- 6.4.1 泡沫经济的后遗症 ·········· 157
- 6.4.2 政府不恰当的扶持政策 ·········· 158
- 6.4.3 银行信贷不当 ·········· 158
- 6.4.4 政府和银行之间的政企合谋 ·········· 159

6.5 僵尸企业问题对日本经济发展的影响 ·· 160
    6.5.1 僵尸企业问题的负外部性迟滞了日本经济的恢复步伐 ········· 160
    6.5.2 僵尸企业的存在导致金融、劳动力等资源配置的非效率化 ····· 161
    6.5.3 僵尸企业的大量存在阻碍了全社会全要素生产率水平的提升 ····· 161
    6.5.4 僵尸企业的存在虽然暂时降低了对就业率的破坏性，但也阻碍了
         就业率的创造 ·· 163
6.6 日本处理僵尸企业问题的主要做法 ·· 164
    6.6.1 实施政府宏观政策 ·· 164
    6.6.2 强化企业的内部治理 ·· 166
    6.6.3 银行的支持 ·· 167
    6.6.4 政府、银行、企业联手处置僵尸企业 ······································ 168
6.7 日本处理僵尸企业问题的效果 ·· 170
    6.7.1 总体效果 ·· 170
    6.7.2 行业效果 ·· 171
6.8 日本处理僵尸企业问题的经验教训 ·· 174
    6.8.1 处理僵尸企业问题要找时机，政府要果断出手，尽快制定
         路线图 ·· 175
    6.8.2 及时成立专门机构，依法处理僵尸企业问题 ·························· 175
    6.8.3 "无形的手"和"有形的手"密切配合处理僵尸企业问题 ······· 176
    6.8.4 政府和银行通力合作处理僵尸企业问题，强化银行的预算硬化 ····· 176
    6.8.5 妥善处理好规模庞大的僵尸企业职工的安置问题 ·················· 177
    6.8.6 鼓励僵尸企业兼并重组，尽量少采取使其破产的措施 ·········· 177

第7章 日本供给侧改革与去产能 ·· 178
7.1 日本处理产能过剩问题的历程 ·· 178
    7.1.1 第一阶段：确立出口导向型发展模式（20世纪40~50年代） ···· 178
    7.1.2 第二阶段：通过促进产业结构升级，启动内需来化解产能过剩
         危机（20世纪60~70年代中期） ··· 179
    7.1.3 第三阶段：推行"贸易和投资自由化"，将国内制造业产能向海外
         转移（20世纪70年代中期以后） ··· 180
    7.1.4 第四阶段：制定"科学领先、技术救国"方针，建设知识密集
         产业（20世纪90年代日本泡沫经济破裂后至现在） ··············· 181
7.2 日本化解产能过剩危机的措施 ·· 182

7.2.1 扩大内需、化解产能过剩危机 ………………………………………… 182
7.2.2 推动产业向海外转移，消化过剩产能 …………………………………… 183
7.2.3 强化产业政策的运用，淘汰落后产能 …………………………………… 184
7.2.4 "减量经营"，降低能耗、利息、劳动力成本 ………………………… 185
7.2.5 政府引导产业结构升级，大力疏解产能过剩和扶持新兴产业发展 …………………………………………………………………………… 186
7.3 日本的供给侧改革的实施效果 ……………………………………………… 187
7.3.1 日本成长为制造业强国 …………………………………………………… 187
7.3.2 产业结构顺利完成优化升级 ……………………………………………… 187
7.3.3 经济"稳定增长" ………………………………………………………… 187
7.4 主要产业去产能的实施效果 ………………………………………………… 188
7.4.1 钢铁产业 …………………………………………………………………… 188
7.4.2 造船业 ……………………………………………………………………… 188
7.4.3 石化工业 …………………………………………………………………… 189
7.4.4 机械产业 …………………………………………………………………… 189
7.4.5 汽车产业 …………………………………………………………………… 190
7.5 日本造船业去产能的经验 …………………………………………………… 190
7.5.1 日本造船业的发展历程 …………………………………………………… 190
7.5.2 造船业不况对策 …………………………………………………………… 192
7.5.3 特定不况产业调整政策 …………………………………………………… 193
7.5.4 日本"计划造船"政策下法律制度建设 ………………………………… 197
7.5.5 对我国造船业的发展具有较强的借鉴意义 …………………………… 198
7.6 日本供给侧改革去产能对我国的启示 ……………………………………… 201

第 8 章 经济转型与日本供给侧改革："脱虚向实" …………………………… 203
8.1 日本的"去工业化"与"再工业化"进程 ………………………………… 203
8.1.1 日本的"去工业化"进程 ………………………………………………… 203
8.1.2 日本的"再工业化"进程 ………………………………………………… 207
8.2 美国的"去工业化""再工业化"：对日本的影响 ………………………… 209
8.2.1 美国的"去工业化"进程 ………………………………………………… 209
8.2.2 美国"再工业化"进程 …………………………………………………… 210
8.2.3 两种价值取向的较量与美国"去工业化""再工业化"进程的政策、行动的偏离 …………………………………………………………… 212

8.2.4　美国"去工业化""再工业化":对日本的深远影响 …………… 216
8.3　日本的"去工业化""再工业化":模仿中的偏离与放大 ………… 217
　　　8.3.1　推行金融自由化政策,形成虚拟资本脱离实际经济的独特运动 …… 217
　　　8.3.2　"去工业化""再工业化":加重了日本的产业空心化 ………… 220
　　　8.3.3　"去工业化""再工业化":日本制造业大溃败 ………………… 221
　　　8.3.4　"去工业化""再工业化"的后遗症:日本造假事件、质量问题
　　　　　　层出不穷 ……………………………………………………… 222
8.4　日本"去工业化""再工业化":经验教训与启示 ………………… 224
　　　8.4.1　要牢固确立发展经济的着力点必须放在实体经济上的发展
　　　　　　理念 …………………………………………………………… 224
　　　8.4.2　强化制造业在实体经济发展中的核心地位和主导作用 ………… 225
　　　8.4.3　要处理好实体经济与虚拟经济的关系 ……………………… 226
　　　8.4.4　要防控重大风险,特别是金融风险的出现 ………………… 228
　　　8.4.5　要对"再工业化"浪潮所带来的各种挑战有充分认识 ……… 228

参考文献 ……………………………………………………………… 230
后记 …………………………………………………………………… 241

第1章

绪　论

1.1　问题的提出

党的十九大报告，把深化供给侧结构性改革摆在贯彻新发展理念、建设现代化经济体系这一重要部署的第一位。这是党中央在我国发展的重要时刻作出的重大战略性选择，符合国际发展大势和我国发展阶段性要求。

自从2015年11月举行的中央财经领导小组会议，高层首次提出"在适度扩大总需求的同时，着力加强供给侧结构性改革，着力提高供给体系质量和效率"以来，"供给侧改革"这一词汇迅速进入学术研究领域。

供给侧结构性改革最重要的手段就是大幅度减少政府对资源直接配置。2017年第十二届五次全会强调着力抓好"三去一降一补"的供给侧结构性改革，而我国经济运行当中出现的问题的根源是重大结构性失衡，其根本原因是体制机制的障碍，是市场在资源配置中没有起到决定性作用，是政府没有更好地发挥应有的作用。中国现行的经济发展模式亟待转型，而转型的关键就在于让市场机制在资源配置上发挥"决定性作用"。这取决于政府职能从领航员到服务生的转型能否顺畅，而这一点恰恰是中国改革与发展的最大变数。然而，在这一表面性的"共识"之下，依然存在着巨大实质性的争议。最为核心的争议问题是：政府（或行政机制）的作用究竟是什么？或者问，政府主导型发展模式究竟如何转型？这不仅是一个中国改革与发展所面临的紧迫实践问题，同样也是一个困扰着中国的近邻日本的艰难学术问题。

日本在完成向工业化经济转变的20世纪70年代，以第一次石油危机的爆发为转折点，持续近20年的高速增长结束。与此同时，日本经济本身也由供给约束型转变为需求约束型。总需求由过剩转变为不足，基本原因在于战后日本以农业部门的过剩人口及其向工业部门的转移为基础的总需求扩大机制已经达到极限，劳动力的供给制约日益突出。从另一个角度看,日本政府与生产者结盟所形成的生产者"内部人控制",造成了整个社会的供给过剩,这是日本一度陷入长期萧条的症结所在。

日本具有长期实行供给侧政策的实践,并且历经了不同的经济发展阶段,即由准工业化经济向工业化经济转变之前、之后两个阶段。两个阶段上的供给侧政策,既保持了相当大连续性,又因约束条件的变化而有相当大的区别。但无论如何,日本的供给侧政策是长期演进的,日本在泡沫破灭、经济陷入长期萧条后进行的供给侧改革,有着更为久远的起源和传统。

在"二战"后由准工业化经济向工业化经济转变的过程中,日本是一个典型的如查墨斯·约翰逊所说的那种"发展导向型国家",政府具有一种强烈的发展冲动,这种发展冲动还会得到由发展主义意识形态的世俗化所酿就的"赶超意识"这一社会心理的支持,增长往往成为首要的直接目标,这样政府几乎不可避免地与生产者、特别是其中符合发展战略目标的工业部门以及为其提供金融支持的服务业部门结盟,实行作用于供给侧的产业政策,坚持生产优于消费,重视生产者的利益远甚于重视消费者的利益,从而形成相对消费者而言的生产者"内部人控制"。

与凯恩斯主义政策这种需求侧政策不同,甚至与里根经济学这种供给侧政策也不相同,它们是总量性的,作用的对象是分散的市场,是原始化的消费者和生产者,而日本的供给侧政策则是结构性的,作用的对象是产业、企业以至就是人格化的生产者。因此日本的供给侧政策更容易为生产者利益集团的作用而被锁定,尽管经济发展的环境和条件发生了变化,但政策却难以及时调整,继续沿着生产者利益优先的老路前行。在日本推行供给侧改革的过程中,已发生多起这种事例,其中一个最典型的案例,就是泡沫经济形成过程中的政策选择。1985年广场协议签署后,日元大幅度升值。日本政府担心由此会对日本出口产业造成打击,从而降低经济增长速度。像布雷顿森林体系瓦解后历次日元升值一样,日本政府采取的措施仍然是作用于供给侧的产业政策,鼓励出口企业进行大规模设备投资,加速设备折旧,进行技术革新,压缩生产成本,增强国际竞争能力。

为实现这一目标,进入1986年以后,日本政府连续5次降低中央银行贴现率,并在1987年2月以后进一步降低至日本银行建立以来最低的2.5%,在经济已明显过热的情况下,仍然维持这一超低利率达2年3个月之久。银行等金融机构则竞相以股票、土地为担保进行大规模放贷,低成本融资则助长了对股票、土地的投机,结果酿成巨大的经济泡沫。传统的重化学工业由于占地面积广大厂房众多,在泡沫经济中成为最大的得利者,一些本该退出市场的重化学工业部门因此得以苟延下来,而畸高的房地产价格却阻碍了高新技术企业的进入和发展。日本实行供给侧政策,因保护生产者利益而被锁定,导致了泡沫的形成并在泡沫破灭后,陷入长期萧条,教训是极其深刻的。

日本在进入工业化经济阶段之后，特别是泡沫破灭陷入长期萧条之后，始终在推进市场取向的经济结构改革，规制缓和有相当的进展，以往推行传统的供给侧政策的主要政府机构本身也进行了重组，比如著名的通产省，因此政府实施的产业政策数量也在相应地减少。

但是，供给侧改革可能会面临一个悖论。日本曾陷入泡沫破灭后的长期萧条，即便走了出萧条，回复自律性增长，也始终增长乏力，始终具有一种长期慢性通货紧缩的倾向。在这样的经济条件下，如果进行供给侧改革，会提高体制效率，增强供给能力，从而进一步加重总需求不足，另外，放松政府规制，意味着民间企业部门竞争加强，将会导致总供给曲线向右移动，带来价格下降，从而加重通货紧缩；可是，如果不进行供给侧改革，体制效率和企业效率都将不会得到提高，又怎么能带动整个经济走出长期慢性通货紧缩的局面，获得更高的增长？

本研究正是在这一历史大背景下，通过对供给侧文献的梳理，探究涉及日本供给侧改革的若干实质性问题，从而促使有关中国经济发展模式向外向型发展转型的讨论在比较发展研究的视野中得到学术性的升级。①

1.2 供给侧改革的理论基础

俄国经济学家、统计学家尼古拉·康德拉季耶夫提出工业时代后的人类经济发展存在着长度为50~60年的长期波动，其中前20年左右是繁荣期，经济发展一派兴旺；其后将经历一个10年左右的衰退期；接着步入10年左右的萧条期，最后迎来10年左右的回升期。以此而论，当今世界经济正处于第五波长周期中的衰退期。这就是著名的"长周期"理论。

依长周期理论推测，2008年金融危机之后的世界经济恢复尚需时日，全世界可能还需要10年以上的时间。与之相适应，已进入新常态的中国经济，要迎来下一次繁荣与快速增长，同样也需要一个较长的时间。它也清楚地表明，唯有技术层面发生的重大突破，方能引领世界经济彻底走出衰退与下行的泥潭。这是我国供给侧结构性改革的历史定位与大纵深背景。

19世纪初，萨伊开创了供给学派，主张供给决定需求。20世纪30年代，凯恩斯提出针对"有效需求不足"的需求管理对策。苏联则直接通过计划加大投资，供需两旺，成长为世界一极。长期经济增长侧重于供给侧要素。半个多世纪以来，经济增长理论历

---

① 与孤立的经济科学或政治科学相比，新政治经济学既强调政治过程中的"经济"行为，也强调交易市场中的"政治"行为。相应地，本章将围绕着制度和政策两方面来进行评论。

经盛衰，出现了三次高潮。第一次高潮是哈罗德-多马模型的产生和发展；第二次高潮是新古典增长模式的产生和发展；第三次是新增长理论的产生和发展。20世纪40年代末，以哈罗德-多马模型为代表的资本积累论在经济思想史上带来了动态理论的复兴，也奠定了现代经济增长模式的基本框架。20世纪50年代中期开始，索洛（Solow）、斯旺（Swan）、丹尼森（Denison）等人提出的技术进步论为外生经济增长理论构造了一个比较完整的理论框架，为论证经济增长的机制，阐释各国经济增长水平的差距提出了一些独到见解。以索洛提出的增长核算时至今天还是测算某一经济体增长内涵的重要方法。

索洛（Solow）（1957）增长核算方程将GDP增长率分解为资本、劳动投入和技术进步的增长率之和。模型中的"技术进步"是外生的，不依赖于企业决策。经济增长成为生产函数，$F = AF(L, K)$。而内生增长的严格论证则从罗默（Romer, 1986），卢卡斯（Lucas, 1988）等开始。林毅夫（2012）指出发展中国家的资本投入意味着成型技术的直接引进，而蔡昉（2014）认为中日等国在生产人口到达峰值之前，资本边际收益率下降并未出现。

伴随着20世纪70年代的"滞胀"，以弗里德曼（Friedman et al., 1980）为代表的新自由主义抬头。新货币主义和新供给学派在供给侧认识相一致，主张放松管制，增加供给侧活力。政策层面，以美、英、日等国，大规模减税，放松管制。进入80年代，"滞胀"趋缓，美国"双赤字"时代到来，强调需求侧管理的凯恩斯主义以新凯恩斯主义的形式复归，但主张市场力量的新古典派综合学派一直与其分庭抗礼。各国市场化改革不断深入，伴随金融技术和信息技术的急速进步，金融领域放松管制的改革迅速推进。

2008年发生全球金融危机，各国纷纷推出减税措施和宽松货币政策，但危机对策之外，政策核心是产业振兴政策。

技术进步并非只是提高生产效率。供给侧的技术革新令新产品需求成为经济增长决定性因素之一，需求饱和就会成为经济停滞的内生因素（Yoshikawa, 2003；吉川洋，2016）。信息化经济下技术革新步伐加快，外溢效果明显，产品生命周期缩短，物价下滑的概率提升，企业盈利空间收窄。不可否认，供给侧结构调整和需求管理政策的关键不同点之一在于前者有较长的时滞性，有时需要"创造性破坏"（熊彼特，1990）。技术的快速进步可能造成短期之内造成经济下滑供给侧改革，稳健的科技创新需要需求管理政策相配合。伴随着"大量生产—大量消费"时代的到来，市民社会的形成成为经济增长的原动力。

供给侧与需求侧具有相互转化作用。投资按支出法记入GDP，但是投资积累，在折旧处理之后成为净资本形成。新的供给能力必须与新的需求相匹配，否则，产能过剩将会加剧。同时，在调整过剩产能的同时，用新供给创造新需求，创新成为经济增长的关键。GDP 是一个衡量经济发展水平的有效指标，但未科学考虑在经济运行过程中自然资本存量的变化、社会结构的变化，同时，交易成本的上升可能会产生新的需求，表现为 GDP 的上升，即低效率可能意味着高 GDP；同样是需求管理政策，如果投资带来产业整合、重组，刺激创新、研发环节，则不仅刺激有效需求，而且刺激长期的"有效供给"。如果投资拉动只是单纯地流入地产、基建和城市规模的单纯扩张，则其效果则因时代不同效果可能产生较大差异。前者附着的是"技术产能"，与后者的"产业产能"不同。供给侧与需求侧具有双向转化作用。投资在短期内直接成为需求，按需求法记入 GDP，但是投资的积累，在折旧处理之后，就成为供给。因此，如果不及时调整供给结构，总需求管理政策具有制造过剩产能的天然属性。供给侧结构性改革的原点之一在于在国际上创造具有前瞻性的动态比较优势，而非拘泥于静态比较优势，追求中短期经济增长。信息化经济下技术革新步伐加快，产品生命周期缩短，容易引发物价下滑，导致宏观经济表现欠佳，因此供给侧结构性改革必须辅以需求侧的科学调控。

供给侧可提炼出五大要素的理论模型，即从供给侧看，经济增长主要取决于劳动力、土地与自然资源、资本、科技创新、制度（含管理）五大要素形成的不同组合形式以及由此所产生的综合效率（放眼未来，还可考虑结合科技创新加入"数据"或"信息"这个新兴要素）。经济学意义上的要素，是指所有经济主体在从事生产经营活动时都会涉及的主要投入。一般而言，在经济增长的早期，劳动力、土地、资本是最明显、最主要的要素。在经济体进入中等收入阶段后，科技创新、制度这两大要素的作用愈发重要，甚至成为全要素生产率（TFP）的主要贡献因素。进一步地，还可将以上五大要素进行两个层面的区分。

一是竞争性要素，主要指劳动力、土地及自然资源、资本、科技创新四种要素。在任何时点上，它们都处于运动之中，其运动的方向是以效率最大化为目标，并最终落实于"用户体验"最大化所形成的市场占有率与回报水平。这种要素运动过程可抽象为三个阶段。第一，向外释放，即要素从那些不能达到社会平均利润率的领域流出。第二，向内吸引，即要素向收益高的部门或领域集聚。第三，优化重组。一旦要素找到更高的收益机会，将如铁屑被磁石吸附一样集聚，进而还会产生一系列"化学反应"，逐渐形成特定的结构特征，并最终体现为某种产业部门结构和经济结构。

二是"非竞争性要素"，即制度。制度安排与制度环境总体上属于慢变量，由生产力发展所决定，由经济社会发展的种种因素所诱致、所推动，并经由渐进的自然演变和主动设计而形成。制度一旦形成，就在一个较长时期内处于相对稳定状态，影响并塑造着一个社会中所有主体的激励机制与行为方式。制度供给与制度环境对于上述四种竞争性要素的运动过程是否灵活、便捷、高效，经济绩效是高还是低……起着决定性的作用。

基于此，在供给侧结构性改革中，政府与市场主体（企业）的关系各自应如何定位？怎样分工合作？政府的产业政策如何制定？在供给侧结构性改革中，政府发挥作用的空间主要是制度供给与制度创新，以为企业从事生产经营活动创造出公平竞争、法治化程度高、包容性大的环境和条件，以释放出经济社会的一切发展潜力与活力。

基于长周期理论与要素运动理论，我国供给侧结构改革的"三步走"战略。

第一，从低效、过剩领域中释放要素，体现为完成"三去一降一补"这五大任务。有必要指出的是，以要素运动理论看来，"三去一降一补"的确是供给侧结构性改革的重要内容，但并不是全部内容。

第二，深化结构性改革，促进要素的自由流动。结合当前的实际情况，要抓住国企改革、金融改革、财税改革、行政审批制度改革、基本公共服务一体化改革、加强产权保护等重点领域和关键环节的改革深入推进。一句话，要敢于啃改革的"硬骨头"。这是为要素的自由流动创造条件。

第三，振兴实体经济，大力发展新经济。供给侧结构性改革的目标之一是振兴实体经济，以实现我国制造业的转型升级。目标之二是大力发展新经济。从新经济的角度看我国与美国等发达国家基本处于同一起跑线上，应当抓住这一历史机遇，实现中华民族伟大复兴。从相当大的程度上讲，新经济的发展程度应当是我国供给侧结构性改革是否获得成功的主要标志。

1.3 本书的研究框架

本书共由8章组成。

第1章，绪论。此章首先对本成果选题的研究意义进行了阐述，其次，对有关供给与需求的研究进展进行了梳理和评述；在借鉴已有研究成果的基础上，对本成果的研究框架进行了构建。

第2章，供给侧改革与政企关系研究。此章在对有关政府与企业关系的文献综述、政府企业关系的相关理论进行梳理、研究的基础上，对日本关系依存型政企关系模式的形成过程、日本政府企业间关系的特征、日本政府企业关系对企业发展带来的影响、日本政府和企业关系弊端以及日本政企关系的改革方向及启示等从理论与实践相结合的高度进行了全面深入的研究。

第3章，供给侧改革的产业政策研究。此章在对供给侧产业政策的相关理论进行研究的基础上，对中国供给侧改革中的产业政策、日本供给侧改革中的产业政策、日本执行产业政策的经验教训和中国供给侧改革中的产业政策之争进行了全面深入的研究，进而对供给侧改革与产业政策的转型进行了深入的思考。

第4章，"二战"后（20世纪40年代）日本供给侧改革发展的历程。此章在对"二战"后日本五次供给侧改革发展的背景、内容及其效果进行全面、深入的梳理与总结的基础上，对日本供给侧结构改革面临的挑战进行了深入的研究。包括供给侧改革的内涵、供给侧改革的经济背景、供给侧改革的主要内容、供给侧改革促进经济转型的路径的研究，并对我国如何借鉴日本供给侧改革的经验教训，推进供给侧改革进行了深入的研究。

第5章，"安倍经济学"与供给侧改革。此章在对安倍供给侧改革与新的经济增长战略进行研究的基础上，对安倍经济学所面临的难题、安倍经济学的弊端、安倍经济学与非常规利率政策、日元国际化对日本货币政策有效性的影响等诸多影响日本供给侧改革的因素进行了深入的研究。

第6章，日本供给侧改革与处理僵尸企业问题的经验教训。此章在对日本僵尸企业的概况进行研究的基础上，对日本僵尸企业产生的原因、僵尸企业问题对日本经济发展的影响、日本处理僵尸企业问题的主要做法、日本处理僵尸企业问题的经验教训进行了深入的研究。

第7章，日本供给侧改革与去产能。此章在对日本经历过几次产能过剩、日本处理产能过剩的历程、日本化解产能过剩危机的措施、日本的供给侧改革与去产能政策等进行研究的基础上，对日本供给侧改革的宏观实施效果，特别是对日本造船业去产能的经验、日本钢铁行业去产能的经验以及日本供给侧改革与去产能的经验及其对我国的启示进行了深入的研究。

第8章，经济转型与日本供给侧改革："脱虚向实"。此章在对日美"去工业化"与"再工业化"进程进行比较的基础上，指出日本经济转型与供给侧改革的方向就是安倍经济学的新增长战略所提出的脱离虚体经济，重新回归实体经济。长期以来由于日本"脱实向虚"经济政策偏离了正确轨道，这正是日本自20世纪90年代以来难以走出泡沫经济崩溃的阴影、产业空心化进一步加剧以及日本制造面临质量问题巨大挑战的共同根源所在。日本的经验教训值得对于正处于工业化进程之中的中国进行深入的研究与借鉴。

第 2 章

供给侧改革与政企关系研究

日本政企关系模式是战后为了实现赶超目标，采用各种政策法律手段来扶植和保护企业发展、协调资源配置长期过程中所形成的政府与企业之间相互影响、相互制约的互动机制。日本政企关系模式对日本经济的发展带来了很大的影响。但政府干预的有效性仅局限在比较优势发生动态变化、产业结构升级过程中，用来补偿创新企业所要面临的外部性，在经济全球化和区域经济一体化的形势下，日本企业面临着国际上组织革新的挑战。目前理论界有关经济发展模式问题的研究很多，很多学者从哲学、经济学、政治经济学及管理学等不同的学科领域展开研究，由于研究的出发点不同，形成了许多不同层面、不同范畴的研究成果，其中大部分研究集中在政企分开、行政干预等政治体制改革等方面，但是从政企关系角度来研究经济发展与转型问题且见诸文字者较少。"二战"后日本相对紧密型政企关系模式如何形成、有何特点？其对本国的经济发展与转型有何作用？本研究试图对这些问题进行探讨与分析。中日同属后发型国家，日本在经济发展过程中的一些经验和教训对我国当前建立小政府，大市场具有借鉴作用。

2.1 有关政府与企业关系的研究视角

政府与企业的控制模式是伴随着政府与企业关系的演进而不断发展的。自 20 世纪 30 年代西方的经济大萧条以后，凯恩斯的经济理论和经济政策开始盛行，凯恩斯强调国家对经济的干预，为企业界与政府之间架起了联系的桥梁。"二战"以后，为了使市场协调有序地发展，西方国家开始重视国有企业在经济发展中的作用，政府通过一系列的政策加强对市场的干预与引导，协调政府与企业的关系。

东亚各国的政府介入企业的方式，在各国是不同的，但其作为"原型"被瞩目的是日本模式。即政府、银行、交易对象企业等外部经济主体与日本企业之间所具有的那种密切的、长期关系这一点。特别是政府企业关系集中在与产业政策的关联度上。"二战"

后，在日本经济的发展过程中，政府尤其是通商省以产业政策作为经济成长的基盘，对产业的培育、强化发挥了极大的作用。特别是20世纪60年代的高速增长期，主要与产业结构政策和产业立地政策相伴随，以重化学工业部门为中心的产业结构在日本本土形成。

2.1.1　和东亚的经验相联系的视角

有关日本政府在企业发展过程中所发挥作用问题的研究，主要是和如何说明东亚的经验相联系的，其见解完全相异，即如何评价日本的经济发展成功经验的问题。如日本的成功是政府在起决定性的作用，还是民间经济在起决定性的作用，或者两者都对经济的发展作出了贡献。20世纪80年代前半期，对政府职能的研究重点是与产业政策相关联的，即政府在产业政策制定中起到了什么样的作用。其中最具代表性的研究有：约翰逊（Johnson，1981）；鹤田（1982）；小宫（1994）；伊藤等（1988）。最近所关注的重点是在重视市场失败的同时探讨政府失败的可能性，代表性的研究有：世界银行（World Bank，1993）；青木昌彦·奥野正宽（1998）；长谷川启之（1995）；菊泽研宗（2004）；池尾和人（2001）；小林弘二（2002）；藤井郁弥（MinCyin，1998）等。此外，松山（Matsuyama，1996）；奥野·堀（1994）等人的研究强调政府能够确切地认识市场的失败不是件容易的事情，政府干预的本身就有可能引发民间主体的寻租问题。这些研究的重要信息就是产业政策的有效性不是一般的讨论所能解决的，其在实施过程中还要极大地依赖于制度的安排。①

2.1.2　世界银行的视角

1993年世界银行发行了高度评价东亚经济增长的研究报告"东亚的奇迹"。在本书中，东亚的快速工业化被认为是推翻了新古典派的开发战略，是依靠"政府主导的开发模式"。新古典经济学认为，完备市场，最大限度地防止政府的介入以及由此带来的资源分配，对经济开发是最有效的。但是，东亚各国的发展是依靠"政府有组织地通过多种渠道的开发，有时还介入了个别产业"。② 本书发行后，有关"东亚模式"的研究在世界范围内得到普及。在世界银行（1994）的报告中，对日本的政府企业关系给予了高度的评价："日本存在一个能力高不正行为少的官僚机构，这样的官僚机构一边从政治的压力中保持相对的独立性，一边利用审议会等和民间企业进行情报的交换和协作"。

---

① 冈崎哲二（1996）：「戦後市場経済移行期の政府・企業間関係」伊藤秀史編：『日本の企業システム』、東京大学出版会。
② 世界銀行（1994）『東アジアの奇跡—経済成長と政府の役割』（白鳥正喜監修訳）、東洋経済新報社、5ページ。

政府通过对企业进行行政指导、派遣官僚到企业参与企业决策层的决议。

2.1.3 新政治经济学的视角

从新政治经济学的角度李（Lee，1990）作了以下阐述。第一，日本政府给予大企业提供的各种金融规制政策，这是新古典派的市场经济国家所不能采取的，极端机会主义的各种各样的控制手段，其银行和贷款基金也归国家所掌控。这种政府对企业的积极介入，不要单纯地从政治的角度来认识，还要考虑其强大的经济背景。第二，企业受制双重部门的规制，那就是具有外生性的世界市场规制部门和掌握丰富情报的国家与企业建立在长期紧密合作基础之上的市场关系网络部门。第三，政府积极介入的领域，不是中小企业志向型的民间部门，而是作为国家战略性目标确定的重要部门和大企业，并在此发挥着重要的作用。①

这样看来，能够控制产权的部门，基本上是国家和政府。政府对产权的保护发挥着重要的作用，这时政府的介入不都是非经济的无效率的。但是，政府还存在把未定义的产权重新定义，把既成的权力进行修订转移，变更废止既存产权的现象。

伊斯莱姆（Islam，1993）把亚洲模式的特征概括如下：（1）体制中最具管理能力的人形成的精英官僚队伍。（2）在其官僚制度中，是握有充分的政策主导权并具有充分自由发挥余地的权威主义的政治体制。（3）在其政策制定过程中，政府与大企业保有紧密的协作。② 其中（3）被认为最重要的因素，它是把国家作为"内部资本市场"与科斯（Ronald Coase，1988）的交易成本理论相关联的。

它包含两种意思，第一，作为"内部资本市场"的准内部组织。这个基本问题最初提起的人是科斯，根据科斯的研究，实际上市场机制中有不包括的领域，那就是企业组织。在企业组织内部工人和干部从某个部门调动到另一个部门，不是依靠市场价格的调整，而是依靠权威者的命令。这样，在企业组织内部，经营者有组织地分配人力、物力、财力等资源，形成根据权限来进行各部门调整的组织结构。这样根据特定的人力有组织地分配资源的体系，称为依靠"看得见的手"的资源分配体系。

第二，看一下作为与企业部门具有"巧妙长期结合关系"的"准内部组织"，例如，由东亚执政党的重要成员、集权的官僚以及民间大企业的经营者组成的具有控制权的经营队伍，他们都具有同一学校或大学出身等共同背景。这就奠定了国家重要的代表

---

① Lee，ChungH. and I，Yamazawaeds（1990），*The Economic Development of Japanand Korea*.
② Chowdhury，A. and IyanatulIslam（1993），*The Newly Industrialising Economies of Easa Asia*.
Does Corporate Governance Predict Firms' Market Values? Evidence from Korea. By：Bernard S. Black；Hasung Jang；Woochan Kim. Journal of Law, Economics & Organization, Oct 2006, Vol. 22Issue2, pp. 366 – 413, P. 48, 11charts, 5graphs；DOI：10. 1093/jleo/ewj018；（*AN*22262605）.

和民间部门代表之间相互结合关系的基础。在许多场合，这些非正式的结合关系通过各种各样的制度组合得以巩固。其结果，例如审议会就提供了民间和政府部门之间相互交换意见，共同商议经济和社会等问题的场所。

有关东亚经济发展的新政治经济学的尝试证明了仅依靠市场机制是无效率的，在一定条件下政府要比市场更有效率。

可是，这里仍然残留一些问题。第一，关于经济发展的新政治经济学，基本都是以东亚为蓝本的，即东亚的经济发展是在政府的积极介入下实现的，如何把它一般化或普适化，即是否有理论化的可能性还有待探讨。第二，有关政府介入市场的问题，都是在经济增长过程中，国家和市场哪个更有效率的问题。在经济发展起来以后，有必要建立废止国家介入的机制。第三，国家的介入为什么能够代替市场的问题仍不明了。①

2.1.4 比较制度分析的视角

奥野正宽（1998）② 从比较制度分析的角度进行的研究，把日本政府的形态归类为关系依存型政府。其特征为三权分立的程度低，特别是立法与行政高度统一而司法过程的有效性低。各部委之间的管辖范围区分严密，各部委与所管辖范围内的民间企事业团体之间形成了长期的关系。山头之间的监督和制衡关系排除了政治上的独裁统治。

"二战"后日本政府当局设定战略产业，通过银行给予低息的贷款。银行起到了作为执行政府产业政策的资金供给源的功能。相反，银行也免除了破产的威胁，利息收入也得到了政府的保证。其结果，政府的官僚和银行之间自然形成了紧密的关系，银行不需要具备信贷审查和信誉评价等危机管理能力，失去了自律激励的机制。官僚和银行之间的紧密关系带来的决定性问题是对金融机构失去了适当的监督机能。③

2.1.5 转轨经济学的理论视角

随着苏联和东欧剧变，原来的社会主义国家纷纷转型，抛弃了僵化的计划经济体制，转向市场经济，很多学者对经济转轨作了大量的研究。而中国、越南等社会主义国家也在向市场经济体制转型，吸引了越来越多的学者的目光。要研究改革中的企业和政府之间的关系，必须将其置于经济转轨的大背景下进行研究。

---

① 長谷川啓之（1995）『アジアの経済発展と政府の役割』文真堂。
② 青木昌彦・奥野正寛編（1998）:『経済システムの比較制度分析』，東京大学出版会，第258頁。
③ 安忠栄（2000）:『現代東アジア経済論』，岩波書店。

2.1.6 "国家发展推动论"的视角

在西方国家,政府通过在农业部门抽取资源,然后以相机选择的方式转移给某些工业部门,从而引发了经济的高速增长,人们将其称为"市场促进论"国家。日本和韩国等东亚政府把经济发展作为首要目标,为了弥补发展时期大量存在的问题,政府进行了必要的行政干预,有时甚至可以说是有意的价格扭曲。1990 年,罗伯特·韦德进一步提出了"驾驭市场"理论,即市场在国家"驾驭"下的运动及其效应。这一理论认为东亚经济的发展存在几大因果层次。从第一个因果层次看:①程度较高的生产性投资,使新技术能够迅速应用于实际生产;②与不存在政府干预条件下出现的情况相比较,对某些关键性产业进行更大的投资;③使许多产业面对国际市场,进行国际竞争。从第二个层次上说,他们本身在相当程度上又是政府一系列经济政策的结果。实施奖励、控制和扩大风险的机制,这些政策使政府能够指导或驾驭市场的资源配置过程。从第三个层次上说,政策是得到国家和私人部门的某种组织的许可或支持的。韦德尤其对政府有选择地扶持某些特定产业发展这一政策表现出浓厚的兴趣[①]。

2.1.7 "市场增进论"理论的视角

青木昌彦等学者通过对新制度经济学理论分析的检验,逐渐形成了"市场增进论"的观点。他们认为,政府的职能在于促进或补充民间部门的协调功能,而不是把政府和市场视为相互排斥的替代物。市场增进论所强调的是这样一种机制,通过这种机制,政府政策的目标被用于改善民间部门解决协调问题及克服其他市场缺陷的能力。[②] 依照这一理论,在经济发展的过程中存在着市场失灵,需要由非市场力量来弥补或矫正市场失灵,而政府有可能扮演这一角色。但关键在于,政府失灵的情形也存在,而且非市场力量并不限于政府的行政力量,也包括由民间组织所行使的协会治理力量。因此,市场失灵的存在,并不意味着政府就可以全方位地取代市场和社会。政府干预有效的情形,或者说政府失灵概率较小的情形,恰恰在于政府仅仅扮演补充型而不是主导型的角色,其功能在于改善市场、企业和民间组织解决协调失灵问题和克服其他市场失灵的能力[③]。

---

① 赵一红:《东亚模式中的政府主导作用分析》,中国社会科学出版社 2004 年版,第 53 页。
② 赵一红:《东亚模式中的政府主导作用分析》,中国社会科学出版社 2004 年版,第 54 页。
③ 青木昌彦主编:《政府在东亚经济发展中的作用》,中国经济出版社 1998 年版,第 19 页。有关论述参阅徐平:《对日本经济职能的历史考察与研究》导言,中国社会科学出版社 2003 年版,第 15 页。

然而，这些视角的研究总体过于宏观过于笼统，都是远镜头，需要更近距离来观察政府和具体企业之间的互动。实际上，企业对政治活动的参与已经成为当今世界各国共同的现象。

上述几种观点，实际上是一种互补关系，无论是"亲市场论"还是"国家推动发展论"都将政府和市场看做是资源配置的相互替代的机制。"亲市场论"强调民间部门的制度作用，"国家推动发展论"则主张政府干预作用。它们的主要区别在于市场缺陷的解决机制不同。而"市场增进论"，则是一种更具有包容性的综合方式。实际上三者问题的视角与侧重点不同，因而提出了不同的理论与政策主张，得出了不同的结论。但它们与其说是对立关系，倒不如说是互补关系①。

在上述文献中，政府主导型政企关系具有以下特征：

第一，政府具有持续的发展意愿，即以促进经济增长和生产而不是收入分配和国民消费作为国家行动的基本目标；

第二，政府具有很强的"国家自主性"（state autonomy），即选贤与能，聘用有才能、有操守的专业人士组成经济官僚机构，与社会利益集团保持一定的距离，独立自主地制定发展战略；

第三，合作式的政商关系，即政府与商界保持紧密的统合主义（或法团主义）合作关系，制定并实施有选择的产业政策；

第四，国家与市场的相互依赖，即政府有能力、有渠道动员经济资源（例如信贷）并改变其配置方向，从而有效地落实产业政策。

以上理论的发展脉络实际上反映了人们对现实世界的认知的深入和变化。从完全自由市场到逐步强调政府和市场的配合，从发达国家转向发展中国家再转向转轨国家，社会现实的多样化和复杂性引发了理论的进一步丰富化。而作为中国改革实践的经验总结，"摸着石头过河"的渐进式转轨理论，为中国经济体制改革及企业改革也提供了一定的理论依据。

2.2 日本关系依存型政企关系模式的形成过程

政府与企业的控制模式伴随着政府与企业关系的演进而不断发展。日本属于后发展国家，政府出于发展本国经济和赶超欧美发达国家的目的，制订出很多有关的发展战略和计划，并在此前提下处理与企业的关系。中日同属后发型国家，日本在经济发展过程中的一些经验和教训对我国当前建立小政府，大市场具有借鉴作用。其形成过

---

① 赵一红：《东亚模式中的政府主导作用分析》，中国社会科学出版社2004年版，第54页。

程如下。

2.2.1 解散财阀

"二战"后美国政府为了消除军国主义的经济基础,排除财阀垄断,于1945年11月强迫日本政府进行解散财阀的改革。日本政府根据《过度经济力量集中排除法》,解散财阀控股公司,将财阀公司大企业肢解为若干个小企业;勒令财阀家族从一切公司退出,其资产全部冻结,其股票(占全国42%)全部交出去,并由"持股公司整理委员会"公开出售。解散财阀一定程度上改变了战前日本企业资本高度集中的状况,为"二战"后日本经济发展提供了较之"二战"前更加宽松的自由竞争环境。

2.2.2 制定反垄断法

为了巩固解散财阀成果,使自由竞争制度化、法制化,日本政府于1947年4月正式制定和颁布了《禁止垄断法》;同年7月1日根据该法,成立了公正交易委员会,负责执行《禁止垄断法》及《确保公正交易法》等反垄断法的实施。《禁止反垄断法》的颁布和实施对于"二战"中限制竞争和统制经济瓦解产生了重要作用,从法律上禁止了政府直接干预企业经营行为,为"二战"后日本的协调为主的相对紧密型政企关系模式形成提供了制度条件。

2.2.3 实施"道奇计划"

"二战"后日本为了解决物资不足的困境,实施了"倾斜式生产方式",政府对从事基础性生产的企业进行财政补贴,结果过度的财政补贴造成了严重的通货膨胀。为了解决通货膨胀,日本于1949年开始实施"道奇计划"。其核心内容就是平衡财政预算,包括政府停发各种复兴债券以消除通货膨胀的根源;压缩财政支出的规模以减少财政支出;禁止政府以强制银行购买的方式来弥补财政赤字;加强对财政的监督,规定政府每年向国会汇报一次政府在本年度的财政运行情况。"道奇计划"的实施限制了日本政府运用财政补贴和价格控制干预企业经营,意味着日本由统制经济向市场经济的回归。同时"道奇计划"的实施实现了政府对企业经营的主导方式由直接干预向间接引导转变,标志着日本政府在释放市场力量前提下的官民协调为主、政府直接干预为辅的政企关系模式的确立。此后日本的产业政策主要是通过经济手段来诱导企业向重点产业投资,以促进重点产业的发展来实施。

2.3 日本政府企业间关系的特征

上节把日本的政府企业间关系特征定义为当事者之间通过长期的关系形成的关系依存型或官僚制多元主义型政府企业关系。那么，政府企业之间这种长期的关系实际上是如何对公司治理结构的形成带来影响的呢，为了回答这个问题，有必要首先考察日本的行政组织、特别是官僚组织的结构。日本的政府企业关系模式可以概括为政府主导的关系依存型或官僚制多元主义型的治理模式。日本的政府企业关系是由特定政党握有独裁权力的状态，企业由企业经营者进行控制，即控制权与经营权合为一体的内部人控制。政府把银行部门作为纽带，通过严格的规制，对经济决策过程进行干预。[①]

2.3.1 "政产复合"是基本特征

有人曾说，日本就是一个大的"股份有限公司"从这个角度上说，所谓政产复合是指政府与产业间和企业间的一种体系化的联合，即表现为"政商"型的企业体制。

"二战"前的财阀家族虽也实行了股份制经营，但却是一种个体家族化和整体国家化的经营理念。以"家内和合"经营理念为基点的股份制把家族企业变成了一个封闭的"村庄"，职工对企业的行为不完全是靠股份联接在一起的，而是靠家业的"和合"捆绑成一个有机的整体。在国家利益上，"国益第一"的经营理念又使股份制的企业把国家利益置于企业经营的首位。因此，政商一体化的政产复合型体制在战前就稳固地建立了起来。并且成了主导企业理念和国家理念。

"二战"后的股份制虽然摆脱了财阀家族的统制，建立起了独立的法人企业，但是，传统化的影响和"国益第一"经营理念的制约，使政商一体化的管理模式又以新的方式和新的内容被移植到了"二战"后，从而形成了新的政产复合型的股份有限公司结构。

首先，从自上而下的政产复合体制看，"二战"后的日本经济实施的是一种"混合经济"体制，这一体制意味着民间股份制企业的经营活动与政府的行政指导是有机结合的，建立的是市场自由竞争与政府的统制相结合的"协调经济"与"统一经济"并行的运行管理体制。为了确保这一管理体制的有效实施，日本政府建立一整套体系完整的管理结构，把政府和企业有机地扣连成一个整体，实行富有实效的行政指导与管理。例如，政府中的通商产业省作为企业生产经营活动的"保姆"主要通过产业政策措施和产业组织措施来指导和支持企业的生产经营活动。通常，通商产业省根据国家不同时期

---

① 参照：菊澤研宗（2004）：『比較コーポレート・ガバナンス論』，有斐閣。

国民经济发展的重点和实际需要，制定出相应的产业政策指导甚至是直接向企业发出行动指令来规范企业的生产经营活动，如20世纪60年代日本通产省向伊腾忠商事发出的禁止从海外进口计算机一事便是一例。

为了保证产业政策的彻底执行，在政府另一机构大藏省融资保证和税收支持的同时，通商产业省还以其强有力的产业组织政策，即通过政府、财界组织和行业组织三位一体的组织体系来保证其产业政策目标的实施完成。在这三位一体的组织体系中，处在中间环节的财界组织不仅是最中坚组织即上对政府下对企业都有绝对的影响力，而且，发挥着承上启下的最关键作用。通过财界组织的连接作用，政府与企业间终能取得"合意"从而使政府的目标设定最终得以完成，所以说，尽管"二战"后日本的企业实现了新形势下的股份制，但作为政府仍能以行政管理手段来规制独立化了的股份有限公司的经营活动，使"政产复合型"的股份有限公司结构发挥其有效的作用。

其次，从下对上的政产复合体制看，在日本广泛存在的股份有限公司无论是大型的还是中小型的，它们几乎都与政府保持着某种关系。一般而言，它们与政府的关系主要是通过所属的行业组织或财界组织间接地和政府建立起来的。

企业与政府间的联系实际上表现为一种"官产"协调体制。在这一体制中，作为企业与政府联系的主要中间环节即是日本著名的四大经济团体——经济团体联合会、经济同友会、商工会议所和经营者团体联盟。这四大经济团体的组织规模都具有全国性、行业整体性和活动涉及政治、经济、社会各个领域的特点。这四大经济组织是日本全国经济界或财界的最核心组织，具有对下指导全国工商企业经营活动和对上影响政府经济政策的实际作用。例如，1968年在四大团体影响力最大的经济团体联合会根据国内电子工业企业的发展要求和需要，设立了有关"数据中心委员会"旨在向政府提出有关电子工业发展的政策等。同年，政府也相应地设立了促进信息产业的"国会议员联盟"。民间的和政府的这两大组织在紧密合作的基础上还都与通商产业省密切联系，并通过通商产业省的相关政策来共同促进日本电子工业的发展。从20世纪60年代后，由于民间和政府的共同促进作用，使日本的电子工业得以飞速发展，直至成为今天的电子工业大国。另外，日本的钢铁、汽车、造船等工业的迅速发展在某种程度上都与这一"官产"协调体制有相当的关系。

归纳起来看，"二战"后日本的企业虽已经完全地实现了法人股份制，以独立化的企业地位直接参入市场竞争，但是，独立参入市场竞争并不是孤立盲目地参与市场竞争，在政产复合体制下，政府与企业间通过多极组织联系基本形成了自上而下的协调组织管理体系。政府根据企业的和国家的发展需要，适时地制定指导计划和规制措施来保障企业的经营发展，所以说，日本的股份制企业仍是上下密切合作的复合型组织结构和一体化的管理体系。

2.3.2 "铁三角"相互制约

日本政府企业间关系的特征之一,应该是产业界·官僚·族议员组成的"铁三角"关系:(1) 官僚运用规制权限控制产业界;(2) 产业界利用政治献金和选票控制族议员;(3) 族议员利用大臣的人事权和协助法案在国会上通过等条件对官僚行使影响力。各产业界形成这种"铁三角"关系给产业界之间带来了利益冲突,但他们之间也是相互依存的。

行政机构的官僚为了使其政策能得到国会的认可,就有必要与控制国会的自民党保持良好的关系。企业给官僚的回报就是产业界在选举中成为后援者,以政治献金为代价得到自民党政治家的眷顾。对自民党来说政治家有必要在官僚的行动和国民的期待之间建立恰当的关系,通过加入这个三角关系企业获得巨额的利益,但却处于明显的从属地位。[①]

一般来说,政府和国民、企业之间的关系,构成了国民·政治家·行政机关的3层结构。但日本的"铁三角"关系中,官僚机构按产业类别形成纵向的分割,各省厅的所管辖产业由于是非常明确的,所以他们在"铁三角"关系中立场鲜明。[②] 官僚、产业界、族议员之间的协议在正式或非正式的场合频繁地进行,他们意见沟通的基础是那些由精英组成的成员中大部分都是东京大学出身者。政策俱乐部和咨询委员会是官员、企业家、政治家定期集会的场所,与通产省·产业省相关联的各种团体也是其进行沟通的另一个渠道。系列集团是具体的产业后援者,为重要的官僚机构提供方案、收集情报等。自民党在官僚和企业之间占据着中心的位置,他们起到利益关系者之间进行协调和裁判员的作用。

2.3.3 各产业界介入产业团体

日本政府企业间关系的另一个特征是各产业界介入产业团体。包括经团连、日经连、经济同友会以及日本商工会议所等大企业的最高联合体,简称财界。经团连拥有100个以上的产业联合体及800家大企业的会员。经团连通过向政党的巨额献金,对政党特别是自民党具有很强的影响力。大企业集团系列包含多种产业部门,大约占经济全体的1/3。其最大的集团有三菱、三井、住友、富士、第一劝银、三和等,会员企业的总经理参加总经理会,总经理会对各会员间的政策调整、相互协力、消除摩擦等起到了重要的沟通作用。

[①] Mincyin 著長谷川啓之·松本芳男·池田芳彦訳(1998):『東アジアの経営システム比較』,新評論,第184頁。
[②] 金本良嗣:「政府と企業」伊藤秀史編(1996):『日本の企業システム』,東京大学出版会。

从低一层次来看，企业集团本身就是由中小规模的企业（承包公司和零部件供给企业）组成的。政府所管辖的日本银行对系列企业通过通货政策、信用分配、融资分配等施加影响，表明集团内对银行系列的依存度。钢铁、纤维、汽车等产业部门组成的产业团体对产业部门进行各种"行政指导"，产业团体对维持联合企业和其他企业的协调关系作出了贡献。

2.3.4 官僚机构为主导

在日本的"铁三角"关系中官僚的作用非常大，他是通过行政指导对企业活动进行监控的。所谓行政指导，一般指的是行政当局为实现一定的行政目标，不以个别立法措施为依据而对产业、企业的活动实施各种各样的干预。行政指导之所以具有强制性，是曾有一些取代法律并为强制性作用力提供基础的因素存在。包括外汇不足时期的外汇配额和资本不足时期的财政投融资政策，以及资金配额在内的许、认可权制度，或者技术引进尚未完全自由化的1968年以前，在技术引进审查以及许可证发放等形式中，都能看到行政指导具有事实上的强制性作用。

掌管日本经济活动的与其说是各企业不如说是大藏省、通产省等官僚。在美国制定法案的是议会，官僚执行议会的决议。日本则是由官僚制定法案，议会对此进行修订。本来法律的制定应该是议会而官僚仅仅是执行者，但日本的官僚在法律的制定上起到了主导的作用。

通产省、大藏省的官僚及其他重要政府机构退休的官僚，一部分加入自民党成为官僚，另一部分进入日本银行、商业银行、通商省、产业省下属的各种团体，还有的进入民间企业，通过"下凡"有效地维持了情报交换的渠道。官僚在决策中是重要的人物，因此，民间企业在他们退位后热心雇佣这些官僚，想要获得这些人以前在省厅建立起来的人脉关系以获得利益。还有，经济、产业结构、外国资本等举行重要政策协议的审议会，是依靠经济计划厅、通产省、大藏省而设立的，经常与产业界进行意见交换。在"铁三角"中发挥主导作用的是官僚机构。

2.3.5 "促进者"而非"管制者"

目前，理论界认为，日本的政企关系是多元的。日本官僚组织的构成单位（省厅、局、课等）可归纳为两个部门。第一是具有明确的管辖领域，在某个领域中是同各种利益相关者接触的（典型的是产业界团体或隶属于产业界的企业）"原局"。第二是不和民间接触的，专门调整官僚组织内部结构的"调整局"。例如，大藏省的银行局就是原局，主计局和各省大臣官房长官是调整局。日本的大企业一般分属于企业集团和产业界这两类中。日本的企业在与政府进行交涉时以产业界为单位，产业界团体代表产业界的利益，与政府方面进行交涉；政府（官僚）方面在每个产业内都设有被称为原局—原课的部门，担当与民间的交涉的职能。

因此，日本的企业和官僚组织的关系有两个：一是企业和原局之间的关系；二是以调整局为中介的原局间的竞争关系。在这样的官僚组织中存在着多重的长期建立起来的关系，这是理解日本关系依存型政府的关键。日本官僚组织进行调整过程的基础是隶属于某个产业的企业与所管辖的产业的原局之间的交涉。在这个交涉过程中民间的经济团体（通过产业界团体等）也具有参加政治决定的机会。1949年创立的通产省是日本产业政策决策中最重要的政府机构，通产省的主要竞争对手大藏省为了实施产业政策，采取了从低利息的政府借贷到有选择性的租税措置这些重要的政策控制手段。[①]

总之，日本的政府企业关系模式可以概括为政府主导的关系依存型或官僚制多元主义型的治理模式。它是由特定政党握有独裁权力的状态，企业由企业经营者进行控制，即控制权与经营权为一体，政府把银行部门作为纽带，通过严格的规制，对经济决策过程进行干预。[②] 20世纪50年代后，多元官僚制策略一直忠实地服务于日本经济的高速增长过程中，其特点是，政策的制定权分散于各个掌管工业的部门和其相对应的产业领域中，原始部门之间相互协调，执行地位平等。

也就是说，不存在一个由权力集中的机构来协调处于等级制度较低层次的单位的活动。日本公司和中央政府之间的关系向来以亲密友好著称，因为政府官僚执行法律主要是用非正式的"行政指"方式，法律规定外的官僚和企业之间的会议不计其数。政府视自己为国内产业的促进者，而非铁面无私的管制者。

2.3.6 "内部人控制"模式

日本的企业实际上都是由内部人，而非外部投资者控制的。日本企业是通过集团内部持股的机制来实现的；中国则是由于国有股所有者虚位，造成严重的内部人控制现象。与中国多数的国有企业和股份公司由国家控制相比，日本则是由企业经营者控制的，即控制权和经营权一致，这也是东亚型的共同特征。与中国的"内部人控制模式"相对，日本可以称为依靠企业经营者的"控制股东模式"。

---

① Magazinet, IraC. and ThomasM. Hout (1980) *Japanese Industrial Policy*, Berkeley, Calif,: University of California Press.

② 菊澤研宗（2004）：『比較コーポレート・ガバナンス論』，有斐閣。

"内部人控制"（insider Control）是指上市公司的内部人即经营者以及雇员在实际上控制企业，并把内部人的利益放到优先位置的问题。之所以出现这个问题是因为在限定的合理性和情报的非对称性的情况下，作为委托人的股东不能充分地监督控制经营者，经营者以情报的优越性和机会主义为前提，优先考虑内部人的利益。内部人控制模式是以股东与经营者之间的利益关系对立为前提的。①

现在企业统治模式主要有二，即内部人控制模式和控股大股东控制模式，并且两者有趋同的趋势。例如，在所有权和经营权为一体的同族股份公司中，同族股东单独或数人持有具有控股性质的股份（在日本，前三位股东的持股比率达50%以上者称为同族企业），他们既是公司的所有者又是经营者。控股股东与其他股东的利益关系并不一定保持一致，控股股东的控制力越高，越容易榨取其他股东的利益。

因此，相对于中国的许多国有企业和股份公司的"内部人控制模式"而言，日本可以称作由企业经营者控制的"控制股东模式"，在这里，控制股东模式也被认为是"内部人控制"的一种形式。

本书中的"内部人控制"，是指广义的内部人对企业的控制。即大股东以及经营者（经理）或雇员在企业内部所具有的控制权。如果把经营者在一定的条件下从事侵害出资者利益的活动，称为内部人控制的话，那就可以不限定特定的时期与特定的国家。由于情报的非对称性，即使在发达国家实际上也存在着母公司侵害子公司利益的现象，也发生内部人控制问题。这无论在中国这样的转轨国家，还是在日、韩这样的发达国家，都是共同存在的问题。

(1) "内部人控制"的范畴

青木昌彦把"内部人控制"定义为："在私有化的场合，多数或相当大量的股权为内部人持有，在企业仍为国有的场合，在企业的重大决策中，内部人的利益得到有力的强调。"② 他认为内部人控制是从前的国有企业的经理或雇员在企业公司化的过程中获得相当大部分控制权的现象。主要出现在经济转型国家的典型的公司治理问题。因为在转型国家中的企业重组和公司治理没有注意将所有权与经营权分开，计划经济演化的"内部人"强有力的控制与干预，使公司所有者与经营者之间缺乏必需的制衡，从而不能很好地处理公司治理结构中的委托—代理关系。这就导致了所有者与经营者目标的不一致性。而拥有控制权的公司经营者，有可能凭借自己手中对财产的控制权寻找自身利益的最大化，而忽视甚至损害出资人的利益。青木昌彦将内部人界定在经营者与雇员的范围内。

---

① 川井伸一（2003）『中国上場企業－内部者支配のガバナンス』総土社。
② 青木昌彦：《对内部人控制的控制：转轨经济的公司治理的若干问题》，载于吴敬链、周小川等著：《法治结构债务重组和破产程序——重温1994年京伦会议》，中央编译出版社1999年版，第19页。

美国学者伯利（Berlie）和米斯（Means）早在1932年出版的《现代公司与私有产权》一书中所提到的内部人范围明显要大得多。他们将由大股东的或其代表组成的董事会也纳入了内部人的范畴。这些大股东通过董事会而为自己谋利，从而侵害中小股东权益。[1] 在现代市场经济中，由于现代企业制度是建立在企业经营者对出资者财产的委托—代理经营基础之上的，从而使所有权与控制权分离，而有控制权的经营者即内部人可能凭借自己手中的财产控制权寻求自身利益的最大化，忽视甚至损害出资人的利益。另外，内部人控制问题始终与公司治理制度有密切的关系，公司治理制度的完善与否决定了内部人控制问题的严重程度。所以，广义的"内部人"包含大股东、经营者和雇员；而分散的小股东、债权人则属于"外部人"（见表2-1）。

表2-1　　　　中日韩上市公司控制状况（市场资本二重）

	公司数（家）	分散所有（%）	家族（%）	国家（%）	分散所有的银行（%）	分散所有的公司（%）
日本	1240	85.5	4.1	7.3	1.5	1.6
韩国	345	51.1	24.6	19.9	0.2	4.3
中国	942	1.51	8.17	77.06	0.2	19.85

资料来源：Claessens, Stijn, Simon Djankov, and Larry Lang (1998a), *Who Controls Asian Corporations?* (1998b) World bank, December.

中国是2000年上市企业的数字，有效样板942家。家族是指民营企业；分散所有是指外资和个人；分散所有的公司是指有限公司和股份公司及集团所有制企业。

表2-1是中、日、韩三国上市企业控制状况的归纳结果。从中可以看出，中国的大多数国有企业和股份公司由政府控制，占77%以上股份。而日本和韩国则是分散所有结构，分别高达85.5%和51.1%，其中韩国的家族所有比例达24.6%，比日本要高得多。

（2）日本的"内部人控制"的特征

日本企业的所有权结构具有相互治理的结构特征。它由三个要素组成，即相互持股、企业集团、单纯持股公司。所谓的相互持股是指通过多数企业，形成多角的企业间关系网。企业在这个关系网中，在持有其他企业的股票的同时，其他企业也保有本企业的股票。这就意味着企业不光是治理的客体，还是治理的主体。并且，与相互持股这种网络关系并行，日本企业之间存在着长期的交易网。这就是被称为"系列"或企业集团的关系网。这是一种以母公司为中心，包括许多关联公司垂直的企业间关系。在这种

---

[1] IAnc. Berlieand QMeans (1932): The Modern Corporationand Private Property [M]. Harcourt, Braceand, New-York, Revisededition, 1967.

多重的网络中，成员企业相互发挥治理功能。其结果，导致轻视一般的股东，形成稳定的红利主义等。拥有同一主银行的企业，在与骨干企业具有交易关系的事业法人之间，以建立企业间的连接为目的而取得其他企业的股份（股份相互持有），因此，大多数都能比较长期地保有。形成了由企业经营者控制为特征的内部人控制模式，外部投资家没有进行有效的控制。

日本财阀解体后财阀持股公司所持有的股份曾被释放，个人股东的持股率曾达到70%，其后一直在下降，1995年达到了23.6%。与此相对照，金融机构以及事业法人机构的持股比率，在1995年分别为41.4%和23.6%，合计达到65%（见图2-1）。[①] 正由于日本公司法人持股率占绝对比重，有人甚至将日本这种特征称为"法人资本主义"。这样，股份所有的非个人化的状况，在美国呈现出"机构化"的现象，而日本则呈现出"法人化"的特征。

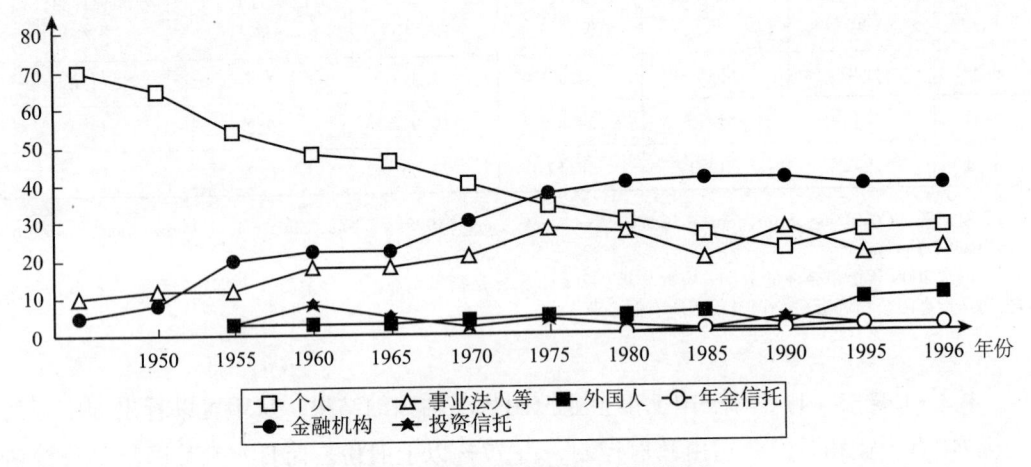

图2-1 日本所有者持股比率的推移

注：（1）1985年度以后以单位为基准。（2）金融机构不包括投资信托、年金信托（但1989年以前包含年金信托）。
资料来源：《1995年度股份份额分布状况调查》，全国证券交易所协会，第15页。

法人持股，特别是法人相互持股是日本公司股权结构的基本特征。第二次世界大战后，股权所有主体多元化和股东数量迅速增长是日本企业股权结构分散化的重要表现。但在多元化的股权结构中，股权并没有向个人集中而是向法人集中，由此形成了日本企业股权法人化现象，构成了法人持股的一大特征。

日本的"法人交叉持股"是一种稳定持股结构，稳定持股又常常通过法人相互持

[①] 1999年金融机构的持股比率减少到36.5%，与此相反，外国投资者的比率从1995年的10.3%增加到18.6%，与个人持股比率18.0%几乎相同。这是因为有些外国投资者对利益分配较少的日本企业，加强了积极的监督，并且介入了公司经营政策的制定和人事的任命等方面。但总体来说，数量还是有限的。

股得到强化，一些公司当互有业务关系或同属一个商业集团时，它们会有目的地持有彼此的股份。通过法人交叉持股，可以防止恶意收购的发生，保护了经营队伍的稳定，而经营队伍的稳定对于经营者集中精力从事经营特别是长期经营至关重要。

由于日本在法律上对法人相互持股没有限制，因此日本公司法人相互持股非常普遍。法人相互持股有两种形态：一种是垂直持股，如丰田、住友公司，它们通过建立母子公司的关系，达到生产、技术、流通和服务等方面相互协作的目的；另一种是环状持股，如三菱公司、第一劝银集团等，其目的是相互之间建立起稳定的资产和经营关系。总之，公司相互持股加强了关联企业之间的联系，使企业之间相互依存、相互渗透、相互制约，在一定程度上结成了"命运共同体"。

图 2-2 是同一企业集团内平均持股率的推移情况。从其所持有的数量占被持有企业发行股票的比率来看，各企业成员并不相同。在 1989 年，六大企业集团平均持股率为 1.42%，1992 年下降为 1.41%，1993 年也几乎没有变化。而且，1993 年除了新加入的企业数值外，1993 年度的六大企业集团平均为 1.41%，与 1992 年几乎没发生变化。

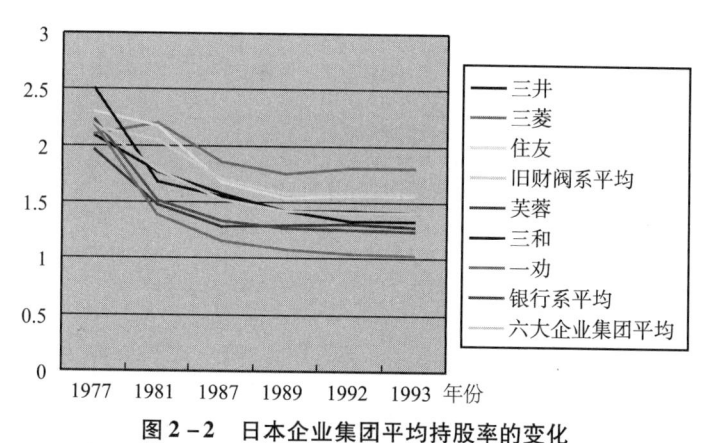

图 2-2 日本企业集团平均持股率的变化

注：企业各公司所有的股份是同一企业集团成员企业数量的总和。
（1）集团内部股份所有率＝（各企业集团内的成员企业持股数的合计÷同一企业集团内成立的股份所有关系数的合计）×100%。
（2）各企业集团平均数是各企业集团的股份所有率的单纯平均。
（3）1977 年度以前只是 OTC 登记企业以及生命保险公司的数值。
资料来源：有价证券报告书以及各个公司的报告。公正交易委员会事务局编：《最新日本六大企业集团的实态》，东洋经济出版社 1994 年版。

从上市企业全体主要股东的持股比率来看（见表 2-2），第 1 位到第 10 位以及第 11 位到第 20 位的股东平均持股率分别达 3.71% 和 0.20%。这说明企业集团的成员企业平均持股率为 1.42% 的仅是前 10 位股东的数值。

表 2-2　　　　　　　　　　　上市企业的平均持股率推移　　　　　　　　　　　单位：%

年度	前 1~10 位的平均持股率	前 11~20 位的平均持股率	六大企业集团平均持股率
1981	3.54	0.71	1.78
1987	3.81	0.24	1.52
1989	3.69	0.24	1.42
1993	3.69	0.17	1.41
1994	3.71	0.20	1.41

资料来源：Claessens, Stijn, Simon Djankov, and Larry Lang（1998a），*Who Controls Asian Corporations*?（1998b）World bank, December.

现在，日本这种相互治理的结构，在持股比率很高的集团内部，包括被迫解散的企业在内，大约有七成的企业已经解除了相互持股，集团公司也出现了上市的倾向。在一项调查中，高持股比例的集团和低持股比例集团之间，存在着明显的差异。高比例集团，对是否设立单纯持股公司的问题，回答"已经设立""预计设立""研究中"占半数以上，低比例的企业集团仅占两成。[①] 外资持股的比例高的集团预计达到 93%，低比例的集团也有望达到 67%。与企业集团的经营改革相关联，1997 年的商法改正案中规定，重新允许单纯持股公司的设立，这成为这些变化的起因。在集团内部，两个大企业之间的持股率虽然只有 1%，但当接管威胁出现时，1%~5% 的股票对于公司控制权市场上的收购者来讲，有较大的吸引力，一旦企业采取机会主义行为危害对方的利益，对方可利用抛售其股票来威胁。这样，企业之间的交叉持股通过交换"人质"来节制对方及自身的短期行为。更重要的是，尽管两个企业之间的持股额不足以遏制对方的投机行为，但成员企业的交叉持股加总起来，通过联合行动足以惩罚采取短期行为的企业。同时，交叉持股还可以将利害关系者对企业不同形式的索取与其作为股东的身份结合起来，减少不同利害关系者之间的利益冲突和摩擦。

日本企业的监事和董事，不仅是作为制度在股份企业内部设立的机构，而且其大部分的组成人员也是企业内部职工出身的内部人。这样在日本企业中依靠内部的利益相关者对经营进行的监督，又可称为"自动控制"。即"依靠内部人进行的控制"，从依靠熟知内情、精通企业信息的人来进行治理，这种治理方法在日本赶超阶段发挥了有效的作用。

（3）结论

从以上分析可以看出，日本的企业实际上都是由内部人，而非外部投资者控制的。

---

① 2001 年 3 月末在外资比率的问卷调查中，回答企业有 330 家，可分为以下几类。外资比率未满 5% 的低比率企业集团（156 家）、5%~15% 的中比率企业集团（106 家）、15% 以上的高比率企业集团（68 家）。寺本義也·坂井種次（2002）。

日本企业是通过集团内部持股的机制来实现的；中国则是由于国有股所有者虚位，造成严重的内部人控制现象。与中国多数的国有企业和股份公司由国家控制相比，日本则是由企业经营者控制的。即控制权和经营权一致，这也是东亚型的共同特征。与中国的"内部者控制模式"相对，日本和韩国是依靠企业经营者的"控制股东模式"。

要解决内部人控制现象，首先要解决的问题应该改变政府主导的政企关系模式，引入外部投资者机制。在现代股票市场非常发达、股权极度分散的情况下，机构投资者可以对公司的经营管理进行较为有效的监督，给公司的经营者带来了外部压力，迫使他们注重股东的权益，对公司股东采取更为积极的态度，在重大决策时必须考虑股东的意见。因此，加强机构投资者的力量，有利于对经营者实行监督、控制，恢复股东在公司治理结构的本来地位。对此各国都进行了不同程度的改革，并且都取得令人满意的成效。

在日本由于交叉持股的减少不可避免地导致在银行、保险公司和非金融组织之外的投资者所持有的股份相对增加。在这些投资者中，外国投资者显著地增加了他们的股份。现在他们持有上市公司的全部股份的大约20%。由于很大比例的股票是由"稳定的"股东所持有而导致市场的流动性非常低，那么外国投资者的影响在市场上就更加明显。近年来，外国投资者的股票在市场流通额也不断地增加，从1998年的13.4%达到2000年的18.6%。一些外国的机构投资者也参与其中，如美国著名的投资机构CALPERS 和 NSTITUTIONAL SHARE HOLDER SERVICES（一家为美国大机构投资者提供意见的咨询公司）就明确地告诉日本的高级经营者，他们应该提升公司的业绩。这样，机构投资者逐渐成为日本公司的一个积极的参与者。据2000年quick corp公司的一项调查表明，由于机构投资者的参与，19%的机构投资者已经感觉到股东大会的中心已经开始转向股东。

2.4 政府企业关系对企业发展带来的影响

从上文可以了解到，日本政企关系为"多元化"政府主导型，日本政府企业关系对日本企业的发展带来了很大的影响。"护送船团"方式使日本的银行得到了保护，给银行的融资带来了优势；为了维持主银行制度，主银行为破产企业负担了一大部分的损失；对股票市场的过度限制妨碍了直接金融的发展；安定的股东阻止了企业的收购行动；法人相互持股使活泼的企业经营权市场不存在，敌对的收购也不易成功；"终身雇佣制"也是由于对退休金在税制问题上给予特别优惠政策而得以持续下来；日本政府的重点扶持政策在短期内刺激了对象产业的发展等。

根据上文所述，我们可以看到日本的政府企业关系从各个方面影响着企业的发展：政府成为股东和债权人通过行使他们的权利，对企业带来影响；还可通过对该当行业规定各种限制和发放许可证，对公司法、破产法等与企业相关联的法律制度的设定或税收制度的制定，对企业带来间接的影响；日本的"护送船团"行政使日本的银行得到了保护，给银行的融资带来了优势；为了维持主银行制度，主银行为破产企业负担了一大部分的损失；对股票市场的过度限制妨碍了直接金融的发展；"终身雇佣制"也由于对退休金在税制问题上给予特别优惠政策而得以持续下来；日本政府的重点扶持政策在短期内刺激了对象企业的发展等。

政府对企业的发展带来了很大的影响，在经济发展过程中的一个明显特征就是为了加快发展本国经济，政府积极参与经济发展过程，为企业创造良好的竞争环境，并采取各种手段实施对企业和经济的管理和引导，政府为经济的扩张提供了有价值的引导。

2.4.1 "护送船团"维护金融秩序

日本银行的"护送船团"方式，即以最弱的银行（船队最慢的船）为基准，来决定信贷和储蓄的利息。而且，产业界也以某集团为单位以银行和商社为中心形成企业集团，共同组成"护送船团"。日本银行的"护送船团"方式使市场的秩序优先于效率性，即使银行的经营破产，也通过政府的救济和吸收合并加以处理，被迫从市场中退出的银行很少。这就意味着国家在黯然中给予银行特别是大银行以必要的保证。

这样的护送船团体制，在过去确实发挥了很大的作用，但在经济全球化到来的时代明显地成为无效率的体制。金融机构的经营也本该由于金融自由化的深入而加大其危险性，然而由于保护机制的存在，金融机构的危机意识不够敏感。在国家的保护机制下，银行缺乏自主经营的自律激励，相反担保主义、机会主义到处蔓延。为了使银行更有效率地运营，必须超越系列框架与其他的船团（集团）进行积极的信贷活动，不然就要成为腐败的温床。[①]

政府在支撑主银行制度中起到了重要的作用。首先，日本法律规定有利于保护主银行使其获得较大的利益。在20世纪80年代缩小国家干预的范围之前，政府对于存款利率一直有严格的控制，存款利率一直保持在非常低的水平上，这使银行能够通过扩大贷款获得相当大数额的利润。因此，银行之间的竞争主要与贷款的数量相关联的。在这种情况下，作为主银行就非常有利可图，因为主银行的地位就可以确保银行在长期业务往来的基础上对客户公司的贷款额占有最大的比重。另外，有效限制银行业市场准入的法

---

① 李玉谭、袁英华：《日本对政策金融机构的重组及其启示》，《现代日本经济》2007年第5期。

律规定也有利于保护现有银行的利益。其次，政府提供了对主银行的约束机制。政府通过对银行所具有的调整和监督权，扮演着监督主银行的角色。一旦政府发现银行处在困境之中，政府就可以采取适当的补救措施，包括把该银行与一个业务运行良好的、安全的银行合并。日本政府对主银行的介入和规制体制使官僚和企业集团之间相互依存、相互牵制的关系内在化，取得了比较稳定的效果。

2.4.2 运用各种手段调节企业行为

政府依据不同的经济发展阶段和企业对象，围绕经济计划和产业政策，借助于法律、行政指导、财政金融等手段对企业实施直接或间接管理和引导。第一，运用法律手段调节企业行为，凡事均以立法形式加以确认。经济立法在宏观上重在培植和引导有利于企业间公平竞争的市场，在微观上则表现为对企业行为的调整。第二，建立在政府与企业间协商合作关系基础上的行政指导，是政府调节企业行为的重要手段。其方式主要包括人事任免、程序控制、考核评价、劝说与交涉、信息交流等。第三，借助于非官方中间组织实施间接管理，如日本的行业组织等。第四，通过投资、税收、信贷、补贴、奖励等配套的财政金融手段来调节不同产业中企业的发展。第五，独特的社会文化观念的辅助作用。

日本的社会文化是东方儒家文化和西方文化的混合体，其突出特点是尚贤重教，勤勉节俭，强调集体主义和对集体的忠诚感。其独特的历史文化传统是政府主导企业模式运行的社会背景和精神基础。例如，日本社会文化中国家至上、集体主义、和谐统一的思想为政府在振兴的过程中能有效实施对企业的管理提供了强大的精神基础。另外，高效的官僚行政体制是政府主导模式运行的组织保证。日本在很长一段时间是实行一种政府主导型的发展经济战略，政府之所以能够实施对企业的有效引导和调控，与其相对高效的官僚行政体制是分不开的。

2.4.3 政府以产业政策为核心

日本在"赶超"先进国家过程中的基本特征可举出产业政策的实施。政府和企业两者之间，依靠日本的"多元的政府企业关系"在持续性上发挥了优势，使相互协调的关系得以成立。但产业政策的策定也绝不是政府单方面的计划行为而是以协调关系为背景，政府企业相互间积极的情报交换带来了很大的效果。

在制定各种长期经济发展的战略和计划的基础上，政府制定了相应的产业政策来具体实施对企业的调控和管理。在第二次世界大战以后经济的恢复阶段，日本实行重点生产方式，重点发展煤炭、钢铁、重化学工业等基础产业。日本通产省（Ministry of International Trade and In dustry，MITI）控制的银行在企业贷款、员工消费品配给等方面对企业进行直接干预。这样做的基本目的是以某些产业为龙头，带动相关领域和整个国民经济。

正如所谓的"官僚主导的经济发展指向体制"那样，日本战后的经济是以"赶超"发达国家为目标，将各时期的战略性产业置于官僚体制的保护之下并给予培育，借此实现了其发展。为培育特定的产业，政府不仅拥有许认可权力，而且还通过对石油进口、技术引进所必需的外汇实施管理、控制，并将日本进出口银行、日本开发银行等所进行的融资用作驾驭产业的手段，从而能够在产业的发展过程中发挥主导作用。

2.4.4 限制外部市场收购

政府以产业政策来保护幼稚产业与国内市场，不鼓励外资进入，同时积极发展本国的战略产业。

在英、美等国通过股票的买卖收购公司的事情已经成为公司日常的商业活动，而在日本敌对的收购几乎见不到。这是因为安定的股东阻止了企业的收购行动，法人相互持股使活泼的企业经营权市场不存在，敌对的收购也不易成功。以银行为中心的相互持股结构，在旧财阀系企业集团中非常显著，在阻止外部收购的同时，经营者还能充分享受"自治"的好处。由于没有在美国可能发生的"收购"现象，对经营者的监督机能也不能发挥作用，但在以间接金融为中心的资金调配结构下，监督机能有时也能发挥作用。

2.4.5 制定相关发展战略和计划

日本属于后发型国家，政府出于发展本国经济和赶超欧美发达国家的目的，适时地制定出有关的发展战略和计划，并在此前提下处理与企业的关系。日本政府根据本国社会经济发展的不同阶段，分别制定出相应的经济发展战略和计划，对企业的行为产生了积极的指导和推动作用。

（1）政府重视中小企业的问题

由于中小企业在日本国民经济中占有非常重要的地位，而中小企业在与大型企业相比中显然处于劣势，因此日本一直十分重视中小企业的发展问题。一是通过经济立法，确立了中小企业在国民经济中的重要地位，并协调中小企业与大企业之间的关系；二是设立中小企业专门金融机构，增加对小企业的放贷规模，以满足中小企业对资金的需求；三是强化信用保证和信用保险制度，并相应成立了中小企业信用公库和信用保证协会，在很大程度上解决了中小企业贷款难的问题。

（2）政府不直接干预国家公有企业

日本国家公有企业数量较少，大致可分为两类：一类是政府机构直接经营管理的企业，包括邮政、造币业等，其管理方式是政府直接进行行政控制；另一类是由政府根据法律规定实行管理的特别法人企业，如日本铁道公社、国民金融公库、宇宙开发事业团等，政府对这些企业一般不直接干预，而是以法律方式确定企业的经营范围，控制企业高层人事的任免，适时地对部分公营企业实行民营化。

（3）实行"终身雇佣制"

日本的劳动雇用惯例中最重要的要素是"终身雇用制"。退休金等税制上的优惠政策都是政府政策支持的结果，如果没有这样的政策，"终身雇用制"能否维持到今日还是疑问。企业因为终身雇佣制度的存在而使雇员的转职变得困难，不能像美国那样在民间企业和政府机构间徘徊。

2.4.6 建立内生的创新机制

日本从20世纪50年代中期就特别重视经济发展和政治稳定的平衡，在企业治理的层面上特别重视协调而轻视监控，经常以牺牲经济结构升级换代为代价追求政治稳定。在产业层面上，以产业行会和企业集团等非市场的制度或机制协调经济主体的市场行为。在培养企业竞争力时不是依靠政府指定哪个企业是胜利者，而是通过"寡占竞争"的机制来选择。努力建立内生的创新机制，进行独立自主的研发并创立自主品牌，以迅速的产业升级换代和高附加价值产品为基础进行出口扩张和经济增长。

2.5 日本政府和企业关系弊端

日本在很长一段时间实行政府主导型发展战略，利用其高效的官僚行政体系对企业进行有效的引导和调控，引导经济扩张。

但是，这种政府主导型控制企业的结构，在赶超先进国家的发展阶段是十分有效的，在赶超经济接近尾声的今天其有效性是否存在，特别是20世纪90年代以后，以金融危机为起点的"政府失败论"成为争论的焦点，重新构建政府和企业关系已迫在眉睫。

2.5.1 没有与时俱进

没有随着本国社会经济环境的变化对政府职能进行及时的、根本性的调整。比如,在20世纪80年代初日本赶超经济时期业已结束,开始步入与欧美资本主义国家一样的经济自律发展阶段,但日本政府仍试图用赶超经济时期的方式处理与企业的关系,没有从管理经济和企业的角度进行根本性的改变政府的职能,结果导致政府对企业干预过多,经济中泡沫成分较大。

2.5.2 既得利益集团阻碍改革

日本政府对企业的过度干预造就了一批既得利益集团,形成一股强大的保守势力,不利于政府与企业关系模式的改革。既得利益集团与官僚体制有千丝万缕的联系,不仅会成为政府进行改革的最强烈的反对者,还会从多方面削弱政府的管理职能,使稳定的决策环境消失。官商勾结、政治势力与经济实力结成利益共同体就是其典型的表现形式。1993年7月19日,独自执政达38年之久的日本自民党自1955年以来首次成为在野党,党内的严重腐败是其根本原因。1998年初,日本大藏省出现的丑闻,也是"官商勾结"的例证。日本自1993年自民党在选举中失败,一时间所谓的"铁三角"关系被破坏,由于缓和规制和促进新的市场加入者,产业结构的转换也成为重要的课题。[①]

2.5.3 产业政策带来寻租行为

不少学者认为日本产业政策很难说对所支持或保护的产业有何积极意义,甚至认为产业政策可能助长政府官员的寻租行为。[②] 很长一段时间,在立法或制定政策过程中,企业或财团向政治家、官员行贿的事件屡见不鲜。而且官员"下凡"到大企业里担任高管的现象也十分普遍。实证分析也支持这一结果。小宫(1984)认为日本出口较多,具有国际竞争力的多数产业没有受到什么产业政策的恩惠;比森(Beason)和韦斯特(Weinstein,1996)对日本13种产业从1950年至1990年的成长性与产业政策相关性研究表明,产业政策与产业成长也并不相关;而波特(Porter)和竹内(2000)对日本在国际上成功的20种产业和失败的7种产业进行了详细比较后,得出结论认为,成功产

---

① 柳华平:《中国政府与国有企业关系的重构》,西南财经大学出版社2005年版。
② 任云:《日本产业政策再评价及对我国的启示》,《太平洋学报》2005年第11期。

业大多没有产业政策支持，失败产业则多是产业政策管束过多，特别是限制竞争较多的部门。

2.5.4 政府的管理能力有限

政府有限的管理能力与企业日益复杂的经济活动之间的矛盾没有根本解决。尽管政府拥有相对高效的官僚政府体制，但面对不断发展壮大、日益信息化和复杂化的经济也逐渐显得力不从心。决策者队伍素质下降，致使政府很难再像以前那样把握整个经济的发展，也难以像赶超时期那样为企业提供有价值的发展蓝图。

2.5.5 政府对企业的过度干预

政府未能主动退出对企业的过度干预，束缚了企业的活力，不利于社会资源的有效配置和企业间的公平竞争。政府对银行业的扶植和保护政策使银行等金融机构形成了对政府的强烈依赖心理，金融机构在政府的压力下往往不得不对一些经营不善的企业发放贷款，从而加大了金融机构的风险。此外，政府对企业的过度管制使一些低效率、竞争力差的企业在政府的保护下成长。这不仅打击了那些高效率、竞争力强的企业，抑制了企业效率的发挥，也使整个社会资源得不到最有效的利用，造成企业之间的不公平竞争。

鉴于以上的观点，本文分别对中日韩政企关系模式对经济发展与总之，自民党安倍在重新夺回政权的新时期，如何正确处理好政府与企业之间的关系，是安培经济学成功与否的关键步骤之一。

2.6 日本政企关系的改革方向及启示

20世纪90年代以来，世界经济的一大潮流是全球经济的市场化。所谓市场化并不仅是指一些传统的计划经济体制的国家转向市场经济体制，而且还意味着在一些市场经济体制的国家中，纠正那些不符合市场经济规则的规章和习惯。后一方面在日本表现得尤其突出。因为日本自第二次世界大战结束以来，虽在国内重整市场经济体系，但政府对市场经济的实际运行却进行着强有力的干预，市场经济机制受到很大的限制，市场经济制度得不到有效的实施。就日本政府与企业关系的模式方面来看，也存在一些不足，尤其东亚金融危机的爆发，更是使得这种缺陷暴露无遗。

中国当前的国情与"二战"后的日本相似，属于"后发展国家"。中国由于长期实行计划经济，政府对企业的比日本还要强烈，国民对银行的信赖程度也比日本高。现在中国正在以国有企业与政府机构相分离的"政企分离"和国有企业的民营化为中心改革，因此，日本模式对中国的政企关系的改革具有借鉴意义。日本的经验表明，政府对企业的支持和保护要合理和适度，要把握好对经济干预的"进入"与适时"退出"时机，防止"政府主导"下的"政经结合"的腐败问题。中国政府应该能更有效地运用银行这个"国民经济的中枢神经"，借鉴日本做法，实现后发优势。在经济全球化时代，政府还要改变过去那种通过产业政策直接干预企业的做法，而以为企业创造良好的市场经济环境为主。

2.6.1 要防止不切实际的高增长目标

日本企业发展的模式就是政府在企业的发展与成长过程中起着主导作用，政府制定经济发展的长远规划和产业发展政策，指导企业与金融部门的运作以帮助企业实现自己的发展目标。政府这样做的目的就是为了迅速发展本国的经济，这是一个发展中国家最容易犯的错误。发展中国家为了赶超先进国家，往往先制定一些过高的经济增长指标形成本国的赶超战略，然后对资源实行倾斜式配置，以支持某些部门的发展，同时限制另一些部门的发展，以便尽快实现已制定的经济增长目标。对重点企业进行扶植就是日本政府实施这种战略的结果。在经济发展取得阶段性成果之后，又会出现新的不切实际的经济增长指标。结果是产业结构失衡，信用膨胀，经济泡沫增大，超过国家经济承受的极限，最终导致经济危机的发生，对国民经济造成巨大的破坏作用。

2.6.2 要防止政府对企业的过度干预

根据一般的经济学原理，当市场结构满足竞争性的要求时，促进经济的增长只需要市场机制这只"看不见的手"或者辅之以极少的政府干预就可以了。如果市场结构不满足竞争性的要求，或者由于经济的外部效果使市场失灵，才需要政府的干预。政府在校正市场失灵、促进经济增长中发挥着重要作用。但是，如果政府制定的政策有悖于市场规律，或者在执行过程中产生了失误，也会产生与市场失灵类似的政府失灵。各国经济发展的历史都表明，政府对经济生活的过度干预必将导致一国经济发展的失败。

日本在短时间内迅速成为经济强国的原因，虽然与日本政府在企业的形成和发展过程中给予的支持和帮助有关，但是也不得不承认政府的干预程度是过度的，韩国尤其严重。正是由于政府的这种过度干预行为，使企业集团对市场的垄断随处可见：生产要素不能自由流动；政府与企业集团的关系商品化、金钱化；价格信号扭曲，信息传递不完全、不充分、不对称。如果说政府在企业集团形成之初给予一定的支持和帮助是正确的，在企业集团形成规模经济以后，政府就应该把打破企业集团的垄断行为、增加市场的竞争性作为工作的重点。美国的经济近几年来之所以发展良好，与美国政府长期坚持反垄断不无关系。

2.6.3 要防止"大企业病"

规模经济效应是企业集团发挥其功能的主要机理之一，但是规模经济应有一个合理的标准，并非企业规模越大越好，"大而全"的企业难以享受规模经济的好处。一个企业集团办得过大，组织机构的层次越多，信息反馈的渠道越长，其企业组织机能的活力就越差，最后反而出现了与规模经济相反的目的，内部资源配置的低效和管理人员工作的低效，形成所谓的"大企业病"。此次韩国企业集团倒闭，与韩国的大企业集团为跨入世界500强行列，在政府扶植下多年来盲目追求规模与数量有关。在政府发展大企业集团的思想指导下，韩国企业集团片面追求外延扩张，使企业集团的规模过大、战线过长，在缺乏足够的专业人才和高精技术的情况下广泛涉足各种领域。在最大的五家财阀中，平均每家财阀的经营项目都在140种左右，这样的经营策略不利于企业的专业化经营与技术创新，资金难以集中使用，资金利润率较低。另外，大企业集团不可避免地会在信息披露、企业内部治理结构、企业激励约束机制的建立以及管理决策等方面缺乏灵活性和应变能力，易出漏洞。

2.6.4 要转变政府职能

正如前面提到的，日本产业政策的正面影响，如审议会有助于沟通信息和协调企业行为，重点扶持政策在短期内能刺激对象产业的发展等，而产业政策虽然也对企业和产业产生了诸多影响，但弊端甚多，很难说它对日本经济起到了推动作用。不少学者甚至认为正是因为产业政策失效，或顺应企业要求作了调整，才没有对行为严加管束。当然，政府部门还必须为产业的发展提供更好的制度基础和公共服务，降低社会成本，创造更好的社会环境。此外，政府应当更多关注各种市场失败的问题，如制定严格的技术质量标准和环保标准，加强执法，以减少信息不对称或外部不经济所造成的福利损失。总之，正确认识政府的能力，摆正政府与企业、市场的关系，转变政府职能，加快市场化改革进程，仍将是中国改革的第一要务。

第3章

供给侧改革的产业政策研究

产业政策是实施宏观经济管理的重要手段之一,供给侧结构性改革的相关要义要落实到产业政策的制定实施中,政策转型必须与供给侧改革步调一致。一是产业政策要营造激励创新和激发市场活力的政策氛围和制度环境;二是产业政策的制定实施要遵循市场机制作用,维护公平竞争,塑造市场活力;三是实施产业政策,要顺市场机制之势充分发挥政府的能动作用,弥补市场失灵或缺失;四是产业政策的实施要兼顾需求侧,供给要适应需求变化,高品质的供给能够创造自己的需求;五是产业政策手段,要减少管制、放松约束,以降低生产交易成本,尽量避免行政手段干预。

日本在赶超先进国家过程中的基本特征可举出产业政策的实施。政府和企业两者之间,依靠日本的"多元的政府企业关系"在持续性上发挥了优势,使相互协调的关系得以成立。产业政策的制定也绝不是政府单方面的计划行为,而是以协调关系为背景,政府企业相互间积极的情报交换带来了很大的效果。[①]

3.1 供给侧产业政策的理论基础

2016年,美国新当选的总统特朗普实施了强调政府干预市场新政:反对全球化和自由化,主张加强贸易保护;通过减税、增加基础设施建设和国防开支来扩张财政,提振国内经济;呼吁采取措施让美国企业回流,增加就业。这标志着最早遵循和鼓吹新自由主义的国家在今年迎来了反对新自由主义的浪潮。

较早主张国家应主导经济发展,实行产业政策是筱原三代平。1957年他在《产业结构与投资分配》一文中认为,产业结构的后进性是当时日本落后于欧美国家的原因,但完全依靠市场机制,不可能改变产业结构,需要政府借助产业政策的力量,实现产

---

① 池尾和人など(2001)『日韩経済システムの比較制度分析』日本経済新聞社。

结构的优化。20世纪60年代以后，这种论点得到西方人的肯定。1962年，英国的《经济学家》杂志认为政府对有发展前途的产业，应给予必要的保护与扶植。进入七八十年代以后，肯定日本政府作用的研究日渐增多。1970年，美国学者赫尔曼·卡恩出版了《超级大国的挑战》。1979年，美国学者沃格尔出版了《日本名列第一》，详细分析了"二战"后日本在政府领导、政治结构等方面的状况。1985年，沃格尔又出版了《日本的成功与美国的复兴——再论日本名列第一》，认为日本经济是"典型的官民合作"型经济，政府对经济趋势、布局的先后次序等都起决定性作用。1993年卡德尔的《战略资本主义：日本产业金融中的民间企业和公共目的》是实证研究的典范，他主要以产业金融配置问题为突破口，来探讨日本经济发展的动力问题。他认为，政府战略并没有在产业高速发展的过程中起决定性作用，日本资本主义的原动力不是政府而是以长期信用银行和企业集团为代表的民间部门。

20世纪80年代初，外国对日本产业政策的实际状况和效果普遍存在着评价偏高的倾向。鉴于这种情况，小宫隆太郎及其合作者（包括奥野正宽、铃村兴太郎、香西泰、贺田俊正、植草宜、吉野直行、伊藤元重、清野一治、后藤晃、今井贤一等），从经济学角度对日本产业政策的实际状况、效果和意义进行分析，同时建立起用经济学分析产业政策的理论框架，具有重大意义。基于这种想法，小宫隆太郎及其合作者于1982年，组织了有关日本产业政策的研究项目，进行了历时两年的研究。并于1984年集结相应研究成果，出版了《日本的产业政策》一书。《日本的产业政策》一书指出，（产业政策）问题的关键是当市场失灵时，取而代之的资源配置方式是什么。从传统的观点考虑，这时出面的主体是政府，取代市场的资源配置方式是（政府干预）计划。因此，首先遇到的就是市场还是计划这个经典问题。因为在市场失灵时，当然计划也行不通，结果只能比较两者受挫的程度来选择资源配置的方式。但从"二战"后各国的经验来看，那种取代市场的强有力的计划一旦失败，造成的损失会远远超出市场失灵的程度，孰优孰劣是显而易见的。因而，选择是在市场和较弱的计划之间进行的，其结论是要以民间的活力为主，同时政府也根据需要进行必要的政策性补充。如果对此进一步分析，首先遇到的问题是，较弱的计划是指什么，在把它与市场失灵相比较时，如何具体地加以评价等。

"发展型政府"概念的诞生缘于对日本、韩国和中国台湾的研究。所谓"发展型政府"，意指通过产业政策推动经济成长的政府。这样的政府拥有一批具有强烈发展意愿的精英，他们超脱于社会力量或利益集团的左右，有能力自主地制定高瞻远瞩的发展战略，并最终将有限的资源动员起来通过产业政策的实施推动了所管辖地区的产业发展和经济成长。[①] 之后，在国际比较政治经济学界，一大批学者将有关的思路从东北亚拓展

---

① Ziya nib "The Logic of the Developmental State," Comparative Politic, Vol. 24, No. 1 (1991), pp. 109–126.

到其他地区①和其他历史时期经济发展的研究，从而使发展型政府学派发展壮大。

2001年，这一学派的领军人物之一、美国麻省理工学院教授安士敦（Alice Amsden）著书，将发展型政府进一步解读为对西方新古典主义或新自由主义发展模式的挑战，也就是将政府主导型发展视为有别于自由市场主导型之外的新发展模式，即她自称的"修正主义模式"。② 发展型政府理论一开始只是一种解释日本和东亚经济奇迹的学说，但后来其覆盖范围拓展，成为探索政府主导型发展的重要理论之一。

首先，美国学者约翰逊，在1982年出版了他潜心十年撰写的新著《通产省与日本奇迹：产业政策的成长（1925~1975）》，论证了日本政府通过产业政策的实施对日本奇迹的重大推进作用。③ 1989年和1990年，美国学者阿姆斯登和英国学者韦德先后出版了《亚洲新巨人：南韩与后发工业化》④ 和《驾驭市场：经济理论与东亚工业化中政府的作用》⑤，分别运用韩国和台湾的案例，论述了政府在市场机制之外构成经济发展助推力的重要性。

20世纪五六十年代日本通产省推行产业合理化等产业政策时，把支柱产业双标准理论、过当竞争理论、动态比较费用理论等作为理论依据，90年代以来的产业组织研究的理论性就更强了。现在国外经济学家中最推崇产业政策（包括选择性产业政策）的两个人物，罗德里克教授和豪斯曼（R. Hausman）教授，也有一套广为流传的理论，就是强调适用性信息的外部性和协调的外部性，他们称之为作为自我发现的发展理论（development as self-discovery），这套理论以一些雄辩的事实来争辩：拉美一些国家的宏观政策都比较有效，譬如抑制了通胀、稳定了汇率、消除了财政赤字，总量管理都做得不错，甚至也广泛推行了私有化，但为什么经济不增长？从而推论，选择性、扶持性的产业政策是不可或缺的。而前沿距离理论也谨慎地认为，追赶型经济体有必要实行一些选择性、扶持性产业政策。这些研究成果，连带相关的典型事实证据，尽管相互之间并不一致，但都很有影响。

从20世纪八九十年代以来，美国、欧洲的经济学界对产业政策的内容作一些重要拓展，这方面影响比较大的学者有阿吉翁（P. Aghion）、罗德里克（D. Rodric）、赫尔普曼（E. Helpman）等新增长理论和新贸易理论的代表人物，好像他们比较普遍地把产业政策分为横向和纵向的产业政策、功能性和选择性的产业政策。但从实际内容来

---

① 阿图尔·科利：《国家引导的发展——全球边缘地区的政治权力与工业化》，朱天飚等译，长春：吉林出版集团有限责任公司2007年版。
② AMSDEN A. The Rise of "the Rest"：Challenge to the West from Late——Industrializing Economies ［M］. NewYork：Oxford University Press, 2001：35.
③ Johnson, Chalmers, 1982, *MITI and the Japanese Miracle：The Growth of Industrial Policy*, 1925-1975. Stanford：Stanford University Press.
④ Amsden, Alice, 1989, *Asia's Next Giant：South Korea and Late Industrialization*. NewYork：Oxford University Press.
⑤ Wade, Robert, 1990（2000）, *Governing the Market：Economic Theor yand the Role of Government in East Asian Industrialization*. Princeton：Princeton University Press.

看，横向的、功能性的产业政策，更像是竞争性政策、反垄断政策、创新促进政策等。不管怎么样，他们比较注重微观政策对经济增长和贸易的影响，可能因为他们不是那种标准的宏观经济学家，与其说他们强调产业政策的作用，还不如说他们强调经济增长更取决于微观政策（或者说结构性政策、结构性改革）而不是宏观政策（或者说总量政策）。

在发展型政府理论的文献中，由高度专业化的技术官僚所组成的经济治理机构是发展型政府的大脑，这些机构有能力高瞻远瞩的眼光挑选出能够引领国家与地区经济发展的战略性产业，即所谓"挑选赢家"，并制定出相应的产业政策。金融是发展型政府的神经，政府能够掌控甚至直接拥有重要的金融机构，从而可以通过优惠信贷作为产业政策的主要施政工具。在很多经济体，大公司是发展型政府的躯干，发展型政府一般透过大公司推进产业政策，而这些大公司有些是与政府关系密切的民营企业，有些则干脆就是国有企业。无论政治体制中是否具有竞争性选举的因素，发展型政府往往都带有威权主义的色彩。尽管与裙带资本主义有些相像，但发展型政府的行动时常会超越裙带利益，也超越利益集团政治，即具有较强的国家自主性。[①]

与此同时，探究发展型政府采用何种政策其所带来的不同影响也是重要的。由于政府干预难免会出现设租寻租的情形，日本著名经济学家青木昌彦等提出了一种"以绩效为基础的租金"或"相机性租金"（contingent rent），即这些租金（其主要形式是优惠性补贴或优惠信贷）给予哪些企业并不取决于政府官员的自由裁量，而是取决于受租者的客观绩效，如此一来"相机性租金"就成为基于市场竞争而给予最后赢家的一种奖励。如此设定的租金，与破坏和扭曲市场机制的"政治性租金"（例如，无条件的直接补贴等）相比，对企业的激励机制大有不同。

针对这些情况，一些主张政府积极干预主义的学者进行了新的尝试，试图为政府主导型发展模式和产业政策奠定全新的理论基础。在这方面，特别需要提及的是新自由主义的高调反对者诺贝尔经济学奖得主斯蒂格利茨（Joseph E. Stiglitz）。他在诺贝尔奖授奖演讲中宣称将挑战亚当·斯密（Adam Smith）基于"看不见的手"的原理对政府作用的定位。他告诉听众："我的理论认为'看不见的手'之所以看不见，可能就是因为它并不存在，或者说，即使存在，它也是瘫痪的"，并提出要超越"信息经济学"以发展一种"信息政治经济学"的愿景。

早在1986年，斯蒂格利茨与合作者将新古典市场模型中关于完备信息的假设打破，基于不完全信息和不对称信息的新假设，重新分析了诸多市场的运行机制，提出了著名的"格林沃德—斯蒂格茨模型"。依据这一理论模型，他们发现，如果没有来自非市场力量的干预，市场通常不能产生帕累托最优的结果，从而引致诸多新古典教科书所没有

---

① Woo-Cumings, Meredith (ed.), 1999, *The Developmental State*. Ithaca: Cornell University Press.

阐明的市场失灵现象，如果施以适当的政府干预，帕累托最优有可能重新出现。1989年，斯蒂格利茨基于其信息经济学的研究成果，提出所谓"非传统意义的市场失灵"在广度和深度上远远超过新古典经济学所认可的范围，这为积极政府干预主义提供了理论基础。他一再强调，"尽管市场失灵的存在意味着可能有政府活动的空间，但是，它并不意味着旨在矫正的特定的政府项目就一定是可取的。要评估政府项目，我们不仅要考虑项目的目标，还要考虑项目是如何实施的"，而且他还承认，即便"存在帕累托改进型政府干预，但是我还是坚持认为，政府干预的空间确实有限"。即应该将信息不完全和信息不对称的假设同时应用于对市场和政府行为的分析。

对此，诺思评论道，政府的所作所为在很多情况下是建立一系列游戏规则或制度，关键在于在什么情况下政府行为导致了那些有利于经济成长的制度（可以简称"好制度"）的建构，要回答这一问题，必须在新政治经济学的视角中建立一个更加精致的国家理论，对政治行动者的行为进行进一步的分析。因此，在诺思看来，仅仅基于信息经济学所导出的市场失灵理论就进一步推演出积极政府干预必要论是不够的，更重要的是要说明我们对政府的何种期待是现实可行的。简而言之，某种关于政府（或国家）的实证性政治经济学理论尚待发展。

政府主导型国家是中国三十多年来发展经验和教训中不可分割的组成部分，也理应被视为中国模式的组成部分。但是，由于对国际经验以及相关国际学术文献的考察不足，中国学者对涉及政府在经济发展中作用的诸多实质性问题，缺乏深入的理论探究和经验研究。特别值得注意的是，在有关中国经济发展模式转型的大讨论中，林毅夫自2012年秋从世界银行卸任回国以来所倡导的"新结构经济学"，再次将政府在经济发展尤其是在推动产业升级与发展方面的作用，推上了中国公共政策议程的前沿。作为对发展经济学中旧结构主义和新自由主义潮流的超越，新结构经济学一方面坚持竞争性市场体制是人类社会资源配置的最优机制，另一方面认为政府应该超越新古典国家模型的限制，通过合理的产业政策积极推动产业升级、技术创新和经济结构的变迁，最终推动经济成长。① 很自然，新结构经济学引发了中国学界和舆论的关注。然而，令人感到困惑的是，尽管新结构经济学现有的内容大多只是发展型政府理论的经济学版，但无论是林毅夫本人、他的赞扬者还是批判者，都对发展型政府理论的文献甚少置喙。

因此，无论是对新结构经济学以及中国经济发展模式的讨论还是对更加宽泛的中国模式的争议，在一定程度上停留在"要市场机制还是要政府干预"这类非左即右的意识形态之争。

---

① 林毅夫：《新结构经济学：反思经济发展与政策的理论框架》，北京大学出版社2012年版。

3.2 中国的供给侧产业政策

我们应该认真汲取日本数十年来产业政策研究取得的成果,完善我国的产业政策,产业政策要有利于提升市场的功能,强化竞争而不是抑制竞争,"逐步确立竞争政策的基础性地位"。这样,在"三去一降一补"的过程中,也要主要靠发挥市场激励创新和优胜劣汰的作用,使政策更加有效。

3.2.1 中国产业政策的内涵

有关中国产业政策的定义,周淑莲的"设定一定时期内产业结构的变化趋势和目标,同时规定各产业在社会经济发展中所起到的地位和作用,从而为了实现这些设定而提出的政策措施"定义具有普遍性。[①] 也就是说,以产业作为直接的对象,不仅为了填补"市场的失效"也能填补"计划的限制和失效"。这和宫沢健一的日本产业政策是"总体来讲,大致分为两类,即处理产业间问题的产业结构政策和处理产业内问题的产业组织政策"的定义相近。[②]

产业政策是由产业结构政策、产业组织政策、投资政策、技术政策、税收政策、劳动工资政策、内外贸易政策、企业整顿政策等组成的。这些个别的产业政策与日本的相对应,但不同点是日本产业政策的对象产业是"工业",特别是指"制造业",而中国的范围涉及全部经济部门。这里仅对产业组织政策加以概括。

横向产业政策与纵向产业政策。横向产业政策是指为保证产业发展而采取的普适性政策。例如完善基础设施、人才培养、研发费加计扣除、知识产权保护、股票市场的开启、金融和资本市场的发展等,它为所有产业和企业的发展创造了基础条件,产生了好的效果。纵向产业政策也就是对选定产业实施促进的政策,在那些市场失灵的领域具有良好效果。例如,正在实施的重大专项,基本上有以下共同特点:第一,国家安全和经济发展的重大需求,比如载人航天、大规模集成电路、生产装备、基础软件等;第二,带有后发追赶的性质,政府有一定的信息判断力;第三,从长远看,有可能形成或裂变出有市场前景的产品和产业;第四,投资规模很大,短期不能产生平均利润率,市场投资者近期没有投资的意愿。政府选择这类重大项目,以较大政策力度支持其发展,既为我国产业结构升级打下基础,又不会对市场竞争产生负面效应,它是实施纵向产业政策

---

① 周淑莲:《产业政策问题探索》,经济管理出版社 1987 年版。
② 宫沢健一:《産業の経済学》,東洋経済新報社 1989 年版,第 2~30 页。

较好的实例。

具有中国特色的干预型产业政策。中国的产业政策继承了不少计划经济的管理理念和管理方式,形成了一种中国式的干预型产业政策,在较大程度上维系了政府对资源的配置权。进入 21 世纪,市场化程度已经有了很大提高,追赶期逐渐过去,非公有经济占据了半壁江山,但是这种干预型产业政策基本没有改变。生产要素错配的问题日益严重。这类产业政策的实施有两个政策工具,一个是以市场准入投资项目和生产资质等为对象的限制性审批。审批的范围几乎涵盖了所有重要产业,审批坚持的是有保有压、扶优扶强的原则,也就是保大压小,保国有压民营。审批的内容深入到技术经济环节,例如投资规模、资金来源、技术路线、产品开发、生产规模、工艺和装备等。审批非常繁复,而且刚性很强。未获准者无法获得生产条件,也不能进入市场。这种做法干预了企业经济技术上的自主权。

政府对认定的新兴产业、战略产业促其发展,其中很多是在竞争性领域的。政府制定发展战略,规划引导、政策激励和组织协调,由政府进行统筹规划、系统布局、明确发展时序,设定实现增加值占国内生产总值比重的目标,调动财政、税收、金融的力量予以支持。在实施过程中,绕过了竞争的筛选,由政府认定依托企业和某类产品的产业聚集地。

与此同时,以防止一哄而起、盲目投资,避免恶性竞争,提高产业集中度为由,政府把大量新进入者挡在门外。这种做法尽管在某些方面也有一些正面的作用,但是在政府的强干预下,由于市场的导向作用被政府替代,投资的盲目性和被误导的风险上升。由于新进入者被拒,拖延了试错的过程。由于竞争不足,弱化了企业的创新力。由于吃偏饭,扭曲了生产成本。由于补贴过度,使企业产生了惰性和依赖。由于审批有很大的随意性,造成了腐败。

3.2.2 产业政策的发展阶段

考察中国的产业政策时,要以 1978 年为界限,1949 年到现在分为计划经济体制时期和市场经济体制建立时期,但考察的重点是市场经济发展阶段。

中国于 20 世纪 80 年代后期开始研究产业政策。当时国家产业政策的主管部门国家计委提出:产业政策是国家为了促进市场机制的发育,纠正市场机制的缺陷和失败,对特定产业的活动以干预和引导的方式施加影响,进而促进国民经济快速、协调发展的、带有宏观性和中长期性的经济政策。中国的产业政策主要包括四个特征:干预性、动态性、与市场机制的结合性和中长期性。

20 世纪 90 年代以来,中国根据国情特点,制定和颁布了多项产业政策,逐步建立了以市场经济为基础的国家产业政策体系。1989年，国务院颁布了《关于当前产业政策要点的决定》，对国家主要产业的发展方向和目标提出了基本要求。

1994年，国务院颁布了《90年代国家产业政策纲要》（以下简称《纲要》），这是一部中国产业结构调整政策的总纲，它对制定国家产业政策的基本原则、产业政策的主要任务、各产业及主要门类优先发展的次序和规模趋势，以及制定和实施国家产业政策的程序提出了全面、系统的目标和要求。《纲要》提出20世纪90年代国家产业政策的任务是：不断强化农业的基础地位，全面发展农村经济；大力加强基础产业，努力缓解基础设施和基础工业严重滞后的局面；加快发展支柱产业，带动国民经济的全面振兴；合理调整对外经济贸易结构，增强中国产业的国际竞争力；加快高新技术产业发展步伐，支持新兴产业发展和新产品开发；大力发展第三产业；同时要优化产业组织结构，提高产业技术水平，使产业布局更加合理。《纲要》首次提出把机械、电子、石油化工、汽车制造和建筑业作为国民经济的支柱产业，并在投资、融资、发行股票债券、技术开发和资金担保方面给予倾斜，以加快其发展。

我国的产业政策是在三个条件下引进和推行的：

首先，20世纪90年代初，中国工业经济的70%仍是受国家计划控制，为国有经济，而当时的民营经济还处于边缘地位，财政、税收、金融等市场化改革还没有启动，产业政策作为政府管理产业和企业的一种形式，与计划经济思维和管理方式能很好地对接。在真正意义上的市场主体都有待发育的情况下，实施产业政策基本不会触动政府主导生产要素配置的权力，不会动摇政府主导经济增长的地位。因此，国家计划管理退出并由产业政策来接手，就成为政府推进改革的一种可行的选择。产业政策引进后，几乎没有任何犹豫地被政府所接受，成为政府管理产业和企业的一种重要形式。

其次，进入90年代，中国进入了经济发展的追赶期，基础设施、基础产业、基础服务业和基本生活用品等产业的发展，和在国土资源规划、政府公共管理等职能相关领域，政府有一定的信息优势。以产业政策为抓手，政府可以有所作为。

最后，那个时候经济领域的主体是国有企业和国有银行，企业的投资，某种意义上就是国家投资。政府既是所有者，又承担着管理的责任。通过实施产业政策，对国有企业的投资、项目进行管理，政府和企业都认为较之那种刚性极强的计划管理是一种进步，很容易接受。

在这三个条件下，政府很快地按照中国当时的需要，对企业的计划管理较快地过渡到了国家计划指导下的行政审批。相比之下，政府减弱了对企业的直接干预，增强了企业活力，与当时的抓大放小、减员增效、政策性破产等配合，产业结构较快地得到了改善。

20世纪90年代中后期，政府主导依托国企，产业政策以大规模投资的组合发挥了重要的作用，使我国以较快的时间走过了经济发展的追赶期。在计划经济转轨和经济发展追赶的前期，产业政策的正面效应应当肯定。

3.2.3 产业政策的手段

改革开放以来，中国推行产业政策所采用的手段分为政府直接干预型和间接引导型两类，每一类又分为支持型与限制型两种，因此产业政策手段可分为以下四种类型：直接干预型支持手段、直接干预型限制手段、间接引导型支持手段、间接引导型限制手段。

直接干预型手段包括指令性计划安排的要素配置方向、行政审批程序、行政系统的"通知""决定"、外汇管制、行政手段控制进出口、企业自主权等。

间接引导型手段包括差别利率、差别税率、双轨价格等差别政策，各种经济奖励措施、政府发布的信息等。

按照所采用的经济杠杆和控制措施的类型划分，产业政策手段可以分为财政手段、金融手段、物资供应手段、外贸外汇手段、行政审批手段、信息发布手段等。各种手段的具体内容可见表3-1。

表3-1　　　　　　　　　　产业政策手段分类

	直接干预型支持手段	直接干预型限制手段	间接引导型支持手段	间接引导型限制手段
财政手段	政府财政投资，财政补贴	财政资金不许进入	减税、免税、加速折旧	高税率，征收附加税
金融手段	准许贷款，优先权，允许直接投资	不准贷款，贷款附加条件	优惠利率，有利的还贷条件	高利率，不利的还贷条件
物资供应	供应计划内平价物资优先供应短缺物资	不供应平价物资，不分配短缺物资	允许集团内部调剂允许超计划部分自销	
外贸外汇	给予进出口配额，供给平价外汇，政府间贷款优先使用，政府担保借款，外汇贷款	不给进出口配额，不供给平价外汇	减免进出口关税出口退税	进口、出口高关税
审批行政指令，政绩考核	准许立项，执行者奖励	不许立项，违背者处罚		
自主权	给予定价、自销、外贸、联合等多种自主权			
信息发布			政府颁布诱导性信息	政府颁布劝诱性信息

资料来源：江小涓：《经济转轨时期的产业政策》，上海三联书店、上海人民出版社1996年版，第80页。

值得注意的是，过去 40 多年推行的产业政策中，有一些政策发挥了推动市场化改革的作用，也有一些成为市场化改革的阻碍力量。某些为了调整产业结构而推行的产业政策，实际上成了当时体制改革的重要内容，推动了体制改革的进程。

3.2.4 林毅夫与张维迎之争

产业政策是否有用，如何有用，是否应该废除？这在中国经济学界引起激烈的争论。这场由林毅夫和张维迎开启的争论，其实已经延续有年，在 2016 年 9 月、10 月和 11 月达到三次高潮，中国学术界围绕产业政策展开了一场大讨论，由林毅夫、张维迎二人的观点交锋引发的这场讨论，不仅引起学界的广泛关注，甚至已经演变成一场关于产业政策理论与实践问题的全民大辩论。此次产业政策思辨会，二人更是就产业政策的定义、产业政策的成效、政府是否应当干预市场、技术进步是由政府推动还是企业家精神推动以及比较优势如何发挥等 8 个产业政策相关问题展开激烈辩论。在林毅夫和张维迎 11 月 9 日的辩论中，张维迎否认市场失灵的存在，认为市场失灵论是新古典经济学理论失灵的体现。林毅夫并没有抓住这一点予以痛击，而田国强在后续的长文中批驳了张维迎的市场失灵不存在论，但他们都未援引斯蒂格利茨所谓的"非传统型市场失灵论"，当然也没有对这一市场失灵论予以深入的反思。有人称其为 21 世纪的"问题与主义之争"，即新自由主义与新发展主义的对决。

实际上，产业政策必要与否以及如何施为，不仅是中国的问题，也是一个全球性的问题。尽管在理论上多受主流新古典主义经济学家诟病，但在现实世界，产业政策在世界各地普遍存在，无论是发展中国家，还是发达国家；不论这些地方的发展模式是不是以政府主导型发展为主要特征，也不论产业政策的实施在世界各地究竟对经济发展产生了积极的还是消极的影响，抑或根本没有什么影响。

(1) 关于产业政策的定义

林毅夫认为中央政府或是地方政府为促进某种产业对该国或者该地区的发展而有意识地采取一些政策的措施，比如关税保护、贸易保护政策、税收优惠和各种补贴等都可以看作是产业政策。在林毅夫看来，"经济发展有产业政策才能成功"，这需要"有效市场"和"有为政府"的组合。

张维迎则认为，产业政策是指处于经济发展或有其他的目的政府在私人产品领域进行的选择性干预和歧视性对待，私人产品和选择性干预是主要方面。他提出"产业政策是穿着马甲的计划经济，是一次豪赌，由于人类认知的局限和激励机制的扭曲，产业政策注定会失败"。

(2) 对于产业政策的成效

林毅夫认为大多数成功的国家经济体均在快速发展过程中使用了产业政策。他表示,"我没有见过不用产业政策而成功追赶发达国家的发展中国家,也没有见过不使用产业政策而能继续保持领先的发达国家。"

张维迎则称,"林毅夫讲日本、韩国的成功经验,为什么不提供一些中国产业政策成功的经验?我不是说政府不应该帮助企业解决问题,而是政府不要给企业设置障碍。"在他看来,中国在改革开放以后,经济结构持续存在的结构失调、产能过剩,都是政府的产业政策主导的结果。

(3) 推动技术进步的是企业家还是政府

林毅夫:基础科学的革命不受企业家精神的影响,是政府支持的科学家在推动。企业家的创新主要是在产品层面的创新,或者技术运用方面的创新,这些创新建立在基础科研和公用技术的突破之上,而基础科研和公用技术的突破大多是政府支持的。

张维迎:企业家精神与产业政策存在矛盾。社会进步和人类富有的本质是劳动生产率的提高,劳动生产率的提高需要依靠技术创新和技术进步,技术创新和技术进步的来源是企业家和企业家精神。日本早期的产业政策没有产生灾难性后果因为日本的企业家有效地抵制了政府的干预,在汽车产业就是特别显著的例子,如果没有本田的抵制,就不会有今天日本的汽车产业。

3.2.5 对林毅夫与张维迎之争的评析

20世纪80年代中期以来,产业政策一直是国际经济学界关注的热点话题之一。国际上讨论的焦点并非要不要产业政策,而是在什么情况下需要产业政策和需要什么样的产业政策。政府的产业政策应该设法让那些弱小企业留在这个领域,以保持与大企业的竞争。

中国产业政策是1987年从日本引进的,中国产业政策执行了二十多年,总体来看,在我国经济发展追赶的前期,产业政策的实施有得有失,得大于失。经济发展追赶的中后期,产业政策的实施有失有得,失大于得。一是行政性垄断未能减退,市场壁垒依然严重存在。二是所有制歧视未能消除,市场主体的不平等在被固化。三是企业作为市场主体,市场选择和投资决策的权利仍未到位。四是区域市场分割依然存在,没有减退的迹象。

日本从20世纪70年代就开始反思他们早期的产业政策。但是在近来中国学者的争论中,几乎没有人提到日本执行产业政策的经验和教训。

讨论产业政策需要正本清源和理论反思,把产业政策的来龙去脉和分类都要理清,才能站在前人的肩膀上继续向上。现在比20世纪80年代小宫龙太郎编写《日本的产业政策》的那个时候更有条件来分析和判断,特别是中国有这么丰富的多层级的实践经验和教训，可以提供很强的研究实感，这种实感对于获得正确的判断有时是非常重要的。一个国家究竟应不应该制定实施选择性的产业政策，最终还是要考虑其效果。不但中国的经验教训对于系统评估产业政策效果非常有用，而且日本的产业政策经过时间的沉淀之后，其真实效果可以比20世纪80年代看得更清楚了。

产业政策最本质的问题是政府与市场关系的界定。中国要解决"重政府轻市场、重国富轻民富、重发展轻服务"的"三重三轻问题"，实现民富国强，处理好政府与市场、政府与社会的关系，实现基于政府、市场、社会良性互动的国家治理体系现代化是关键。

认为产业政策的政策效果不佳：或事倍功半；或因计划赶不上变化而形同虚设；或因顺应企业的要求不断修改，缺乏时间整合性而失效；或政策遭到激烈反对不了了之；更有一些情形，结果与政策预期相反。产生这样的结果，主要原因是政府认定过当竞争、制定产业政策的判断依据有误。产业政策的设计和依据未必合理，重点培育产业的选择也并不一定科学。而且如造船产业那样，某些产业一旦被确定为重点，对其干预是持久的，政策惯性强。特别是产业政策改变了企业的行为和预期，往往造成事与愿违、南辕北辙的结局。

得出的结论是：日本的产业政策并非卓有成效，它不是日本经济发展成功的要素。这个结论启示我们必须加快推动中国的市场化经济改革。

3.3 日本的供给侧产业政策

3.3.1 日本产业政策的内涵

日本的产业政策（industrial policy）是指因"市场运行失败"，资源分配出现问题，或者预计可能发生问题时，政府为提高经济整体收入水平，干预产业部门之间的资源分配以及个别企业内部产业组织的政策。①

小宫隆太郎在20世纪80年代主编的《日本的产业政策》一书说得很清楚，就是日本在70年代以前并没有产业政策这个词，40年代末50年代初开始，基本上用"产业合理化"这个词，70年代特别是石油危机后大量使用"产业结构高度化"这个词。到1975年左右，日本学界开始用"产业政策"一词，来概括20世纪50~70年代通产省推出的发展工业的政策。从日本的实际情况来看，所谓的产业政策大致涵盖了4个方

---

① 伊藤元重・清野一治・奥野正宽・铃村兴太郎（1984）：《产业政策の经济理论》，东京大学出版会。

面。第一是产业结构政策，一个时期重点发展哪些产业，特别是把哪些产业作为支柱产业进行发展。第二是产业组织政策，就是一个产业内重点扶持几个企业做龙头。第三是产业布局政策，把哪些产业摆在什么地区为好。第四是产业技术政策，就是某些产业重点发展哪些技术和工艺。其中第三和第四，也有的学者认为不是独立的政策。因此从日本的实际情况来看，产业政策主要是指产业结构政策和产业组织政策，当然这两项内容常常交织在一起，并不是总是完全分开的，譬如，扶持汽车工业作为支柱产业，并选择丰田、日产等两三个企业作为重点企业进行支持。

产业政策的基本内容按照伊藤元重等人的定义，产业政策是"一个国家通过干预产业或部门间的资源配置，以及干预某一特定产业内部的组织结构，来影响该国经济福利的政策。"

大体可以将其归纳为以下内容。

（1）与产业资源配置有关的内容，主要有：

（A）关于产业的一般基础设施，包括工业用地、产业用的公路、港口、工业用水和供电等政策；（B）关于产业之间的资源配置政策。

（2）与各种产业的组织有关的内容，主要有：

（C）与各领域的内部组织有关的政策（产业改组、密集化，缩小开工率、对生产和投资进行调整等）；（D）属于横向产业组织政策的中小企业政策。

在上述各项中，（B）是在前述引文中设想的"狭义"产业政策。在"二战"后的日本，（C）项政策的指导思想是防止或排除"过度竞争"（它究竟意味着什么姑且不论）。至于（D）项的中小企业政策的基本思想是什么，很难明确掌握。概括说来，深感日本在各个时期并未提出明确的理论根据或指导思想，而只是在议会民主制原则的政治压力下，有目的地推行了一系列内容庞杂的中小企业政策。

3.3.2 日本产业政策的实施手段

大概有如下几种：通过政策性银行，主要是日本开发银行和日本输入出银行，并劝导商业银行，给予大量的信贷资金支持；加速折旧以实行快速的设备更新，以及一些税收优惠政策；外汇使用优先，鼓励大量进口设备、成套技术等；关税贸易方面的政策，设置一定的关税保护期和贸易配额等。显然，日本的产业政策是政府的策略性和选择性的扶持政策。所谓选择性，是指在一定时期内重点扶持一些特定产业和企业。所谓策略性，是指扶持特定产业和特定企业，有一定的理论基础和政府意志，理论基础如筱原三代平等经济学家认为，需要扶持那些收入需求弹性高和生产率上升快的产业，需要扶持少数企业以充分利用规模经济性和防止过度竞争等；政府意志就是通过审议会等机构调查、研究后由政府经过一些官产学互动程序，制定法律或者发布政令。由于带有策略性和选择性，产业政策在扶持一些产业和企业的时候，就直接或间接抑制了其他产业和企业。

小宫隆太郎认为"产业政策"（狭义的）的中心课题，就是针对资源配置方面出现的"市场失灵"采取对策。也就是说，如果具备一定条件，市场或者价格机制本来是能够在资源配置方面发挥很大作用的，但由于在某种状况或局势下，市场在合理配置资源方面会失灵。因此，产业政策的基本作用，就是针对这种现实的失灵或可能出现的失灵，弥补市场机制的缺陷。确立了上述基本观点，就可以使用能互相理解的经济学语言，诸如规模经济、外部性、排除垄断、扶植新兴产业的标准、奖励研究开发和技术进步、建设社会基础设施、对经济发展过程中的不确定因素采取对策，来防止、消除及限制使用公害等词汇来阐述产业政策。

3.3.3 日本各个时期的产业政策

"二战"后日本各时期所采用的产业政策不同。概括说，经济复兴初期实行的是倾斜生产方式，主要手段有资源分配、复兴金融公库融资、价格管制等。20世纪50年代初的经济自立时期，实行了产业合理化政策，主要促进煤炭、钢铁、电力、造船等重点产业更新改造技术，提高效率，为此提供了免除设备进口关税、开发银行优惠融资以及特别折旧、利息补助等优惠政策。为促进出口，还制定了包括利息折扣、进出口银行专向融资的出口优惠金融政策，并提供出口税优惠。此外，采取了关税保护等贸易保护政策。50年代后期，政策的重点放在化纤、石化、电子、机械等产业的振兴上，采用的措施基本与前期大同小异。到了60年代，日本经济进入高度增长的全盛期，此时的产业政策更多地集中在投资调整及生产调整上，重点在于提高集中度，扩大企业规模。由于经济体制的自由化及民间企业实力的增强，其政策执行也由过去的直接干预逐步变为诱导方式，强调官民协调。70年代石油危机以后，产业政策除了调整衰退产业和贸易摩擦，援助一部分产业开展研发活动外，更多的是发布远景，提供信息。其做法已经和传统意义上的产业政策相去甚远。

概括地说，日本产业政策的历史（"二战"后至1982年前后），根据政府对市场介入程度的不同来划分日本产业政策变迁的时代，大致可以分为统制时代、贸易自由化时代和贸易自由化三个时期。

（1）统制时期（1945～1952年）

第一个时期，是从战败到进入高速增长以前的复兴期。这个时期的产业政策，保留了浓厚的战时控制经济的色彩，带有官员控制型经济的特征，具体来说，虽然时期不同，情况各异，但大多采取了官僚主导型的政策，试图分别运用直接实行价格控制和外资配额、公共金融机构发放低息贷款或租税特别措施等政策手段，达到以倾斜生产方式和产业合理化计划为主体的计划经济性质的政策目标。

"二战"期间，日本经济损失惨重，工厂设备被破坏，生产活动处于极端的停滞状态。失业、能源、粮食不足及通货膨胀是日本战后所面临的深刻问题，在这种情况下，政府决定继续实施战时的经济统制政策，以设法尽快地复兴经济，安定人民生活。从1946年3月3日起开始，对货物劳务的价格及费用实行统制价格，并制定了禁止高价合同、物物交换、搭配销售、囤集聚奇等行为的《统制价格令》。1946年10月1日颁布了《临时调整物资供需法》，该法将指定物资的分配权限和显著供给不足的物资的使用、生产、上市、运输的权限委任给担任经济安定本部总裁的首相。在此法的基础上，还设立了煤炭配给公团等八个物资统制机关，直到1952年《临时调整物资供需法》废止，政府都是通过立法的程序，将各种统制经济政策制定成相应的法律，并以这些法律为依据，对国内的主要物资的生产及价格行使决定权，对国内的流通领域行使全面介入权。

在对国际贸易方面，先后制定了《外汇及国际贸易管理法》《出口贸易管理令》《进口贸易管理令》《进出口贸易及贸易支付关系管理规则》。并设立了《外汇管理委员会》，设置了外汇资金特别会计，运用《外汇管理令》对外汇资金会计进行管理，将取得的外汇集中核算，是《外汇管理令》所规定的义务。为了有效地利用外汇，设立了根据阁僚审议会制定的《外汇予算》使用外汇的制度。

就当时的日本现实而言，一方面国内资源贫乏，另一方面又在技术上依赖国外。这样，把进口所需要的外汇分配给谁、用于何处、分配多少的外汇分配权力，是极为重要的权力，因为它直接影响着国内市场的竞争力。在"二战"后的日本经济恢复时期，日本政府就是采用了这种对内统制、对外管制，大范围地制约市场机能，将社会上稀少的资源按照政府的意志进行分配的全面统制型的产业政策。其中最典型的就是众所周知的倾斜式生产方式。所谓倾斜式生产方式，就是把有限的资源和进口的重油等物资重点分配到煤炭、钢铁二产业，通过促进这两个产业的发展，进而带动全体产业的扩大再生产。

对第二次世界大战后日本产业政策的特征加以归纳，可以整理为：①对重要产业的进入管制；②各种政策手段（税制优惠措施、补助金等）的应用；③不景气时期的卡特尔形成和设备投资调整；④政府的行政指导介入；⑤企业间合并的推进5个方面。[①]

正如人们所谓的"官僚主导的经济发展指向体制"，日本"二战"后的经济是以

---

① 冈崎哲二·奥野正宽（1993）：《现代日本経済システムの源流》，日本経済新聞社。

"赶上、超过"发达国家为目标的,将各时期的战略性产业置于官僚体制的保护之下并加以培育,借此来实现其发展。为培育特定的产业,政府不仅拥有许认可权力,而且还通过对石油进口、技术引进所必需的外汇实施管理、控制,并将日本进出口银行、日本开发银行等所进行的融资用作驾驭产业的手段,从而能够在产业的发展过程中发挥主导作用。

(2) 贸易自由化时代(1952~1970年)

与此相反,到1970年为止的高速增长时期,也许可以说是行政机构与民间企业相抗衡的时期。行政机构力求维持官员主导的经济控制型政策,而在经济复兴的后期已经形成了很大力量的民间企业,要求基本上依靠民间的企业家精神和市场机制运营经济。在这一时期,高速增长使产业得到迅速发展,因而导致原来的政策结构崩溃。虽然政府丧失了各种干预的权限,但仍以所谓的行政指导为主要手段,以主管部门为中心,进行直接干预。在产业改组和产业合理化的旗号下,重点实行了各种各样的产业内调整政策作为贸易和资本自由化问题的对策。但是完全实现政府意图的产业为数很少。

此外,还采取了关税保护等贸易保护政策。20世纪50年代后期,政策的重点放在化纤、石化、电子、机械等产业的振兴上,采用的措施基本与50年代前期大同小异。到了60年代,日本经济进入高速成长的全盛期,此时的产业政策更多地集中在投资调整及生产调整上,重点在于提高集中度,扩大企业规模。由于经济体制的自由化及民间企业实力的增强,其政策执行也由过去的直接干预逐步变为诱导方式,强调官民协调。

(3) 贸易自由化时期(1970~1982年)

20世纪70年代石油危机以后,产业政策除了调整衰退产业和贸易摩擦,援助一部分产业的技术研发活动外,更多的是发布远景,提供信息。以70年代为转折点,高速增长宣告结束。由于发生了石油冲击,日本经济又迎来了新局面。产业政策的制定和实施部门(特别是通商产业省)的指导思想也以这个时期为转机,发生了很大变化。这一点在1970年进行的机构改革中表现得很清楚,过去以主管部门为中心的纵向方式转向了以政策调整为中心的横向方式,这说明在60年代末,官员自身已经开始感到基于直接控制的官员主导型政策的局限性。这一时期产业政策的核心,是对技术、知识的补贴和对衰退产业的调整援助政策,而且,能源政策和公害政策至少已作为口号提了出来。这说明,官僚机构内部已经越来越清楚地意识到,这个时期的产业政策非但不能取代价格机制,反而应当发挥完善价格机制的功能。

日本各个时期的产业政策如表3-2所示。

表 3-2　　　　　　　　　　日本产业政策概要

	20世纪50年代以前经济恢复期	20世纪50~60年代经济高速增长期	20世纪70年代经济不稳定增长期	20世纪80年代技术立国期
产业政策	采用"倾斜生产方式"，集中力量发展煤炭、钢铁产业	(1) 产业扶植保护； (2) 以重工业为中心的产业结构高级化政策； (3) 技术引进政策	(1) 引进、改造、创新技术政策； (2) 由"重工业"转向"知识密集型产业"	技术立国产业政策，即以尖端技术为核心的知识密集型产业为主导，推进所有产业的知识密集化
实施措施	(1) 设置"复兴金融公库"，为煤炭、钢铁产业提供优先贷款； (2) 对煤炭、钢铁重点产业部门采取价格补贴	(1) 对"幼稚工业"采取保护政策； (2) 对有发展潜力产业采取扶植政策，鼓励参与国际竞争	(1) 研究开发高科技产业； (2) 高级组装产业； (3) 时髦产业； (4) 知识产业	(1) 用10~15年探究生物体机能； (2) 有关分子生物学的基础科学研究； (3) 对人的大脑及高级神经系统进行综合研究
相关法律法规		《石油化学育成对策》(1955)、《机械工业振兴临时措施法》(1956)、《电子工业临时措施法》(1957)	《70年代通商产业政策构想》《产业结构长期构想》	《80年代通商产业构想》《科学技术基本法》《1997年科技白皮书》

资料来源：笔者根据日本产业政策制成。

3.3.4 日本政府规制的制定

政府规制在日文中称为"公的规制"在促进行政改革临时审议会1988年12月提出的《关于缓和公的规制等》的咨文中，对"公的规制"作出了如下定义："公的规制一般是指国家和地方政府等为实现特定政策目的，对企业和国民的活动进行的干预和介入。其典型的表现是以审批方式进行的规制，此外，还有与审批相伴随的干预、限制性的行政指导、为维持价格水平等作出的制度性安排等。"

在"二战"后日本经济的发展过程中，日本政府通过政府规制对各类经济（产业）活动实施了广泛而深入的干预，并对资源配置和经济发展产生了重要影响。因此，"二战"后日本经济体制又被称为"市场机制与直接规制的混合体制"。日本政府实施的方式多种多样，如许可、认可、核发执照、特许、承认、确认、免除、决定、证明、解除、公认、检查确定、检验、查证、指定、注册、劝告和指导等。若具体划分，主要有以下几种类型：（1）批准或认可，包括对开业的审批、对变更设施或设备的认可、对确定和改变收费标准的认可及对产品和设施等的检查；（2）由行政机构单方面采取的限制行为，包括在发现违反规定和标准等情况时，对当事人处以勒令改善、停业、吊销营业执照等处罚；（3）规定义务，要求企业和国民必须执行，如需在指定的期间内开业的义务，标明费用标准、物品成分、如实记载账簿等义务；

（4）禁止企业和国民的某些行为和活动，包括不正当交易或阻碍公众便利的行为等；（5）为维护价格水平等作出的制度性安排；（6）地方政府依据条例等进行的干预，如开发住宅基地等的指导纲要。从日本各产业中受规制领域的比重，可以看出日本政府对经济规制的程度（见表3-3）。

表3-3　　　　　　　　　　日本各产业中受规制领域的比重

	各产业附加价值额占全部的比重（%）		各产业中受规制领域所占的比重（%）	
	1965年	1990年	1965年	1990年
农林水产业	9.2	2.3	85.7	87.1
矿业	1.2	0.3	100.0	100.0
建筑业	7.3	9.2	100.0	100.0
制造业	31.9	25.9	23.4	14.1
批发、零售业	12.4	12.8	100.0	100.0
金融、保险	4.7	4.9	2.6	7.5
证券	6.2	9.4	98.8	97.3
不动产业	7.7	6.2	100.0	100.0
运输、通讯业	2.5	2.4	72.8	55.6
电力、煤气	12.4	22.8	0.0	0.0
供水	3.2	3.2	0.0	0.0
服务业	1.4	0.5	47.8	41.8
公务	100.0	100.0		
其他				
全部产业				

资料来源：[日]经济企划厅，1994年度《经济白皮书》。

总体而言，政府规制大致可分为：（1）政府对电气、通信、能源、交通等许多部门，通过发放许可证、规定参入机制和价格限制等进行管理。没有接受这些规制的部门也接受着关于环境和安全方面的限制。而且工场和办公室等建筑物也接受着城市规划和建筑标准上的限制。（2）政府还给予企业以补助金和税制上的优惠待遇。（3）政府本身的运营、管理和公共事业，也需要从民间企业购进设备、服务等公共物品，政府还通过调配这些物资对企业的行动带来很大的影响。[①]（4）政府成为股东和债权人，通过行使其权力对企业带来影响。（5）政府通过公司法、破产法等企业关联法制法规的设立，对企业给予间接的影响。

---

① 金本良嗣「政府と企業」伊藤秀史编（1996）：《日本の企業システム》，東京大学出版会。

3.4 日本执行产业政策的经验教训

3.4.1 日本经济学界对产业政策的评价

日本经济学界对产业政策的评价不一。"二战"后第一代经济学家大都主张政府干预经济，有泽广已等人还是产业政策制定的核心人物。信奉新古典派的第二代经济学家对产业政策则多持批评、怀疑态度。第三代学者中青木昌彦等人提出了"市场扩张见解"（market enhancing view）。认为政府可以发挥协调作用，弥补市场调整机能的不足，产业政策正是这样一种协调政策。世行对东亚地区产业政策评价则一贯谨慎。1991年世行报告称一部分无差别干预政策是"亲市场型手法"（market friendly approach），认为这些做法对市场的发育和竞争没有妨碍，但是政府仅在市场调整机能不足时才可以使用。1993年世行报告《东亚经济的奇迹》区分了完善市场基础条件的一般性政策和差别性干预政策，指出发展中国家应在前者上下功夫，而对于后者如出口振兴、产业培育、政策金融等，世行则持审慎态度，强调实施这样的政策除了要有较好的市场机制外，国家的制度能力尤为重要，即使是日本、韩国，政策也未必有效。1997年世行在《国家在开发中的作用》报告中虽吸收了青木等人的"市场扩张见解"，对产业政策给予了进一步评价，但仍说明成功仅仅是例外，制度能力较低的国家不应效仿。最近几年，由于日本经济的长期萧条以及亚洲金融危机，经济学界对产业政策的评价更加保守。在2001年出版的世行论文集中，Yusuf等对产业政策的效果就持否定态度，认为在经济全球化的大背景下，不应提倡产业政策。日本学者三轮芳朗和Ramseyer通过实证分析还得出了产业政策根本没有发挥过作用的结论。这些见解促使我们有必要根据事实来重新审视产业政策。我们首先从政策设计、重点培育产业的选择标准及政策依据等方面来考察日本产业政策的经验和教训。

3.4.2 日本执行产业政策教训

东京大学的小宫隆太郎教授组织了20位资深的日本经济学家编写了一本题为《日本的产业政策》的书，批判性地总结了日本产业政策的经验和教训。这本书运用了主流经济学的分析框架，基本意思是在市场失灵的条件下，可以考虑运用产业政策来加以弥补。但即使在市场失灵的情况下，也不等于简单地用政府的产业政策去纠正。因为政府调节本身的成本很高，有副作用，即政府失灵。所以，问题在于，怎么解决好市场失灵和政府失灵，怎么把政府和市场结合起来，使得产业政策起到提升市场功能的作用。至于日本在20世纪五六十年代的选择性产业政策，其消极面大于积极面。《日本的产业政策》这本书还指出，日本很有竞争力的产业绝大部分不是通产省主导的产业扶持下产生的。鼓吹通产省选择性产业政策作用的查默斯·约翰逊（Chalmers Johnson）的书《通产省与日本奇迹——产业政策的成长（1925~1975）》直到90年代还在不断再版。日本学者津上俊哉认为日本早期的产业政策，也就是所谓的选择性产业政策，在日本"早已进入博物馆"。但是，现在好像又有人把这种政策提出来了。实际上，日本通产省后来也否定了这种选择性产业政策。不过，这种政策的影响仍然还在。竞争力问题专家迈克尔·波特（Michael Porter）2000年的书《日本还有竞争力吗》用翔实的材料分析了日本经济缺乏竞争力的一面，里面就谈到了日本为什么没有竞争力，这里面就分析了日本早期产业政策的负面影响。另外，这种政策下的企业政策的特点是扶持一些大集团，另外发展一批小企业"众星拱月"。通产省的这种做法在日本受到许多批评，有些被议会否决，也有的被法院判为违法。日本产业政策的后遗症，即日本政府主导建设筑波科学园区的故事。1963年，日本政府决定把日本政府所属的科学技术研究机构都搬到筑波，用10年时间建成所谓"日本的硅谷"——筑波科学城。但是，由于政府主导的方式缺乏效率，虽然日本政府投入了巨量资金，最后还是没有如愿发展起来。

日本的产业政策被不少人士称誉为日本成功地走向世界市场的关键因素，通产省也因制定产业政策而举世闻名。但在这个问题上，流行的观点同样不能令人满意。的确，如果说政府的经济计划只是一个对未来的预测，产业政策则是政府对经济活动的更现实、更具体的行动。但是，日本的产业政策之所以能在日本经济发展中发挥比较积极的作用，原因并不像有些学者所认为的那样，是英明的政府纠正了目光短浅的企业家的错误，而在于政府的政策顺应了企业的要求，尽管我们不得不承认，在有些情况下，政府的政策确实对市场运行产生了一些破坏性作用，这些破坏性作用部分地抵消了政府所应起的积极作用。

自20世纪90年代以来，国际学刊和学术出版物中刊出了大量有关产业政策的经验性研究，基于严谨的计量经济学分析，深入探究了政府的扶持之手究竟对产业的发展以及对相关地区总体经济绩效产生了多大的影响，对发展型国家理论构成了检验。检验结果显示，总体来说，在日本、韩国、中国台湾和新加坡这四个经济体，产业政策对于某些日后表现不错的产业来说的确有一些促进作用，但绝非发展型国家理论所渲染得那样举足轻重；同样在这些经济体中，产业政策引致失败的例子也比比皆是。[①]

---

① 沙希德·尤素福：《新千年的东亚奇迹》，载斯蒂格利茨和尤素福编，《东亚奇迹的反思》，中国人民大学出版社2003年版，第2~39页。

比森（Beason）和韦斯特（Weinstein）（1996）对日本13种产业从1950年至1990年的成长性与产业政策相关性研究表明，产业政策与产业成长也并不相关；而波特（Porter）和竹内（2000）对日本在国际上成功的20种产业和失败的7种产业进行了详细比较后，得出结论认为，成功产业大多没有得到产业政策的支持，失败产业则多是产业政策管束过多，特别是限制竞争较多的部门。实证分析也支持这一结果，小宫（1984）认为日本出口企业较多，具有国际竞争力的多数产业没有受到什么产业政策的恩惠。

参与日本产业政策合作研究项目的全体人员都认为，除了"二战"后初期有限的时期之外，高速增长基本上通过建立在竞争基础上的价格机制和旺盛的企业家精神而实现。与"日本股份公司论"相反，甚至也许可以说"二战"后主要时期（尤其是20世纪50年代和60年代）产业政策的历史，是民间企业的首创精神和活力不断地否定政府控制性直接干预意图的过程。

日本执行产业政策的教训可归纳为以下几点。

第一，不少优惠政策都是指定性优惠政策，如化工、电力等多项产业都有对使用某种原材料的特别优惠。其结果是限制了技术选择，使得这些产业在日后的技术和结构调整中步履缓慢，付出了更大的代价。

第二，在经济高速增长后期，产业政策鼓励企业共同研发，虽然有半导体产业这个成功例子，但多数情况下收效不大。最大的弊病是容易导致技术的趋同和单一，走进死胡同，失去创新和竞争能力。

第三，政策制定者在制定、实施产业政策时极有可能角色错位，即过多干预市场，而对真正的市场失败却没有介入。比如产业政策的鼎盛期，政府恰恰忽视了公害等外部不经济问题，导致四大产业公害等环境问题严重恶化。

第四，更为严重的问题是产业政策可能助长政府官员的寻租行为。很长一段时间，在立法或制定政策过程中，企业或财团向政治家、官员行贿的事件屡见不鲜；而且官员"下凡"到大企业里担任高管的现象也十分普遍。到现在政、官、财各方黏着攀扯的问题也还没有很好地解决。总体而言，产业政策很难说对所支持或保护的产业起到积极的意义。

我们一定要吸收类似的教训，否则容易造成很大的浪费。1987年，国务院发展研究中心关于日本产业政策的报告，建议中国引进一套协调价格、金融、财政、税收、外贸、外汇等调控手段的综合政策体系，选择对某种或者某几种产业的生产、投资、研究开发加以扶持，同时对其他产业的同类活动进行抑制。具体来说，当时要限制加工业的发展，推动基础产业也就是重化工业超前发展。经过中央领导的批示，成了国家政策，而且明确了产业政策在政府经济政策中的中心地位。

从日本20世纪90年代前的成功经验与90年代后的失败教训，可以得到以下初步启示是供给侧结构改革离不开体制支撑，政策成败取决于体制绩效，体制绩效维系在体制创新。中国目前以"供给侧结构改革"为中心的产业政策，同样需要高效的体制支撑，其成败同样取决于体制绩效与体制创新。我们应该认真吸取日本数十年来产业政策研究取得的成果，完善我国的产业政策，产业政策要有利于提升市场的功能，强化竞争而不是抑制竞争，"逐步确立竞争政策的基础性地位"。这样，在"三去一降一补"的过程中，也要主要靠发挥市场激励创新和优胜劣汰的作用，使政策更加有效。

3.4.3 日本执行产业政策的经验

日本产业政策的正面影响，如审议会有助于沟通信息和协调企业行为；重点扶持政策在短期内能刺激所扶植产业的发展，产业政策措施对完善价格机制发挥了积极作用的。

首先应说明的是产业政策在"二战"后日本高速增长中所发挥的作用。限制贸易以保护和扶植国内产业的政策、设立以产业结构审议会为首的各种政府审议会和研究会、制订长期经济计划、提出社会经济发展设想等，都发挥了对私营企业的活动有效地传达有价值的信息的作用，是应当加以肯定的。

通过限制贸易对国内产业实行保护的政策，大体可分为两种，一种政策是保护和扶植以幼稚产业为主、没有政府干预就难以自立（具有装备价值）的产业，另一种政策是培养与国外寡头垄断（或垄断）企业竞争的能力。

第一种政策的例子不胜枚举。如机床、汽车以及许多工业部门，都是依靠政府的关税及贸易限制而发展起来的。而且，当实行贸易自由化时，推迟特定产业自由化的消极政策，可以说在确保这些产业有充足的时间确立自己的竞争优势方面是有效的。至关重要的是，尽管对外国实行贸易限制筑起了一道防范外部竞争压力的屏障，但在国内，仍然存在着数个企业之间的竞争。"二战"后日本保护国内企业的历史表明，对于发展中国家来说，为了使贸易限制政策有效，应当尽量维持国内市场上众多企业并存的局面，而且必须重视为这些企业创造出能有效开展竞争的环境。如前所述，日本政府所实行的干预，主要表现在抑制数个企业之间的相互竞争上。在这种意义上，值得注意的是，限制贸易的成功，与其说是贯彻政策意图的结果，不如说更为主要的是依赖于民间企业的活力。

培养与国外垄断企业竞争能力的政策，其典型事例是电子计算机工业，其中包括胶片和集成电路等部门。也许可以说对这些部门的保护和扶持在经济上取得了某种程度的成功。但是，这些政策容易引起与发达国家之间的紧张关系，从这个意义上说，它还是有问题的。

尽管对日本产业政策进行定量分析是非常困难的事，却可以肯定它的实施是很有成效的，这是因为通过设置各种审议会、提出设想而后制订并公布经济计划等形成了一种收集、处理、传达信息的机制。不言而喻，这些组织和计划本身并没有被作为政策手段。它只是制定其他政策手段并为之立法所必需的政治手段而已。尽管如此，事后至少各个企业还可以通过这些审议会，了解其他产业或企业的未来趋势，从而对前景做出明确的预判；根据各种政府计划，能够了解政府对经济的预测，对政府将来可能采取的政策做出推断，这些都可以有效地完善价格机制，尤其是弥补信息方面的局限性。还需要进一步指出的是，由于许多民间企业的人士参加了审议会，若政府对产业活动的干预倾向与市场经济的发展方向不同，就可以期待审议会对此发挥"制动器"的作用。20世纪60年代的审议会，可以说大体上发挥了这种功能。

20世纪70年代以后，产业政策的主要目的之一，是调整和援助因石油冲击而丧失了相对优势的衰退产业。正如在纺织工业方面的贸易政策和炼铝部门中所看到的，日本的调整援助政策大多较为有效地利用了市场机制，而且在劳动政策和地区政策等许多方面具有自己的特点。不过，这些政策，特别是政府基于对反萧条卡特尔、收购设备等进行直接干预的政策，都给经济、政治和行政带来了消极影响。与此相反，有关衰退产业劳动力再配置的各种政策和各种地区性政策，与日本的雇佣习惯等相结合，可以说大体上是有效的。

归纳起来，20世纪90年代前，日本产业政策三大成功案例有：倾斜生产方式（战后恢复时期）、重化学工业化（高速增长时期）、应对石油冲击（结构调整时期）。其主要依靠行政引领（政府亲产业），法人主导（产业有政府）这两大体制，90年代后，日本产业政策三大失效案例，产业升级受阻（1990年）、主导产业缺位（2000年）、第三支箭射失（2010年）。行政引导力弱化（财政危机、货币政策），产业组织性淡化（相互持股、系列关系）两大体制形成了障碍。

归纳起来成功的产业政策必须做到以下几点：

一是产业政策与贸易政策：将有助于在产业范围内促进知识积累和扩散。

二是财政和金融政策：产业政策的实施需要抓手。

三是投资政策：政府补贴投向知识的生产和扩散。

四是知识产权制度建设：为知识发明者、生产者和扩散者提供正向激励。

五是市场和政府是互补的，两者缺一不可：政府治理好，市场才能发展得更快、更好；政府治理差，市场运作一定不好。

六是市场经济的模式不是唯一的：劳动力市场、金融、企业治理、社会福利政策的不同组合，都有可能实现经济稳定繁荣的目标。

七是强化信息搜集、过滤和整合的能力。

八是明确产业发展的绩效指标，并且在政策实施过程中加以利用。

九是在政府与产业界之间建立合作伙伴关系,从而使投资产生协同作用。

十是在技能提升、基础设施建设和长期融资等方面改善协调能力。

从日本20世纪90年代前的成功经验与90年代后的失败教训,可以得到如下初步启示是供给侧结构改革离不开体制支撑,政策成败取决于体制绩效,体制绩效维系在体制创新。中国目前以"供给侧结构改革"为中心的产业政策,同样需要高效的体制支撑,其成败同样取决于体制绩效与体制创新。

3.4.4 供给侧改革的产业政策转型相关建议

日本经验证明,随着市场体系的完善,政府主导逐步弱化,让位于市场,政府干预通过市场机制产生政策效应,实施产业政策也要遵循市场经济规律。我国是从计划体制转轨到市场经济体制,尤其是目前市场体系尚不完善,更要强调和落实市场机制配置资源的决定性作用,因此建议将当前产业政策转型概括地表述为:由传统选择性产业政策向市场化产业政策转型,以维护公平竞争和激励自主创新为基本导向。市场化产业政策就是尊重市场主导地位,推进市场化改革,用市场方式制定和实施推动产业迈向中高端、实现创新驱动发展的相关政策。基本内涵为:促进产业发展中,首先要充分发挥市场机制对资源配置的决定性作用,维护公平竞争,以市场方式淘汰落后产能和无效供给;其次要充分发挥政府的能动作用,加快政府职能转变,利用市场经济手段积极干预、助推产业发展,塑造市场友好型和服务型政府;最后产业政策的实施要遵循市场经济规律,无论是功能性还是选择性产业政策的实施,都要充分利用市场机制发挥政策效应,避免使用干预市场机制作用的行政手段。

第 4 章

"二战"后（20世纪40年代）日本供给侧改革发展的历程

根据古典经济增长理论，长期的经济增长主要由要素供给决定。制度经济学认为要素的供给又是由产权制度、交易制度决定的。因此，供给侧改革可以描述为通过产权制度、交易制度的改变，矫正要素配置的扭曲，以此提高要素的供给或者是要素产出的效率。"二战"后，日本先后进行了五次大规模的供给侧改革，为日本实现工业化，成为世界强国奠定了坚实的基础。回顾日本两次供给侧改革的经验与教训，对中国当前供给侧改革，无疑具有重要的借鉴意义。

4.1 第一次供给侧改革（1945~1955年）

1868年明治维新以后日本建立了中央集权的国家，将学习西方国家，推动经济增长作为目标。明治政府通过一系列的改革，初步建立了资本主义的经济制度，并开启了工业化的进程。

4.1.1 第一次供给侧改革的背景

明治政府通过一系列的改革，初步建立了资本主义的经济制度，并开启了工业化的进程。近代工业的主要部门在这一时期先后建立，日本开始成为东亚地区的强国。1929年，日本进入工业化的中期以后，除了受国际经济环境影响，日本国内垄断资本的问题逐渐显现。1930~1931年以及1935年日本经济出现了衰退，人均GDP出现了明显下降。日本国内矛盾日益突出，居民收入差距的不断扩大，经济政策基本被国内大财阀所左右。以大财阀为代表的垄断资本急于占领国际市场，促使日本迅速走上对外侵略扩张的道路。第二次世界大战，日本作为侵略国给被侵略国带来了巨大苦难的同时也使日本也陷入了巨大的灾难。战后1945年，日本经济总量只有战前的一半左右，据日本政府公布，日本本土财富的41.5%，直接或间接地毁灭于战争之中。正是在这种背景下，"二战"之后，日本开始了第一次供给侧的改革。

4.1.2 第一次供给侧改革的内容

"二战"后，日本进行了第一次供给侧的改革，实行了"解散财阀""农地改革""劳动改革"等改革措施。具体而言："解散财阀"是日本政府根据盟军的两项指令，对大财阀控股的公司进行分拆，减弱财阀家族的垄断。1947年4月，日本政府又进一步公布了禁止垄断法，遏制垄断势力的发展。为了达到进一步分割大企业的目的，1949年，又公布了"排除经济力量过度集中法"。此外，根据盟军总司令部的指令，日本政府还裁撤了财阀和垄断资本经营岗位上的主要人物，进一步削弱了大财阀和垄断资本的势力。[①]

"农地改革"法案规定离村地主的全部耕地与在村地主1公顷以上的耕地由政府强制购买，卖给佃户。通过"农地改革"，日本佃户的80%变成了自耕农。这使日本的土地分配相当公平，为日本贫富差距的缩小奠定了坚实的基础。从20世纪60年代开始，日本政府逐步修改农地产权方面流通的法律问题，进一步完善了土地市场，促使农地产权市场有序流通。

"劳动改革"主要有两个步骤，首先是根据总司令部的指令，在1945年10月废除了战时用于统制工人的镇压工人运动的各种法规，然后制定并于1946年3月，开始实施工会法，同年10月实行劳动关系调整法，第二年9月又实行了劳动标准法。其中工会法为战前和战时遭到残酷镇压的工人提供了进行组织和开展活动的法律基础，促进了战后初期工会组织的急剧发展。

4.1.3 第一次供给侧改革的效果

通过一些供给侧的改革，日本经济开始摆脱了垄断资本主义的扼制，减少了垄断资本主义对于市场的干扰，实现了经济上的民主化，开始了向自由市场经济的过渡。

到20世纪50年代中期日本经济恢复到了战前的水平，随后开启了经济高速增长的时期。1950～1970年，日本GDP的年均增速达到了9.22%。1970年，日本已经是世界第二大经济体。根据安格斯·麦迪森（A. Maddison，2003）的测算，到1973年，日本

---

① 小林义雄：《战后日本经济史》，孙汉超、马君雷译，商务印书馆1985年版，第19～20页。

人均 GDP 达到了 10042 美元。① 至此，日本已经走完了西方发达国家数百年的工业化历程，成为发达经济体。

4.2 第二次供给侧改革（1973～1978年）

20世纪60年代末日本迎来刘易斯拐点后，劳动力从过剩转向短缺。在刘易斯拐点到来和同时期日本政府"国民收入倍增计划"双重影响下，日本的劳动力成本即工人工资开始快速上升。1961～1970年，日本工人的工资指数增长了近1.7倍，在主要资本主义国家中是增长最为迅疾。针对以上问题，日本政府综合运用法律、财政、税收和金融等政策措施，侧重从供给侧入手实施改革。

4.2.1 第二次供给侧改革的背景

(1) 产业升级增速换挡的时期

日本的增速换挡发生在1968～1978年。日本1951～1973年开启经济高速追赶，实现了23年年均9.3%的增长，1973年人均GDP达到11434美元，相当于美国的68.5%，到达增速换挡的收入阀值。增速换挡后，1974～1991年的18年实现了年均3.7%的增长，属于中速增长阶段。1991年人均GDP达到19355美元，相当于美国的84.7%，步入前沿国家的低速增长区间。

日本在1969年前后面临经济增速换挡和动力升级的客观要求：一是日本房地产长周期出现在1969年前后。"二战"后，日本人口出现了一次人口出生潮。自1960年起，日本的出生人口数量进入了第二轮上升周期，自1960年的160.6万人逐年上升（除1966年外）至1973年的209.2万人，之后出生人口数逐步显著降低。二是日本刘易斯拐点出现在20世纪60年代末。日本自20世纪60年代末开始，随着农村可转移剩余劳动力的大幅减少，耐用消费品的广泛普及，支撑经济高速增长的基础条件发生变化。

(2) 石油危机冲击下"滞涨"发生

1973年，第一次石油危机爆发。石油危机引起了当时主要资本主义国家的"滞涨"，即经济停滞和通货膨胀并存，日本也未能例外。当时日本出现了物价高涨、失业率上升、企业倒闭等危机表现，1974年日本经济出现了战后第一次负增长。

(3) 能耗和环境污染严重，国民不满情绪高涨

日本的高速增长期是依靠大量能源投入和粗放经营实现的。快速的工业化造成了能

---

① 资料来源，Angus Maddison, The World Economy Historical Statistics, OECD Publications Service, 2003.

源消耗和环境污染日趋严重。1955~1964年，日本的能源消耗量增长了约3倍，主要能源也从煤炭转变为石油。到1973年石油危机爆发前，日本的原油进口依存度已达到99.7%的惊人程度。日本的水源和空气也都受到严重污染，20世纪五六十年代出现了震惊世界的四大环境公害，国民不满情绪愈演愈烈，抗议示威事件层出不穷。到20世纪70年代，以四大公害诉讼均以居民原告方胜诉为标志，日本高能耗和高污染的增长模式已失尽人心，到了不得不改变的地步。

（4）劳动力成本快速上升

"二战"后的日本，农村存在大量剩余劳动力，在日本经济高速增长期中，劳动力源源不断地从农村转移到城市一直是经济增长最重要的引擎之一。20世纪60年代末日本迎来刘易斯拐点后，劳动力从过剩转向短缺。在刘易斯拐点到来和同时期日本政府"国民收入倍增计划"双重影响下，日本的劳动力成本即工人工资开始快速上升。1961~1970年，日本工人的工资指数增长了近1.7倍，在主要资本主义国家中是增长最为迅疾。

4.2.2 第二次供给侧改革的主要改革措施

针对以上问题，日本政府综合运用法律、财政、税收和金融等政策措施，侧重从供给侧入手实施改革。

（1）"减量经营"：降低能耗、利息、劳动力成本

第一次石油危机引发的国内经济危机引发一些日本企业自发开展经营调整，这种调整被称为"减量经营"，其核心主要有三条：节约能源消耗、降低利息负担及降低劳动力成本。日本政府因势利导，积极推动和引导"减量经营"在全国范围内实施，成为日本制造业战后从传统的粗放型经济增长方式向高附加值型经济增长方式转变的转折点。

（2）节约能源消耗

以石油危机为契机的能源价格上涨，对日本传统的粗放式增长模式造成了沉重打击，以石油化工、钢铁等为代表的高能耗行业的竞争力大为降低。日本政府通过行政指导及各种限制措施，引导经营效益差的企业关停并转，显著削减了这些行业的生产能力。1975年，日本增加生产能力的设备投资在全部设备投资中比重比70年代初降低了约50%。同时，鼓励企业进行内部技术改造和生产设备更新，有效节约能源。

（3）降低利息负担

在石油危机后的恶劣环境下，日本企业必须努力压低原材料费用、财务费用等各项成本才能生存下去。当时日本企业自有资本比率不高，利息负担较重是一个比较突出的问题。通过实施"减量经营"，日本企业的自有资本比率大幅提高，从企业借款占营业额的比率看，1978年比1965~1973年平均减少6.6个百分点；从制造业自有资本比率看，1985年比1975年提高7.7个百分点。再加上同期日本利率水平不断降低，企业利息负担得到有效减轻。

（4）降低劳动力成本

刘易斯拐点到来后的劳动力成本大幅上升。当时有研究表明，如果主要制造业企业在一年内不削减6万~14万雇佣人数以降低成本，就无法维持收益。企业通过解雇临时工、控制正式员工的录用、女性员工离职后不再补充新人乃至减少主干劳动力等多种方式调整雇佣人数，降低人工成本。此外，由于发展中国家劳动力成本较低，日本政府还积极鼓励劳动密集型产业尤其是一些高耗能、高污染的劳动密集型产业向海外转移。

（5）政府引导产业结构升级，大力疏解产能过剩和扶持新兴产业发展

大力疏解扶持新兴产业发展。在对衰退产业和过剩产能进行调整和疏解的同时，日本政府有效利用产业政策，鼓励和培育新兴知识和技术密集型产业发展。

（6）产能过剩

以石油危机为契机的能源价格上涨，对日本传统的粗放式增长模式造成了沉重打击，以石油化工、钢铁等为代表的高能耗行业的竞争力大为降低。日本政府通过行政指导及各种限制措施，引导经营效益差的企业关停并转，显著削减了这些行业的生产能力。

经过两次石油危机打击，日本衰退产业和过剩产能增加。1978年，日本政府制定了《特定萧条产业安定临时措施法》（简称"特安法"）和《特定萧条产业离职者临时措施法》等四部法律，进入"特安法"时代，主动对衰退产业和过剩产能进行调整和疏解。"特安法"认定平电炉、炼铝、合成纤维、造船、化肥等14种产业为结构萧条产业，当时这些产业的企业开工率只有60%~70%。针对上述结构萧条产业的调整和疏解方法包括：采取政府收购来报废设备的方式，即由政府与产业界合作预测未来供求，对"过剩部分"由政府出资收购报废；设立特定萧条产业信用基金，对那些按计划淘汰落后设备的企业提供优惠利率贷款，帮助萧条行业安置工人和转产；允许因供求明显失调、价格降到平均生产费用的特定商品的生产者缔结有关限制产量、维持合理价格的垄断组织。"特安法"的实施取得明显成效，1978年和1979年日本工业连续两年高涨。

（7）扶持新兴产业发展

在对衰退产业和过剩产能进行调整和疏解的同时，日本政府有效利用产业政策，鼓励和培育新兴知识和技术密集型产业发展。1978年，日本政府制定了《特定机械信息产业振兴临时措施法》，提出要发展电子计算机、高精度装备和知识产业，投入了大笔政府专项资金对尖端技术的开发提供补贴和资金，并对以上产业实施税收和金融方面的优惠政策。20 世纪 70 年代，日本产业结构变化的另一个重要特点是服务业的重要性增强，1973~1985 年服务业年均增速高于同期制造业增速 0.2 个百分点，1970~1980 年，服务业就业人数比重提高了 8.9 个百分点。

4.3 第三次桥本内阁"财政结构改革"（20 世纪 80 年代后期到 90 年代初）

20 世纪 80 年代后期到 90 年代初，日本经济持续繁荣，政府长期实施宽松的货币政策，大量资金涌入股票市场和房地产市场，最终出现了泡沫。以 1991 年为界，股票价格和房地产价格迅速下跌，"泡沫经济"破灭了。

针对日本经济的长期萧条，20 世纪 90 年代末至 21 世纪初，日本政府在"景气优先"路线和"改革优先"路线之间摇摆不定，争论十分激烈。"景气优先"路线主要看重短期政策效果，主张通过宽松的货币政策和财政政策刺激需求，促进经济增长；"改革优先"路线则认为日本长期的经济衰退并非周期性的衰退，而是结构性或制度性的衰退，依靠宽松需求政策刺激不能解决问题，只有进行改革才能扭转局面。

4.3.1 供给侧财政结构改革的背景

日本的财政状况，自 1991 年泡沫经济解体后，长期处于景气的状态中。据统计 1996 年度末的政府和地方税收不足及社会基础设施投资过大外，其背后潜伏着深刻的结构性危机。这种结构性的危机已经在制约着日本整体经济的发展，如果放任自流，在超高龄化社会即将来临的情况下，必将引起更大的财政赤字，甚至导致经济崩溃，影响国民的生活。日本政府在推进改革上均有心无力，导致改革时机一再延误。为了避免这种事态的发生，日本的桥本首相上台伊始，就打出了"6 项改革"的旗号，而财政结构改革将被列为最优先的课题在今后的一段时间里加以推广。日本政府并将 1997 年度作为"财政结构改革元年"，1997 年、1998 年和 1999 年将视为"集中改革期间"。

1996 年登场的第二次桥本内阁开始着手"结构改革"，包括重组中央各省厅、加强地方分权、进行财政投融资改革、实行规制缓和，这是新一轮供给侧改革的开始，并在小泉内阁时期达到高潮。其主要内容有大力推动道路公团、邮政部门等"特殊法人"的民营化，推进地方分权的"三位一体改革"，重组政策性金融机构，进行社会保障体制改革，加大规制缓和。

4.3.2 财政结构改革所面临的问题

(1) 赤字国债依赖程度高

5 年前还被称作世界优等生的日本财政状况,自"平成景气"结束后,在短短的时间里成了债台高筑的劣等生。据统计 1996 年末,国债余额将达到 241 亿日元,财政状况仍处于危机之中,为偿还和支付国债的利息,国债费在年度支出项目中占两成之多,压迫着其他政策性经费。

另外,日本的这种财政状况与其他主要先进国家相比(见表 4-1)如一般财政的国债依赖程度,1996 年度为 28%,1997 年度为 21.6%,是 1990 年度 10.6% 的 2 倍以上,这个比率比英、法、德、美都高。

表 4-1　　　　　　　　　　　财政状况的国际比较

	流动指标		固定指标	
	国债依赖程度(%)	利息率 岁出总额(%)	长期政府债务余额 对 GDP 之比(%)	长期政府债务余额对 国税收入之比(%)
日本	(90) 10.6 (96) 28.0 (97) 21.6	(90) 15.6 (96) 15.6 (97) 15.1	(90) 45.6 (96) 64.4	(90) 3.2 (96) 5.9
美国	(97) 7.7	(97) 14.7	(95) 60.3	(95) 5.0
英国	(95) 16.5	(95) 7.6	(94) 45.4	(94) 1.9
德国	(97) 12.8	(96) 12.3	(95) 21.6	(95) 2.0
法国	(97) 18.3	(97) 15.0	(94) 22.6	(94) 1.1

资料来源:石弘光监修"财政构造改革的条件",东洋经济新报社,1997 年,第 263 页。

1996 年度利息支付费占年度支出总额比率及长期政府债务余额对 GDP 的比率及国税收入的比率,在主要先进国家中也是很高的。

从国家和地方合计来看,据 OECD(经济协力开发机构)的推计,在流动的财政指标中,单年的财政收支对 GDP 的比例,1996 年为 -7%,在先进国家中是低的,而且,国家和地方的债务余额对 GDP 之比,1996 年为 87.4% 成为排在意大利之后的第二位(见表 4-2)。

表4-2　　　　　国家、地方合计的财政收支和债务余额对GDP的比例　　　　单位：%

	年份	1992	1993	1994	1995	1996
财政收支对GDP之比	日本	-2.0	-4.8	-5.0	-6.2	-7.0
	美国	-5.2	-4.4	-3.2	-2.8	-2.5
	英国	-6.3	-7.8	-6.8	-5.7	-4.8
	德国	-2.8	-3.5	-2.4	-3.5	-41
	法国	-3.8	-5.6	-5.6	-4.8	-4.1
	意大利	-9.5	-9.6	-9.0	-7.1	-6.7
债务余额对GDP之比	日本	63.5	67.9	73.2	80.7	87.4
	美国	62.0	63.5	63.7	64.3	64.2
	英国	47.6	56.6	54.3	60.0	61.9
	德国	45.8	51.9	51.5	61.6	64.7
	法国	45.7	52.7	55.9	60.0	62.2
	意大利	114.7	116.3	112.4	122.0	121.7

注：日本和美国的财政收支与GDP之比不包括社会保障基金。
资料来源：OECD, Economic Outlook Dec1996.

（2）公共投资费的追加

公共财政投资比重过大，正如前面提到的，日本的财政状况自泡沫经济崩溃之后，处于不景气的状况中，税收状况难以进展，为维持稳定的经济状况，以扩大公共财政投资为中心的经济对策进行了数次的调整。1992年8月实行了"综合经济对策"。公共投资等扩大到8.6亿日元。1994年2月，实行了"综合经济对策"又扩大公共投资7.2亿日元。1995年1月发生阪神大地震后，9月实施了"为实现景气恢复的经济对策"扩大公共投资4.6亿日元，复兴关连事业费1.4亿日元等。

通过这一系列的公共投资费的追加，使日本中央财政赤字在1990～1996年增长了一半，另外，日本国内储蓄率的下降，税收低落，再加上日本经济结构性赤字增长，造成了20世纪90年代上半年期财政赤字剧增的局面。

（3）逐年提高消费税

继1989年4月消费税为3%开始，1997年4月又上调到5%，这上调的2%除了国税税率从3%涨至4%以外，其余的1%是以新的地方消费税这一形式出现的。同时，在消费税改正的附则里还写入了根据1996年9月以前的社会福利预算和实行财政改革的结果，有必要对税率进行再探讨。也就是说，消费税是否上涨；实行财政改革和福利方面的支出预算成了关键的一环，如果消费税5%仍满足不了财源的话。那么今后有继续上升的可能。

（4）人口老龄化加大了财政负担

日本被称为世界上第一大长寿国，也是经历整个人口老龄化阶段最快的国家。据厚生省人口问题研究所的《日本将来人口推测》推测，日本国内年龄超过65岁以上的人口占总人口的比例，1994年为14%，到2000年这一比例将增至25.5%。其中75岁以上的后期高龄者的比率将有所增加，半世纪后，平均每4个人中有一人为老年人。这种向高龄化推移的速度，在世界上也是罕见的。老年人口的比例比7%上升到14%仅用了24年，在同样经历人口老龄化的英国用了50年，德国用了45年，意大利用了70年，法国用了130年，与其他先进国家相比，日本还出现了长寿化和少子化并行的趋势。日本的老龄人口相对年轻、壮年人口的比例，也将从20世纪90年代初期的20%上升到2020年的45%，而工作人口的增长率将转为负增长。日本的劳动人口已达到顶峰，同时也开始下降。

日本人口结构的高龄化对医疗、年金、社会福利等社会保障方面的财政要求不断增大。而且老龄化这一人口结构的转移现象，将使劳动队伍缩减，对日本未来的产出效率具有一定的影响，将使目前2.4%的年产出增长率降至2005年的1%这将对今后日本经济发展产生严重影响。

（5）不透明的年金财政

急骤增大的老龄人口对日本财政的主要影响是年金和医疗保险等。为此，日本政府在1994年11月推出了旨在改革年金现状的年金改革法：其一，厚生年金的支付开始年龄分阶段地从16岁上调到了65岁。其二，保险费的支付比率为控制在月收入的30%以内，现分阶段地小幅度上调。其三，制定了"网络滑动"的制度，改变以前的年金领取额度是以包括税金和社会保险费在内的工资为基准的，这样高龄者的年金额度有可能比现职者领取的额度大。这将更大产生不同年龄层之间的差别，因此年金额度有可能比税金和社会保障费的工资为基准，然而，这项改革还存在着很多问题。

第一，在基础年金的1/3由国库负担的基础上，再进一步把这个负担率提高1/2，但问题是国库的财源现今仍没有着落；第二，专业主妇即使不支付保险费也以能领取基础年金，这又给必须支付保险费的劳动妇女带来了不平；第三，年金制度改革的基础——财政再计算方法也存在问题。

通过以上的分析，我们不难看出，日本的财政危机，不单纯是财政赤字这样表面的现象所能解释清楚的，它的背后存在着严重的结构上的问题。第一是单靠各省、厅行政压力而无法解决的预算编制体制问题。第二是所得再分配色彩很浓的非效率的公共投资问题。第三是在紧缩一般会计开支的情况下，地方政府、财政投资恶性膨胀的财政外延化问题。

4.3.3 供给侧结构改革的内容及效果

这些结构上的问题，损害着全体经济的效率，财政赤字只不过中其结果而已。只有从根本上消除这些构造性问题，才能削减财政赤字，恢复日本财政的长期承受能力。因此，首先应停止公债余额对 GDP 比例的继续上升，最终实现公债余额的绝对额度不累增这一目标，还应采取削减支出和有针对性地增税措施。

1997 年 3 月，日本政府表明了包括地方消费税在内的消费税率从 4 月份起由 3% 上涨到 5% 以后，今后财政重心不再依靠增税，而要以削减年度支出为主，同时制定了财政构造改革的几项原则：（1）把国家和地方财政赤字的额度控制在 GDP 比例的 3% 以下，把实现财政健全化的目标设在 2002 年。（2）1997 年、1998 年和 1999 年 21 世纪中的 3 年间，为"集中改革时期"等全面地进行年度支出的缩减和改革。在"集中改革时期"最主要的目标是经费制定具体的缩减目标。（3）1998 年度的预算中，一般年度支出中的政策性经费要比前年度降低。（4）对所有长期计划（除公共投资基本计划之外）如道路的整修、机场建设等 16 项公共事业的长期计划，进行大幅度的缩减，年度支出方面不再作长期计划。

这样，财政结构改革将作为今后日本政府高度重视的政策课题，必将大力推进。为此，日本政府也开始采取了一些具体的措施。在 1997 年度的预算中，一般年度的支出的伸长率控制在 1.5% 这一较低的水平上，公债减额 4.322 亿日元，实现了 4.528 亿日元的特例公债的缩减；除国债费以外的年度支出控制在减税等范围内，消除了这一代，受益于下一代，负担加重的状况，向着财政健全化的目标迈出了财政结构改革元年的第一步。

但是，据预测到 1997 年末，日本的公债余额将达到 254 亿日元，财政状况仍处于危机之中，国民负担率高达 38.2% 左右，多额的财政赤字仍将困扰着国民。因此，为了抑制这种趋势。在大力控制公共部门年度支出规模的同时，努力抑制公债余额的累增，力争减轻将来国债偿还及付息时的负担，而且，要对个别领域的年度支出内容进行彻底清查。削减不必要的、效益差的支出。但在削减年度支出经费后，对经济能否造成不良影响，还有必要从削减的年度支出得到的财源中，进行减税，活跃民间经济，在保持适度的经济增长上下功夫。而且，在经济失调后，将面临深刻的经济后退局面，财政赤字将进一步扩大，追加年度支出将成为必然的结果。

4.4 第四次小泉内阁的"结构改革"（2001 年 4 月~2006 年 9 月）

小泉内阁于 2001 年 4 月成立，至 2006 年 9 月其卸任为止，执政期长达 5 年 5 个月。

小泉内阁时期的"结构改革"是全方位的，目的在于贯彻"小政府"的理念，减少政府的行政干预，通过作用于供给侧的大规模市场化体制改革，增强企业活力，提高供给体系效率，使日本经济重新走上增长轨道。这些改革的很多部分得到落实并取得成效，在小泉任期内经济得以复苏，虽然在低位上，但经济获得了持续增长。

4.4.1 改革的背景

(1) 日本经济尚处于"泡沫经济"破裂后经济长期萧条

第一届小泉内阁建立时，当时日本经济尚处于"泡沫经济"破裂后经济长期萧条。20世纪80年代后期到90年代初，日本经济持续繁荣，政府长期实施宽松的货币政策，大量资金涌入股票市场和房地产市场，最终出现了泡沫。以1991年为界，股票价格和房地产价格迅速下跌，"泡沫经济"破灭了。整个20世纪90年代，日本经济处于"失去的十年"的长期萧条中。这一时期，企业投资不振、居民消费低迷，需求减少导致物价持续下跌和企业销售收益减少，经济深陷泥潭。1992~1996年，日本经济增长率下降到0.6%，虽然1995~1996年一度出现复苏迹象，但1998~1999年由于受到消费税上调和金融危机的影响，再次转为负增长。

(2) 不良债权高企引发金融危机

"泡沫经济"时期，日本银行业向中小企业和房地产业发放了巨额贷款，"泡沫经济"破裂后，日本银行业不良债权大幅飙升。据日本大藏省1998年1月12日公布的数字，日本全国146家银行自查的不良债权已经达到76.708亿日元，约占总贷款金额的2%。在不良债权不断增加的情况下，部分银行已经无法达到国际清算银行巴塞尔协议规定的资本充足率水平。1997年底，日本四大证券公司之一的山一证券和具有悠久历史的北海道拓殖银行相继破产，给金融市场造成极大震动。幸存银行为防范风险纷纷"惜贷"，由此导致的"贷款难"更加剧了实体经济的困难。

(3) 人口老龄化形势日益严峻

1970年日本65岁以上老人占总人口比例已经达到7.06%，超过联合国定义的老龄化社会7%的标准线，但这一问题在当时并没有引起足够的重视。从20世纪80年代开始，伴随生育水平的下降和人均寿命的延长，日本人口老龄化进入了加速发展的阶段。1990年日本65岁以上老年人口比重为12.1%，2000年这一比重上升到17.4%。人口老龄化给日本的经济社会带来了一系列不利影响，如劳动力供给不足、社会抚养负担不断加重、消费需求增长乏力等。

(4) "三个过剩"的发展

泡沫经济崩溃后，日本经济面临的另一个课题就是设备、就业、债务的"三过剩"

问题。日本在泡沫经济崩溃前，整个经济形势大好的情况下，企业购置了许多设备，招聘了过多的员工，但由于经济放缓，导致销售额以及资产价格的下跌，出现了过剩的设备和就业，留给企业的只有巨额债务。为此，企业的盈亏平衡点提高，经营者对新增投资的热情锐减，销售额也因此受挫，企业陷入长期恶性循环中。

（5）通缩恶化

20 世纪 90 年代后期开始，日本经济陷入了通缩紧缩的局面。造成这种局面的原因，从供给层面来看，由于从中国等国家进口廉价的商品导致的需求疲软以及银行中介功能的衰退；从需求方面来看，泡沫经济崩溃后日本经济在公共投资的支撑下得到暂时的喘息之机，但需求一直疲软。金融方面，虽然实行了量化宽松的货币政策，但货币供应量特别是银行贷款依然持续低迷。

通缩给实体经济造成的影响有两个方面：一方面，给本身已持有过剩债务的企业雪上加霜，债务负担愈加繁重；另一方面，实际利率和实际工资的上涨使企业收益受到冲击。企业所受影响最终又通过工资水平的下降波及家庭。

（6）财政赤字扩大

为摆脱泡沫经济崩溃后的经济低增长局面，政府先后共实施了 9 次依靠增加财政支出拉升景气的对策，其中 7 次是规模达 10 万亿～18 万亿日元的大手笔的操作。这些对策虽然使景气获得了暂时行的回升，但并未促使日本经济实现真正的复苏，经济增长率依然是在低位徘徊。这一时期的景气对策的特征可概括如下：第一，景气对策主要集中在依靠发行国债来增加公共项目方面；第二，景气低迷时进行财政扩张，而景气稍有好转立即又开始财政紧缩；第三，对不良债权和随之而来的通缩现象未能及时处理，造成财政赤字持续扩大。

4.4.2 改革的主要内容

2001 年 4 月，小泉纯一郎凭借"无改革、无增长"竞选主张挟高支持率上台，顶住了"景气优先"路线主张者的压力，实施"结构改革"。其中涉及供给侧的改革措施主要有：

小泉内阁结构改革的主要课题是：第一，全力处理不良债权问题；第二，削减财政支出，向小政府、高效的政府转型；第三，防止中央对地方的过度干预和地方对中央的过度依赖，推动地方分权改革步入正轨；第四，放松管制，实施民营化。

（1）"金融再生计划"（2002 年）加速处理不良债权

2002 年 10 月颁布"金融再生计划"，宣称用两年半的时间使大型银行的不良债权的比率减半（当时不良债权占全部贷款的比率为 8.4%），为实现这一目标确定三点基本共识,即:对银行的资产核定制定严格的标准;充实自有资金的比例;加强银行治理,经过这一系列严厉的举措,2006年底主要银行的不良债权比率降到1.8%,为接下来的金融改革创造了条件。

21世纪初(2002.2~2008.2,实现战后最长景气周期)

第二阶段突出扶持和创新,旨在保证转型、节能、创新、进步。为扶持电子计算机、通信、精密仪器、高精度装备、知识产业等服务业发展,出台了《特定机械信息产业振兴临时措施法》;为了应对日元升值和地方经济恶化,出台了《产业机构转换圆滑化临时措施法》;为了应对国内产业空洞化举措出台了《产业事业革新法》;应对设备过剩、金融危机、竞争力下降,出台了《地域产业活性化法》;为了应对中小企业贷款、减免债务、盘活不良债权,出台了《金融再生法》;为了应对投资少、优惠政策利用不够、支持风投等创业出台《产业竞争力强化法》等政策。

(2) 放松管制,实施民营化改革

小泉内阁一直强调要将日本建设成为一个"小政府、大经济"的国家,对政府所属的各类经营性机构实施民营化改革。小泉内阁2001年6月在"结构改革"的纲领性文件《今后的经济财政运作以及经济社会的结构改革的基本方针》中提出了民营化、规制改革计划,即在"民间能做的事情,由民间去做"的原则下,对经济各个领域尤其是公共干预较多、限制较严的领域放松规制,更大程度上发挥市场机制的资源配置作用。具体改革举措有:特殊法人改革或民营化;削减对特殊法人的补助金等;推动邮政业实现民营化;对公共金融功能进行彻底的改革;在医疗、护理、福社、教育等领域也引人竞争机制。其中,邮政民营化改革在日本具有典型意义,改革前日本邮政业由政府经营,机构臃肿、效率低下,改革的目的在于放宽市场准入,引入新的竞争者,从而带动邮政业的高效经营。其主要内容有大力推动道路公团、邮政部门等"特殊法人"的民营化,推进地方分权的"三位一体改革",重组政策性金融机构,进行社会保障体制改革,加大规制缓和。小泉内阁时期的"结构改革"是全方位的,目的在于贯彻"小政府"的理念,减少政府的行政干预,通过作用于供给侧的大规模市场化体制改革,增强企业活力,提高供给体系效率,使日本经济重新走上增长轨道。这些改革的很多部分得到落实并取得成效,在小泉任期内经济得以复苏,虽然在低位上,但经济获得了持续增长。

(3) 减税,激活经济社会活力

自从供给学派经济学提出减税主张后,减税已被认为是供给侧改革的重要内容之一,小泉内阁的"结构改革"中也包含减税内容。《今后的经济财政运作以及经济社会的结构改革的基本方针》中指出,税收政策应该真正成为有利于经济目标实现的手段,今后应向着扩大税基、降低税率的方向努力。2003年1月,小泉内阁通过2003年度税制改革大纲,实施减税计划,主要内容包括降低法人税实际税率、对研究开发和IT投资实施减税、降低继承税和赠与税税率等方面。推出"金融再生计划",促进产业结构调整。

4.4.3 小泉时期的邮政民营化改革

日本邮政事业改革是继20世纪80年代日本电信电话公司、烟草专卖公司、国有铁道公司成功实现民营化之后,又一次面向国有资产的大规模改革。此次改革是在"小政府"口号提出的大背景下进行的,主张全方位的结构改革,在能够民营化的领域,政府应该尽量退出。然而,日本的邮政民营化改革又具有其内在的特殊性。一方面,由于日本邮政系统规模庞大、羽翼众多,且在政党之中不乏"邮政族政治家"的大量存在,这种特殊性使得日本政府在考虑民营化措施的同时,不得不顾及行政体制的改革创新;另一方面,日本邮政系统金融规模巨大,民营化改革必然会改变日本金融市场结构甚至影响世界金融市场格局,所以,此番改革还必须考虑其巨大资金流向及其影响,即民营化付诸实施之后,政府和民营企业之间还需要维持一定的政企关系,才可以保证金融秩序的稳定。

基于上述背景,本章将回顾日本邮政民营化过程,并以经济方法分析这一政治过程,试图证明政治活动参与者依然可以采用经济学中理性人的假设加以剖析研究,政治活动也是理性的博弈均衡的结果;同时本章将结合日本邮政改革的过程总结出适合于我国的经验性启示。本章以回顾的形式,从政治经济学视角重新分析了日本邮政民营化改革方案的推出过程,试图从中总结出一些有鉴于我国相应领域的经验性结论。

(一)理论分析框架

(1)公共选择理论

本章分析采用的理论依据是公共选择理论。该理论主要观点是:在市场经济条件下,存在两种市场、两种物品、两种制度,经济的交易过程构成经济市场,经济市场通过市场交换制度提供私人物品;而政治市场通过政府权威制度提供公共物品,公共选择的过程实际是通过政府公共政策的形成过程供给公共物品,满足人们的需要。公共选择学派把政治过程看成复杂的交易过程,即政治过程构成了"政治市场"。在政治市场上,由于个人享用公共服务时成本与收益的分离性,造成少数利益集团特别是职业性利益集团代替民众的需求,官僚组织的需求代替社会的需求,使需求呈膨胀趋势;由于公共服务供给方式的非竞争性,造成公共服务的单一性和效率缺乏,无法满足公众对于公共服务多样、灵活、及时的需求；由于过时的民主政治技术对利益集团分利行为的妥协性，造成政府权威因被官僚操纵而变质，公众服务服从于官僚的私人利益，公共利益理念被蚕食。

（2）博弈模型

由于政府与原国有资产的旧的政企关系并不能满足经济发展的更高要求，进而提出了改革的口号，在这样的前提下，政府内部的利益集团和市场内部的利益集团分别对此进行博弈（主要是政府方面的博弈）直至达到均衡——通过民营化法案，决定进行民营化改革。

本章的博弈论证过程采取了非合作博弈理论进行简化分析，即将博弈双方原本的群体行为假设为个体行为，博弈的每一方都视为参与博弈的一个参与者。在非合作博弈理论中，博弈有两种不同的表述形式——策略型博弈和展开型博弈，前者主要侧重每轮博弈的策略组合和策略选择，之后用优势分析法排除不可能策略从而推断出最后结果；后者主要侧重参与者采取行动的时间以及采取行动时所掌握的信息，展开型博弈包含若干回合，以结点表示，在每一结点上，都表示出每个参与者可能的策略以及各个策略可能产生的结果，因此，展开型博弈模型是树状图。

将民营化各个阶段的博弈用策略型博弈模型表出，而在分析的后段，采用展开型博弈模型连续地描述整个民营化的博弈过程，此时，我们不再采用优势分析而是纳什均衡分析法，并证明该博弈模型的最终解就是纳什均衡。

（二）日本邮政民营化背景回顾

民营化开始之前的日本邮政分为普通邮局、简易邮局和特定邮局三大类，其中以特定邮局为多，共有约19000家，占总数的3/4左右。特定邮局是早期政府困难时期委托地方名流建立的，长期以来，一直保持着世袭制度，由特定邮局局长组成的"全国特定邮局局长会"（简称"全特"）规模庞大，羽翼众多，"全特"及其家属、助手组成的"大树"形成了自民党的主要社会支持团体，是自民党票选的主要来源。这样，由"全特"操控的邮政系统便与自民党形成了互相利用、互相扶植的关系——"全特"一直拥立邮政官僚出身的政治家参加参议院选举，扶植了田中角荣、竹下登、小渊惠三等一大批主流政治家，作为回报，自民党内许多议员也曾长期采取支持邮政事业发展的态度，形成了所谓的"邮政族"势力。"邮政族"议员往往有着更强的政治影响力，因此，在其保护下，长期以来，日本的邮政系统的金融业务领域一直是改革的圣地，"官营事业压迫民营企业"的状况一直没有改变。

直到小泉当政时期，邮政改革才逐渐有所起色。邮政民营化是小泉纯一郎所一贯倡导的唯一政策理念。1992年12月，小泉纯一郎出任宫泽喜一内阁的邮政相，在众议院会议上，小泉就曾提出过包含邮政民营化在内的重新评估邮政事业的看法。1995年和1998年，小泉两次在自民党总裁选举中打出了邮政牌，但均因触犯了邮政族利益而遭失败。

世纪之交，在金融自由化浪潮冲击下，日本的邮政改革出现了转机。2001年小泉出任日本首相，年初，《中央省厅改组关联法》正式生效，将原独立的邮政事业厅改编为邮政省，归属于总务省，相当于降低了邮政厅的权力。之后，小泉内阁全力推行"结构改革"，邮政民营化是改革的重点之一。

2002年7月，国会通过了《日本邮政公社法》等邮政相关四法案。据此法案，2003年4月1日，日本邮政公社正式成立，公社实行独立核算并具有一定的经营自主权，但其性质仍为国有企业，职员保持国家公务员身份。尽管如此，"民间人士"三井商船公司董事长升田正治出任公社的首任总裁，在邮政民营化的方向上，表明了日本政府对"日本邮政公社"的巨大期待。

2003年9月，小泉将邮政民营化纳入了总裁选举公约，并再次当选自民党总裁。在同年11月的众议院选举中，自民党将探讨邮政民营化问题纳入了政权公约。2004年7月的参议员选举中，自民党又提出了"争取在2004年秋做出民营化结论"的政权公约。

然而，小泉内阁所推行的邮政民营化改革遭到了党内外各种势力的顽强抵抗。首先，邮政民营化遭到了部分地区居民的反对。对于偏僻且人口稀少的农村居民而言，具有公益性质的邮局几乎可以办理各种事务，他们担心邮局系统一旦实行民营化后，企业追求利润最大化的做法会使本地区的邮局数目减少。其次，包括"全特"在内的邮局系统的28万名职员反对邮政民营化，因为民营化就意味着他们丧失了国家公务员身份，这将直接损害其切身利益。再次，日本国会内部有一批与邮政事业息息相关的"邮政族"议员，他们的选举地盘及组织基础严重依赖以"全特"为核心的邮局系统，他们必须代表邮局系统的利益来反对小泉内阁的邮政民营化改革。最后，邮政民营化还与自民党内部的派阀斗争交织在一起，反主流派不断寻找时机，试图对小泉内阁提出挑战。

这样，在自民党内部关于邮政民营化的意见有严重分歧的情况下，2004年9月10日，小泉内阁强行决定了"邮政民营化基本方针"。2004年12月14日，自民党也制定了关于邮政民营化的党的基本方针，它一方面试图避免与政府发生正面冲突，对于政府所坚持的邮政事业经营形态分为4家公司的问题没有触及，但同时要求储蓄与保险有义务提供全国统一服务，与政府的基本方针明显不同。对比如表4-3所示。

表4-3　　　　　　　　　　　邮政事业经营形态

	政府	自民党
邮局网	照顾人口稀少地区的据点，在人口密集地区重新进行配置评估	在地方，特别是人口稀少地区维持现在的发送水准
全国统一服务	邮政事业有义务提供全国统一服务	不仅是邮政，储蓄、保险事业也要确保全国统一服务
职员身份	随着新公司的设立，脱离国家公务员身份而成为新公司的职员	为了能够延续特别递送等公共服务，确保公共资格
经营形态	采取控股公司，分割为窗口网络、邮政、储蓄、保险4家公司	未言及

资料来源：《朝日新闻》，2004年12月15日。

由于小泉内阁的"邮政民营化基本方针"从一开始就未能获得自民党的承认，所以进入2005年后，小泉内阁加大了对邮政民营化的社会宣传力度，对此，反对派提出了批评意见，自民党总务部会也要求停止政府公报的宣传，民营化阻力重重。

2005年2月，小泉首相明确表示国会否决民营化法案即是对内阁的不信任。但如果自民党内有46名众议员或是18位参议员投反对票的话，邮政民营化法案就将在国会遭到否决，因此，小泉内阁不得不与自民党内的反对势力妥协。在2005年上半年邮政民营化相关法案的制定阶段，小泉内阁作出了很大程度的让步：在邮政民营化法案中新载入了应对体制危机的规定，使得原定于2007年4月开始的邮政民营化时间放宽了限度；在4家公司中，对于在2017年之前进行分离的储蓄、保险2家公司的资产分离方法，主张股份"完全出售"的竹中担当相，与重视通过相互持股来确保经营一体化的麻生总务相之间始终意见对立，为此载入了民营化后每3年视经营情况进行评估的规定；另外，从确保窗口网络、邮政、储蓄、保险4家公司服务一体化的观点出发，推进相互间的人事交流及同一公司章程，载入了提高"集团意识"的规定。可以说，小泉内阁决定的邮政民营化相关法案已经距其最初的民营化目标大幅后退。

自2005年5月起，众议员开始审议邮政民营化相关法案。6月，自民党总务会以多数表决的方式承认了邮政民营化相关法案的修正案。7月5日，众议员全体会议以233票赞成、228票反对的微弱多数勉强通过了邮政民营化相关法案。在投票表决过程中，自民党有51名议员"造反"（37名议员投反对票，14名议员弃权或缺席），其中包括众多实力派议员。为此，小泉于投票结束后当晚就撤换了4名投反对票的内阁副大臣和审议官的职务。

随后，民营化相关法案转入参议员审议阶段，小泉首相更是多次声称如果参议员否决该法案，他将解散众议院举行大选。8月8日，参议院全体会议以108票赞成、125票反对的表决结果否定了邮政民营化相关法案。在投票表决过程中，自民党有30名议员"造反"（22名投反对票，8名议员弃权或缺席）。至此，2005年8月8日，小泉内阁宣布解散众议院提前举行大选，以求邮政民营化问题"问信于民"。

大选的来临，导致自民党内部在改革问题上有分歧演变为分裂，同时也使得自民党的基层组织及传统支持团体产生错位，事态开始向有利于民营化的方向发展。小泉内阁及自民党的支持率非但没有因为众议院解散事件而下滑，反而不断上升。种种迹象表明，小泉领导下的自民党将在此次大选中获胜。

事实也的确如此，在9月11日举行的众议院选举中，自民党获得296席的压倒性胜利，而在野的民主党则骤减至113席。毫无疑问，2005年"邮政大选"的结果说明了邮政民营化改革的必然趋势。结果，邮政民营化相关法案在2005年10月召开的特别国会上重新获得通过。2007年10月1日，《日本邮政民营化法案》正式实施，至2017年10月1日的十年间，日本邮政事业将逐渐过渡到民营，2017年10月1日之后，邮政体系将彻底脱离政府转而走向市场。

（三）日本邮政民营化过程的政治经济学分析

（1）数理分析

A. 国家/政府的效用函数

国家不仅是国有企业的所有者，又是社会经济管理者。作为一般意义上的企业所有者，经营的主要目的是盈利。但是国家作为经济管理者，他还有社会责任。因此其效用函数可以表示为：

$$U_n = f_n(S, I)$$

其具体目标函数是：

$$\max U_n = f_n(S, I)$$
$$s.t. : S \geq S_0$$

式中，U_n 表示国家的效用，S 表示社会职责，I 表示企业的经营业绩，S_0 表示国家应承担的基本社会职责，同时 U_n 是 S 和 I 的增函数，即，

$$\frac{\partial U_n}{\partial S} \geq 0, \frac{\partial U_n}{\partial I} \geq 0$$

B. 执行监督者效用函数（这里指邮政族官僚）

国有资产由主管部门（在此为邮政省以及后来的邮政事业厅）代理，而具体行使权利的主体为相应部门的官员或授权经营的管理人员，在此成为执行监督者，其效用除了取决于得到的收入外，还有保持和扩大自己的权利以及自己应对企业承担的责

任,即

$$U_m = f_m(R_m, P_m, O_m)$$

具体目标函数是:

$$\max U_m = f_m(R_m, P_m, O_m)$$
$$s.t.: R_m \geq \overline{R}_m, P_m \geq 0, O_m \geq 0$$

式中,U_m 代表执行监督者的效用,R_m 表示执行监督者收入,P_m 表示执行监督者获得的权利的大小,O_m 表示执行监督者对企业承担的责任,$\overline{R}_m$ 是执行监督者参与企业监督管理工作所要求的基本收入水平。此外,U_m 是 R_m 和 P_m 的增函数,U_m 是 O_m 的减函数。

即

$$\frac{\partial U_m}{\partial R_m} \geq 0, \frac{\partial U_m}{\partial P_m} \geq 0, \frac{\partial U_m}{\partial O_m} \leq 0$$

进一步,执行监督者的收入和承担的责任均取决于企业业绩(I)和企业所尽的社会职责(S_1),以及国家/政府的监控力度(M_n),并且 I 和 S_1 各自的权重分别为 $\alpha_1(\alpha_1')$ 和 $\beta_1(\beta_1')$,α_1、α_1'、β_1、β_1' 均介于(0,1)之间,具体大小视企业类型而定。一般来说,政府对企业控制越强的企业中,$\beta_1(\beta_1')$ 越大。

$$R_m = f_m(\alpha_1 I, \beta_1, S_1, M_n)$$
$$\frac{\partial R_m}{\partial I} \geq 0, \frac{\partial R_m}{\partial S_1} \geq 0, \alpha_1 + \beta_1 = 1$$

且

$$O_m = O_{m1}(\alpha_1' I, \beta_1' S_1, M_n)$$

且

$$\frac{\partial O_m}{\partial I} \leq 0, \frac{\partial O_m}{\partial S_1} \leq 0, \alpha_1' + \beta_1' = 1$$

于是目标函数转化为

$$\max U_m = f_{m2}(\alpha_1, \alpha_1', \beta_1, \beta_1', I, S_1, P_m, M_n)$$
$$s.t.: I \geq I_m, S_1 \geq \overline{S}_1, \alpha_1 + \beta_1 = 1, \alpha_1' + \beta_1' = 1$$

式中,I_m 为达到执行监督者保留效用时的企业业绩临界值;$\overline{S}_1$ 为达到执行监督者保留效用时所需企业承担的社会责任临界值,且 $\frac{\partial U_m}{\partial I} \geq 0, \frac{\partial U_m}{\partial S_1} \geq 0, \frac{\partial U_m}{\partial P_m} \geq 0, \frac{\partial U_m}{\partial M_n} \leq 0$

C. 企业经营者的效用函数

在本文的分析中,企业经营者指以纯市场方式运行邮政业务的企业,而非受制于邮政官僚的限制型企业。与企业监督者类似,企业经营者也是理性的,他们除了要取得收入外,还要保持和扩大自己的权利以及对自己应对企业承担的责任,即

$$U_e = f_e(R_e, P_e, O_e)$$

具体目标函数是：

$$\max U_e = f_e(R_e, P_e, O_e)$$
$$s.t.: R_e \geq \overline{R}_e, P_e \geq 0, O_e \geq 0$$

式中，U_e 表示经营者效用，R_e 表示经营者收入，P_e 表示经营者获得的权利的大小，O_e 表示经营者对企业承担的责任，$\overline{R}_e$ 是经营者参与企业经营管理工作所要求的基本收入水平。此外，U_e 是 R_e 和 P_e 的增函数，U_e 是 O_e 的减函数，即

$$\frac{\partial U_e}{\partial R_e} \geq 0, \frac{\partial U_e}{\partial P_e} \geq 0, \frac{\partial U_e}{\partial O_e} \leq 0$$

（2）博弈模型分析

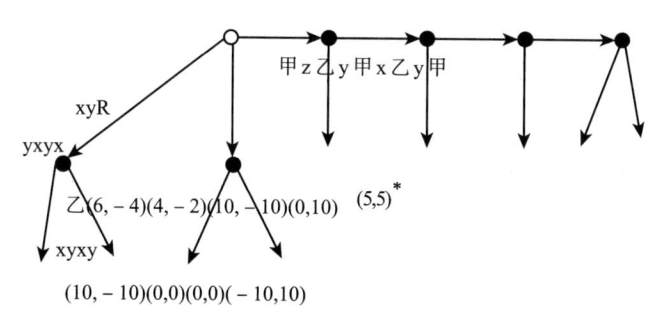

图 4-1 邮政民营化的动态过程

图 4-1 描述了邮政民营化的动态过程，甲、乙分别代表政府（民营化的倡导者）和官僚（邮政族势力），x、y、z、R 分别代表民营化过程中甲乙双方所采用的策略，含义如下。

x：将民营化进行到底/加速推进民营化/积极开展民营化措施（一切有利于民营化的策略集合）。

y：维持现状/反对民营化/积极实行反对民营化的措施（一切不利于民营化的策略集合）。

z：妥协渐进，曲线前进 R：reset，重新洗牌，在此过程中该策略表示大选，让民众进行最后选择图中的圆点成为结点（nodes），有实心和空心之分，表示过程中的若干回合，其中空心点代表第一回合。箭头所指向的数字向量表示参与者的报酬，带"*"的向量表示整个展开型博弈的均衡解。图中的虚线称为信息线，信息线表示乙在此回合采用某种策略是等可能的。

下面，我们以分段展开的形势详细分析这一博弈过程：

在民营化酝酿阶段，显然，政府和官僚只有 x、y 两种策略可以选择，其结果如表 4-4 所示。

表 4-4　　　　　　　　　　　　政府和官僚博弈过程

甲＼乙	x	y
x	(10, -10)	(0, 0)
y	(0, 0)	(-10, 10)

可以看到，无论结果如何，两方的收益之和都是零，我们称这种博弈叫作"零和博弈"。零和博弈并不提升整体的福利水平，因此，作为改革措施并不是最优的，于是，甲改进了策略，引入了策略 z——妥协渐进，结果有了变化，如表 4-5 所示。

表 4-5　　　　　　　　　　　　　博弈的均衡解

甲＼乙	x	y
x	(10, -10)	(0, 0)
y	(0, 0)	(-10, 10)
z	(6, -4)	(4, -2)

表 4-5 的均衡解为右下角（4，-2）组合，于是在图 4-1 的进程中，民营化推进了一环。对应实际情况就是，民营化取得了初步的进展，至少，官僚群体已经开始接受或者不排斥民营化了。在此基础上，政府一方积极开展民营化下一环节的运作，比如通过邮政公社法、将民营化纳入政权公约，然而这一推进举动却大大刺激了邮政族势力的利益，于是，邮政族做出了反抗的决策，进而又形成了新的博弈和新的结果，如表 4-6 所示。

表 4-6　　　　　　　　　　　　　博弈的最优解

甲＼乙	x	y
x	(10, -10)	(3, 0)
y	(3, 6)	(4, -2)

利用优势分析可以推出本轮博弈的最优解是（3，0），即由于反对势力的反击，邮政民营化初期阶段的成果被再次剥夺，邮政民营化距离初始目标出现了后退，这样的结果很显然是不能接受的，紧张的局势将邮政民营化推向了提前大选问信于民这一结局。

从博弈模型来看，甲方到了最后一搏关头，于是重新洗牌，从头来过。当甲做出决策R的时候，乙方是没有准备的，这时候看似等同于双方重新回到起点重新博弈，其实，在从第一回合到此时的整个一个阶段里，客观的外部环境已经发生了变化，此时，民众已经逐渐接受甚至开始支持民营化方案，重新洗牌显然对民营化一方更有利，这样也许最后的均衡收益甲方应大于乙方而不是（5，5），但是，由于民心所向，邮政族也开始倾向邮政民营化方针，最终尽管存在一定争议，但是双方还是实现了均衡。于是有了图4-1均衡解（5，5）。

4.4.4 小泉改革的成效

小泉政权进行结构改革政策给日本经济带来的积极影响。

①消除三个过剩。泡沫崩溃后的日本企业长期被设备、就业和债务的三个过剩问题所困扰，但是，这三个过剩在小泉政权期间都得到了缓解。具体而言，根据日本央行的统计，就业和设备的过剩基本上得以消除，而债务方面，有息负债与现金流之比基本上下降到了泡沫前的水平。这三个过剩的消除，通过削减固定费用压低了企业的保本点（盈亏平衡点）。

②稳定金融体系。通过实施金融再生计划进行改革，不良债权问题基本上得到了解决。之后金融体系的抗风险能力不断增强，于是，金融中介功能也随之得到了改善。一直走低的民间银行贷款在2006年2月时隔8年2个月开始转为增长。通过金融体系改革在处理不良债权的过程中，金融部门出现了跨行业的投资合作以摸索新的金融服务或商务的动向。在财务管理方面，也从过去的重视"金融体系的稳定"的应急管理逐渐向重视"金融体系活力"的管理转型，大力开展以"金融服务立国"为目标的活动，譬如重视客户需求、强化金融机构的竞争力等。这些变化象征性地说明了日本经济已完全摆脱泡沫崩溃后的长期萧条状态。

③以民需为主导摆脱通缩之路径。通缩与不良债权问题密切相关，致使近年来的日本经济一直处于萧条状态。而要解决其中的通缩问题，就要通过推动以重点化、效率化为核心的财政结构改革和规制改革来创造民间需求。

如上所述，通过小泉政权采取的一系列举措，金融部门的不良债权问题已经解决，三个过剩得以消除，规制改革也得到了推进，这些都为创造民间需求做好了铺垫。现在，日本经济走出了长期停滞不前的局面，迈上了以民需为主导的持续性恢复之轨道。具体体现是，在企业部门，随着保本点（盈亏平衡点）大幅下降和经营效率的改善，设备投资增长率提升随着就业状况的好转，个人消费呈坚挺态势。而就价格动态而言，随着这种以民间需求为主导的持续性经济复苏，2005年11月以来，消费者价格同比一直在上升。民需主导型的经济增长使长期困扰日本经济的通货紧缩也终于告一段落。

④决策过程的变化和透明化。小泉政权的特点之一就是政府决策过程与以往大相径庭,即以总理大臣为议长的"经济财政咨询委员会"。作为结构改革的司令部发挥了重要作用。经济财政咨询委员会是2001年中央省厅重组改革时诞生的审议机关,但在小泉政权前的森内阁期间其真正的功能并没有得到发挥。后来在小泉政权的领导下,以该委员会为核心对决策过程进行了大力改革。

⑤2007年10月1日,《日本邮政民营化法案》的正式实施,标志着酝酿、运作近十年的日本邮政事业民营化改革正式付诸实践,从此到2017年10月1日的十年间,世界将共同见证这一庞大邮政系统转为民营的过程。

4.4.5 对中国的借鉴意义

第一,应避免泡沫的发生和崩溃。日本从泡沫崩溃的20世纪90年代初期开始,经历了逆资产效应、不良债权增加等直接影响以及过剩债务导致民间需求衰退等间接影响所造成的经济的长期萧条。虽然对于目前中国出现的股市上涨和部分城市出现的房地产价格飙升是否就是泡沫的问题还需要探讨研究,但为了避免出现与实际价值远远脱节的价格高涨,应该加强监管。

第二,要认识到防止通缩措施的重要性。有些意见认为中国的部分行业因生产过剩会导致通货紧缩,从日本的经验来看,通缩一旦出现,就会造成长期且广范围的恶劣影响,因此,应该充分关注此问题,防止通缩发生。

第三,需要对不良债权及时进行处理。关于中国的不良债权问题,根据中国银监会公布的数据得知,四大国有商业银行在2006年6月末的不良债权比率为9.5%,情况有所好转。不过,还不能掉以轻心,应该密切关注经济动态,避免今后再次出现因资产价格暴跌而引发不良债权问题。

第四,建议在中国也设立一个类似日本的经济财政咨询委员会的组织,以便统筹协调包括财政政策和货币政策在内的经济政策。在中国,财政部负责财政政策,中国人民银行负责货币政策,国家发展和改革委员会负责5年计划的制定,但是据说国家发展改革委的影响力更大,财政部和中国人民银行在制定财政政策和货币政策时会受到制约。特别是在财政政策方面,国家发展改革委作为推行国家项目的行政机构似乎对采取财政紧缩政策持慎重态度。考虑到这些现实情况,建议设立一个以总理为核心的协调机构,由该机构对经济状况进行综合性判断、制定相关政策。

第五,日本邮政民营化虽然是一个以政治色彩为主基调的过程,但是,我们仍然可以运用经济学的理性人假设对其进行数理的总结和博弈均衡分析，这说明，政治活动参与者在其行为过程中，仍然是以效用最大化为目标的。与纯粹的经济活动不同，政治活动所带来的效用并不完全是经济上的收益，它还包括政治权力范围的扩大、社会群体的认同等。因此，在利用经济学方法分析政治问题时，只需要考虑到这一点并进而构造出更为合理的效用函数和目标函数，就能够利用一般均衡原理得出政治活动参与者的最佳策略，再利用各种策略组合就可以构造出一个一个的博弈模型，最终得出均衡解。

第六，日本邮政民营化的最终目标并不是政党之间权力格局的重新建立，而是通过引入竞争机制使得资源配置更加有效率，从而推动日本经济的良性发展。由此可见，政治活动的目的是为了更好的生产。这种观念有利于让我们认清改革的实质，更容易让我们理解竞争机制、市场机制的优化作用，从而解放思想、抛开束缚进行大刀阔斧的改革。

第七，回顾日本邮政民营化全过程，我们不难发现，日本是一个非常重视法律的国家。在整个民营化方案出台过程中，每一个环节都有一部相关的法律、法规被颁布，也正是由于每一个环节都有法律保障，民营化过程才会更加脚踏实地。这提醒我们，在体制改革过程中，要注重法律的保障作用，要加强法治意识，学会用法律来争取利益，并用法律保护争取来的利益。

第八，重视问信于民。日本邮政民营化与其说是党派政治斗争的结果，不如说是民意所向。最终，民营化一方取得了胜利，不如说是民众取得了胜利。经济的发展方向、发展模式最终要最大限度地代表最广大人民的根本利益。因此，无论关乎国计民生的改革，还是细枝末节的修整，都要遵循民意，重视社会民众的反应。

第九，日本的邮政民营化采用了十年过渡的渐进式模式，而没有采取激进的休克疗法，并且取得了暂时的成功和普遍看好的前景，这说明，公有资产的私有化改革要适度，往往在渐进的过程中，利益双方会有更好的沟通和默契，渐进的模式更容易形成"双赢"而非"零和"博弈。

4.5 第五次安倍内阁的"新经济增长战略"（2012年至今）

2013年对于日本来说是不寻常的一年，第二次担任首相的安倍晋三在2012年底上台后便开始进行了一系列大规模的经济刺激计划和改革，试图将深陷通缩10多年，深受人口老龄化和产业空心化困扰的日本带出衰退泥潭。其政策自推出以来，便因规模巨大、方式极端而备受关注和争议,外界将其一揽子经济刺激政策称之为"安倍经济学"。其一揽子措施被称为三支利箭,分别为量化宽松的货币政策、大规模的财政政策、刺激民间投资为中心的经济增长战略,这三项政策被称为安倍政府的三支利箭。而给予最大期望的就是以供给侧改革为中心的新的经济增长战略。

4.5.1 安倍内阁供给侧改革的主要内容

安倍经济学包含三支箭,前两支箭"宽松的货币政策""灵活的财政政策"的市场预期效果清楚呈现,但日本经济长期低迷的症结在于结构性原因,宽松的货币政策和大规模的财政支出可以在短时期内提振消费和私人投资,但面临着前述诸多挑战,政策的效果会受到长期结构性矛盾的制约,繁荣不可能长期持续。只有改善资本、劳动力以及资本和劳动力发挥作用的环境,使国内制造业和服务业再次焕发活力,归根到企业的改革上,才能带动日本走出萧条泥潭。

第三支箭日本政府经济增长战略的可行性被视为左右"安倍经济学"成败的关键。"第三只箭"的日本政府经济增长战略,其战略目标从 GDP 到人均收入等方面设定,举措包括近 10 项改革措施。

在日本复兴战略中,将其基本构思以"通往增长之路"为主线进行了整理后如图 4-2 所示。

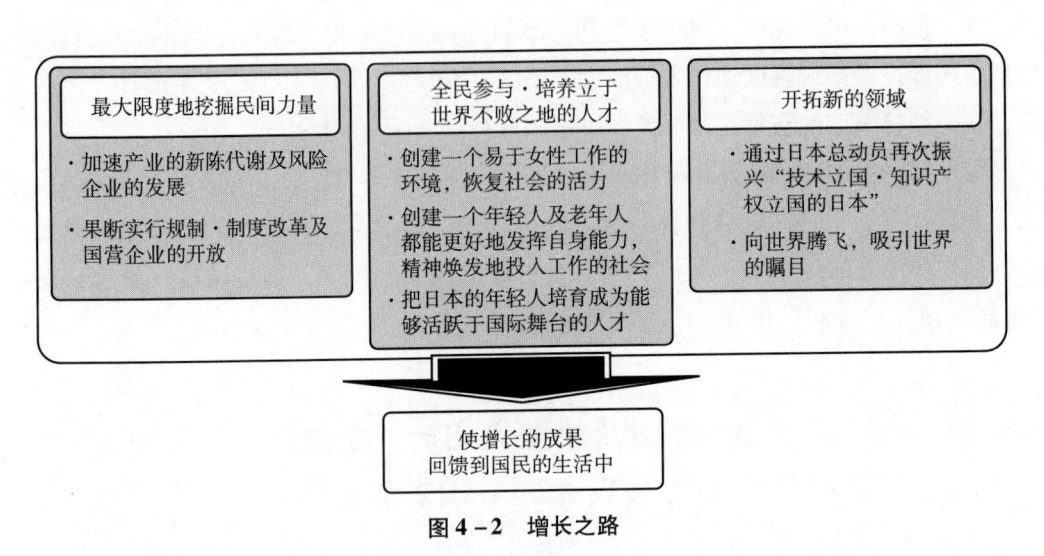

最大限度地挖掘民间力量	全民参与·培养立于世界不败之地的人才	开拓新的领域
·加速产业的新陈代谢及风险企业的发展 ·果断实行规制·制度改革及国营企业的开放	·创建一个易于女性工作的环境,恢复社会的活力 ·创建一个年轻人及老年人都能更好地发挥自身能力,精神焕发地投入工作的社会 ·把日本的年轻人培育成为能够活跃于国际舞台的人才	·通过日本总动员再次振兴"技术立国·知识产权立国的日本" ·向世界腾飞,吸引世界的瞩目

↓

使增长的成果
回馈到国民的生活中

图 4-2 增长之路

资料来源:日本首相官邸新的增长战略(日本国首相官邸)http://www.kantei.go.jp/cn/96_abe/policy/2013/1200419_9052.html.

基于上述想法,在"日本复兴战略"中,作为实现增长的具体措施,安倍提出了

"日本产业复兴计划""战略市场创造计划"及"国际拓展战略"这三项行动计划（见图4-3）。

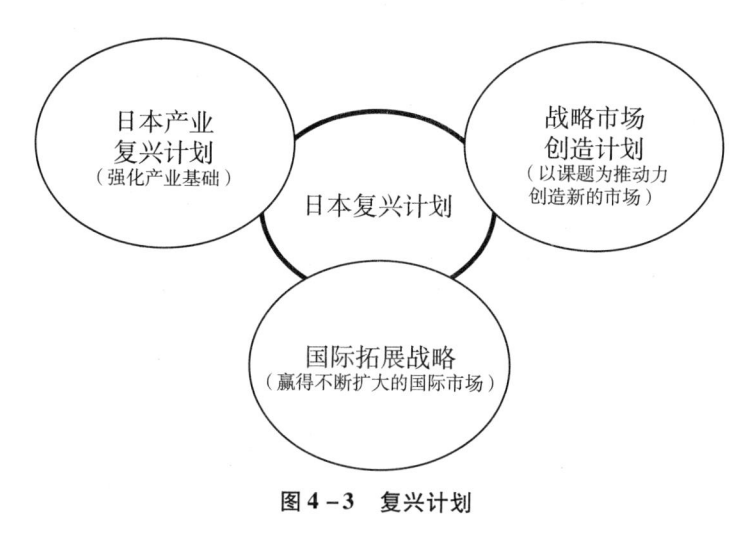

图4-3 复兴计划

资料来源：日本首相官邸。

(1) 产业复兴计划（见图4-4）

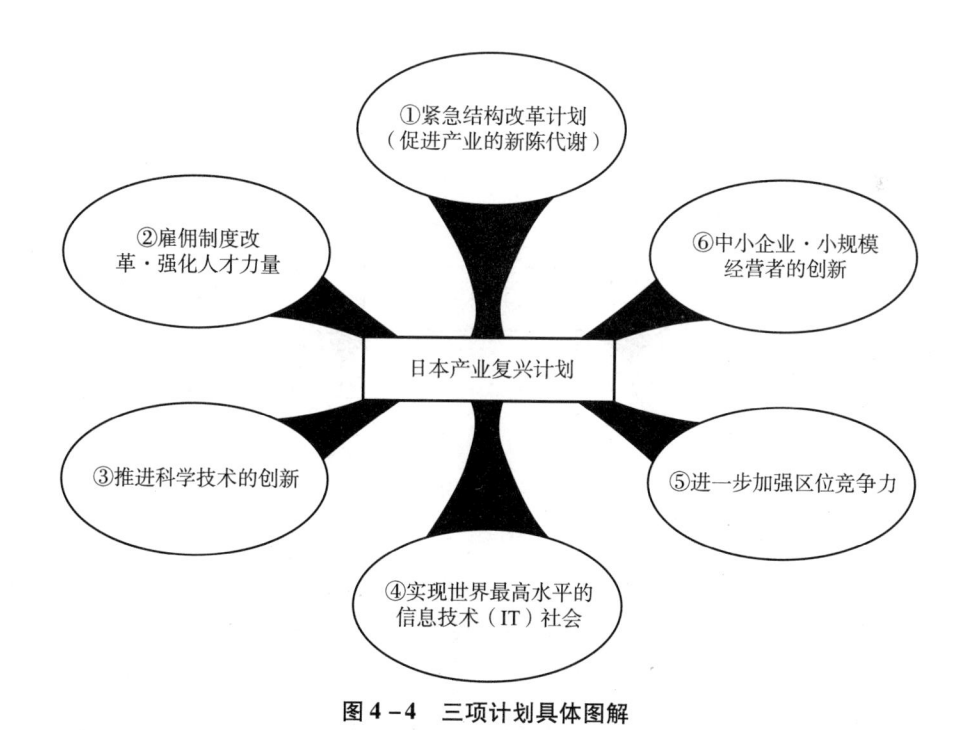

图4-4 三项计划具体图解

资料来源：日本首相官邸。

(2) 战略市场创造计划

就国际社会及我国所面临的社会课题之中，我们选定了日本具有国际性优势，在全球市场有望增长，并且可确保一定战略领域的四个主题，通过在全球率先解决这些课题来开辟出新的增长领域（见图4-5）。

①延长国民的"健康寿命"
②实现清洁·经济的能源供应与需求
③建设安全·便利且经济的新一代基础设施
④吸引世界瞩目，以地域资源致富地域社会

战略市场创造计划

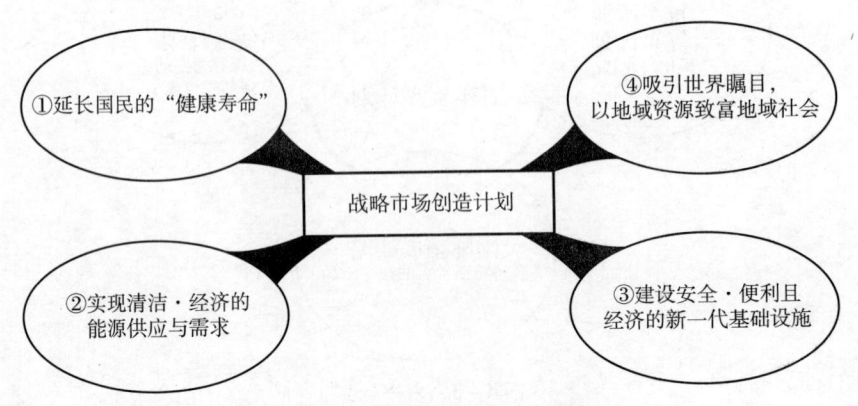

图4-5 战略市场创造计划图解

资料来源：日本首相官邸。

(3) 国际拓展战略（见图4-6）

①构筑战略性通商关系，推进经济协作
②为赢得海外市场的战略性措施
③完善支撑我国增长的相关资金·人才等基础

国际拓展战略

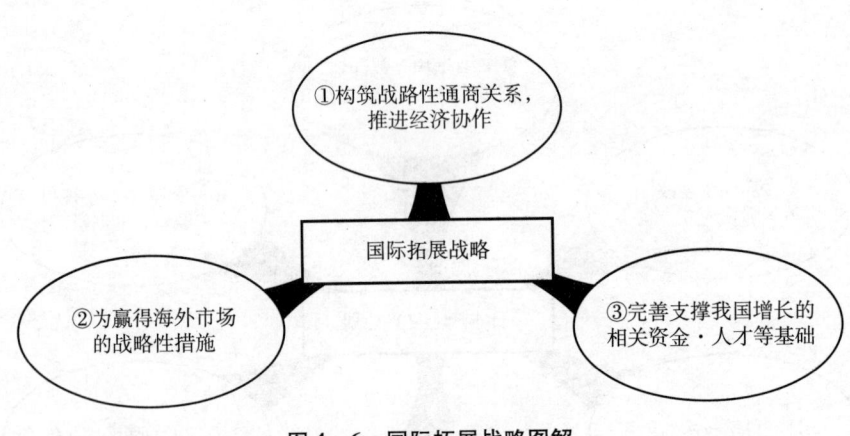

图4-6 国际拓展战略图解

资料来源：日本首相官邸。

通过积极拓展世界市场以及扩大对内直接投资等措施，将世界的人才、物力、资金吸引到日本，把世界的经济增长纳入事业范围。在日本国内推进彻底的全球化。政府上下形成一体，在国内外推进官民一体的战略性措施。而对改革广度和改革深度的诟病，则是源于结构化改革要面临多方面的博弈。其中，历史和政治因素就是改革要面临的两大挑战。

安倍经济学之第三支箭，即日本新的经济增长战略，是希望在财政和货币政策所创造的良好预期环境之下，将日本消费者和企业部门的信心转化为具体的经济行为，从而推动日本经济增长。经济增长的具体目标是：在未来 10 年间，实现年均 3% 的名义 GDP 增长率和 2% 的实际 GDP 增长率，从而将日本的人均名义国民收入在目前的基础上，增加 150 万日元以上。为了实现上述增长目标，日本首相安倍晋三在 2013 年 4~6 月期间，就经济增长战略进行了三次演讲，阐述经济增长战略的方向和措施。最终拟定的安倍经济学经济增长战略由以下三大支柱构成：日本产业再生计划、战略市场创建计划以及国际竞争计划（见表 4-7）。

表 4-7 安倍经济学的经济增长战略内容概要

	领域	目标	政策
日本产业再生计划	企业支援	提升企业创业比率至 10%；今后三年间企业的设备投资增加 10% 至 70 万亿日元；2020 年前，将盈利中小企业数量提升 1 倍至 140 万家；今后 10 年间，吸引 12 万亿日元规模的民间资本参与 PPP 和 PFI 项目，推动基础设施建设等社会资本投资	√向国会提出竞争力法案； √修正个人保证制度； √创立民间资金利用推进机构； ×降低公司法人税
	就业和人才	2020 年之前，将 20~64 岁人口的就业率提升至 80% 以上；五年间将 6 个月以上失业人数降低 20%；增加海外高级技术人才；2020 年之前，将 25~44 岁女性的就业率由目前的 68% 提升至 73%	√人才市场信息共享； √创建再就业接受企业的补贴基金； √增加保育员编制 40 万人，延长产假至最长 3 年，对育儿母亲提供再就业和创业支持； ×促进接受海外移民 ×放宽企业裁员管制
	科学技术和 IT	五年内将技术实力排名提升至世界第 1 名；八年间将政府信息系统运营成本降低 30%	√政府科技资金的战略分配； √创建 10 所世界百强学校； √第 4 代移动通信实用化的制度准备
	地区竞争力	2020 年前，将日本在世界银行的营商环境排名中提升至世界前 3 位	√创立国家战略特区，放松容积率管制等； √公共设施运营的民间开放； √建设和完善机场、港口等产业基础设施
市场创建计划	医疗健康	2020 年前，将健康体检率提升至 80%；2020 年前，将日本健保产业市场规模由目前的 4 万亿扩大至 10 万亿日元；2020 年前，将医药及医疗设备产业市场规模由目前的 12 万亿日元扩大至 16 万亿日元	√推进医疗信息的电子化，并导入编号制度； √开放非处方药的网络电商销售； √允许保险和非保险混合医疗； √创建国立保健研究所（日本版的 NIH）
	清洁可再生能源	2020 年，将能源领域的国内外市场份额由目前的 8 万亿日元提升至 26 万亿日元；在能源的生产、流通和消费领域居于世界先进水平	√可再生能源的规制和制度改革； √电力体系改革，促进电力市场自由化和送配电部门分离； √建筑物节能义务标准分阶段实施
	农林水产	2020 年前扩大粮食和食品出口至 1 万亿日元；未来 10 年间农业和农村地区收入倍增	√放弃耕作等农业用地集约化发展； ×企业拥有农林用地的自由化
	旅游观光	2030 年前将访日外国人数提升至每年 3000 万人	√放宽签证发放标准

续表

	领域	目标	政策
国际竞争计划	贸易	2018 年前将 FTA 比例由目前的 19% 提升至 70%； 在 2020 年将海外企业对日直接投资余额提升至目前的 2 倍（即 35 万亿日元）； 在 2020 年前将基础设施出口由目前的 10 万亿提升至 30 万亿日元	√通过 TPP 等扩大自由贸易； √构建国际人士宜居环境； √支持企业海外扩张的行政一体化

注：本表内容主要来源于日本政府内阁下设的日本经济再生本部于 2013 年 6 月公布的《增长战略（案）》，并经作者整理。V 代表已经纳入经济增长战略的措施；x 代表最终没有放入经济增长战略方案中的重要讨论议题。

日本经济长期低迷的症结在于结构性原因，宽松的货币政策和大规模的财政支出可以在短时期内提振消费和私人投资，但面临着前述诸多挑战，政策的效果会受到长期结构性矛盾的制约，繁荣不可能长期持续。只有改善资本、劳动力以及资本和劳动力发挥作用的环境，使国内制造业和服务业再次焕发活力，归根到企业的改革上，才能带动日本走出萧条泥潭。

本次结构性改革的思路以"通往增长之路"为主线，主要从三个角度入手。一是最大限度地挖掘民间力量，加速产业的新陈代谢及风险企业的发展，实行制度改革和国企开放。二是全民参与，培养立于世界不败之地的人才。三是开拓新的领域，通过日本总动员再次振兴技术立国、知识产权立国的日本。在这个思路之下，安倍政府推出了三项行动计划作为具体实施措施（见表 4-8）。

表 4-8　　　　　　　　　　经济增长战略措施

产业复兴计划	紧急结构改革计划（促进产业的新陈代谢）
	雇佣制度改革，强化人才力量
	推进科学技术的创新
	实现世界最高水平的信息技术（IT）社会
	进一步加强区域竞争力
	中小企业，小规模经营者的创新
战略市场创造计划	延长国民的健康寿命
	实现清洁、经济的能源供给与需求
	建设安全、便利且经济的新一代基础设施
	吸引世界瞩目，以地域资源致富地域社会
国际拓展战略	构筑战略性通商关系，推进经济协作
	为赢得海外市场的战略性措施
	完善支撑经济增长的相关资金、人才等基础

资料来源：首相官邸トップ，2013，新たな成長戦略~「日本再興戦略 - JAPAN is BACK」。http://www.kantei.go.jp/jp/headline/seicho_senryaku2013.html#c4.

4.5.2 安倍内阁供给侧结构改革面临的挑战

总体上说,安倍内阁的经济增长战略的改革方向是正确的,主要方向在于放宽管制,刺激民间资本参与竞争,加大自由贸易的深度,进行结构调整。市场对此改革方向是积极响应的,问题在于改革的力度和深度没有达到市场的预期,例如针对包括劳动力市场、全要素生产率、市场准入规制、农业补助金、税制、创新机制等一些日本长期的结构性痼疾,经济增长战略却并没有实质性涉及。尽管这些重要议题有所讨论,但最终却没能纳入到经济增长战略的方案中去。

结构改革对日本来说不是一个新话题。十多年来,日本一直在试图进行改革,但始终未有实质性的大变革。尽管在7月21日的参议院选举中,安倍政府获得压倒性胜利,但历史表明有争议的改革在日本实现起来困难重重。安倍不是第一个尝试通过改革推动经济增长的日本领导人,小泉政府也对改革有大胆的设计,通过改革推动增长实际上也是小泉政府2001~2006年的核心政策。① 安倍目前面临的许多挑战小泉都遇到过,小泉的主要目标是削减公共支出、抑制预算赤字以及恢复经济增长势头,从而使日本走上长期持续增长的道路。日本在小泉时期实现了稳步增长,然而,改革的关键问题仍然没有解决。日本邮政的改革和私有化是小泉最重要的改革,为推进改革,小泉当时甚至不惜解散下议院进行选举。历史分析表明,就算是政治条件有利,也不能对改革过于乐观。

此外,代表不同的历史和政治因素的利益集团是改革最难逾越的壁垒,这些利益集团会参与政治候选人的选举,特别是在上议院。这意味着大量政府中的政客有着不同的计划,这将使安倍很难将其联合起来而进行有争议的改革。

日本有大批能够影响决策的权势群体,集中在商业、农业、工会和专业协会。其中一些重要的利益集团包括:日本经济团体联合会;日本农协联盟;日本劳动组合总联合会;各种专业组织等。

从整体来看,经济增长战略的改革方向是正确的,主要方向在于放宽管制,刺激民间资本参与竞争,加大自由贸易的深度,进行结构调整。市场对此改革方向是积极响应的,问题在于改革的力度和深度没有达到市场的预期。很多重要议题包括市场准入规制、农业补助金、税制、创新机制等一些日本长期的结构性痼疾,最终并没能纳入到经济增长战略的方案中去。

而改革广度和改革深度的诟病,则是源于结构改革要面临多方面的博弈。其中历史

---

① 邓晓川:《透视小泉内政改革》,《厦门特区党校学报》2005年第6期。

和政治因素是改革要面临的两大挑战。①

结构改革最大的障碍是政治体制中存在着大量代表不同利益集团的政客,这使得结构改革很难达成一致意见,并在实施中存在大量不确定性。日本存在着政治和经济双重结构,这种双重结构相互强化,形成了日本政治经济体制中难以打破的"铁三角"。②举例来说,就是指在经济领域内存在着生产率低下的制造业和服务业,在政治领域内存在着代表这些利益集团的议员,在这些议员的干涉下,银行的贷款和政府的政策补助流向了这些低效率的产业。在这种牢固的铁三角的排斥下,政府很难推出并实施有效的改革政策。因此,日本的经济结构改革要想取得成效,需要以政治改革为前提。政治阻力不除,经济改革很难起效。

除此之外,安倍政府近期在政治和外交上一再右倾,不断做出挑衅周边国家和妨碍地区稳定的举动。为实现自己的政治目的和野心,不排除安倍政府会在一些关键改革上向利益集团妥协以换取支持,达到自己的政治军事目的。

日本经济已经经历了失去的20年,无论从日本还是全球角度,日本经济能够复苏和增长都是利益共享的幸事。量化宽松货币政策以及消费税的上涨带动了日本的经济增长,但效果却更多局限于短期,长期来看,经济形势仍不明朗。

安倍经济学是目的导向型的,通货膨胀是其明确的坐标轴。且其设定的2%通胀目标是否符合经济发展规律还有存在严重质疑,因此其实行目标的手段也难免铤而走险,单靠单一的货币贬值的做法未必见效。

此外,代表不同的历史和政治因素的利益集团是改革最难逾越的壁垒,这些利益集团会参与政治候选人的选举,特别是在上议院。这意味着大量政府中的政客有着不同的计划,这将使安倍很难将其联合起来而进行有争议的改革。

日本深陷通缩多年,结构性矛盾突出。供给方面,劳动投入下降,资本投资减速,全要素生产率下降。需求方面面临多年的有效需求不足,货币和财政政策已无法解决私人消费、固定资本形成和贸易余额的下降。当下日本只有通过真正改善供给和需求不足的结构性改革,才能推动经济长期增长。但结构性改革的经济增长战略面临着历史和政治的多重阻碍,安倍经济学第三支箭,能否发挥关键的作用,现在还不得而知,长期经济增长仍存在很大隐患,还需要我们拭目以待。

4.5.3 安倍内阁供给侧结构改革的效果

如今安倍经济学已经历了四个春秋。经过四年多的实验,这三支箭的效果如何,不

---

① 榊原英资:《日本为何难以推进结构性改革》,《国际经济评论》2002年第2期。
② 周颖昕、郝正非:《利益集团与日本政治体制中的"三角同盟"——兼论日本结构改革难以推进的原因》,《当代亚太》2005年第8期。

应该依然是一个见仁见智的问题。从经济增长来看，2013～2016年这4年，日本GDP每年的实际增长率分别为2.0%、0.3%、1.2%和1.0%。这个速度不仅无法和中国比，也比美国近几年超过2%的经济增长逊色许多。

然而，考虑到日本面临的劳动力人口不断萎缩的硬约束，潜在经济增长率已经低于0.5%的现状，日本经济连续四年实现了平均1%的增长，表明安倍经济学在实现日本经济稳定增长方面，还是可圈可点的。

经济增长的一个重要目标是实现充分就业。日本的失业率已经从四年前的4.2%下降到2.8%。目前日本劳动力市场需要全职工作的岗位，大大超出了寻找工作的失业者。日本今年春季毕业的大学生都不愁找工作，平均每个毕业生可以在两个全职工作里选一个。经济恢复增长，企业劳动力需求增加，是导致失业率大幅下降的一个主要原因。1998～2012年日本经历了长达15年的通缩。整体物价指数下降了4.1%。让日本经济走出通缩的阴影，实现2%的通胀目标，是安倍经济学第一支箭的主要目标。

安倍执政后，任命原亚行行长黑田接替白川担任日本央行行长。在黑田的领导下，日本央行通过购买国债等方式，积极向市场投放货币。截至2017年2月底，日本的基础货币发行量已经达到了434万亿日元，是2012年12月底的3.8倍，大约为日本GDP的80%。日本央行量化宽松的力度，远远超过了美联储和欧洲央行。日本央行已经成了日本政府最大的债主，持有368万亿日元日本国债。不幸的是日本核心通胀指数依然没有达到2%的通胀目标，为此，日本央行不得不多次推迟实现2%通胀目标的时间表。

2016年日本的核心消费物价指数，不仅没有上涨反而比2015年下降了0.3%。天量货币投放却没有实现通胀目标，是安倍经济学备受指责的主要原因。

尽管实现2%通胀遥遥无期，日本央行持续量化宽松的行动，却实现了扭转日元在全球金融危机后过度升值的短期目标。

2008年全球金融危机后，美联储和欧洲央行果断地实施了量化宽松的货币政策。保守的日本央行却按兵不动，导致日元一枝独秀对所有货币大幅升值。日元与美元的兑换率，曾经攀升到1美元兑75日元的水平。日元的过度升值，导致日本出口企业盈利下降，国际竞争力受损。

扭转日元过度升值，是日本政府没有公开宣布的第一支箭的短期目标。日元贬值也是宽松货币政策直接支持实体经济的有效方法。日本出口企业海外销售即使不增加，也可以通过日元贬值实现以日元计价的销售和利润的增长。日本出口企业基本上在1美元兑95～100日元，就可以保持盈利和国际竞争力。

日元对美元、欧元和人民币在过去四年里的大幅贬值，是推动日本出口企业盈利的一个主要原因。日本出口企业是安倍经济学的最大受益者。

量化宽松的货币政策和日本企业利润的增长，也推动了日经225指数的持续增长。

在过去的四年里，日经225指数累计增长了80%。股市的财富效应带动了日本家庭金融资产的增加。2015年日本家庭平均金融资产为1805万日元，比2012年增加了7%。由于日本的通胀几乎为零，这相当于剔除通胀后的实际金融资产的增加。

避免债务危机，保持政府债务的可持续性，一直是日本政府要面对的一个挑战。安倍经济学第二支箭——灵活的财政政策的实质是，短期以增长为主要目标，长期以实现债务可持续为目标。为了推动经济增长，安倍政府两次推迟消费税从8%到10%的增长，并推出了总额高达28万亿日元的财政刺激计划。在过去的四年中，日本政府公共债务对GDP比例不断上升这一趋势没有改变。根据OECD的统计，日本政府的公共债务已经达到了GDP的250%。但是，日本政府在财政重建上取得了一定的进展。由于税收的增加，日本政府每年财政开支对发行国债的依赖度，在过去四年中有了显著的下降。日本国债发行总额已经从2012年的44.2万亿日元下降到34.4万亿日元，政府开支的国债依赖率则从2012年的47.6%下降到2016年的35.6%。换句话说，在安倍执政前，日本政府每花100日元，47.6日元是靠发债筹集的。2016年安倍政府已经把每100日元的开支中，靠发债借钱的部分降为35.6日元。

在安倍经济学第三支箭的带动下，日本进行了一系列的改革。日本企业所得税已经从2012年的37%降低到29.97%。通过立法鼓励女性就业和提高女性职场地位，强制要求日本大企业公布每年女性员工和女性管理者的统计数据，并且设定女性管理者占企业管理层15%的目标和实现这一目标的时间表。作为对这个法律的回应，我们学校去年迎来了史上第一位女性事务局长——非教职人员的最高领导。通过立法实现了电力市场自由化。日本居民现在可以自由选择电力公司。许多电力供应商现在都利用各种优惠来吸引客户。过去在日本企业是不可以购买农地的。为了提高农业的规模化和解决农业劳动力不足的问题，2016年日本国会通过立法允许日本企业购买农地建立农场。过去四年里日本企业从安倍经济学中获益匪浅，利润增加了20万亿日元，日本企业持有的现金几乎接近日本GDP的一半。但是，日本企业并没有把员工的基本工资进行显著提高。为了迫使企业增加基本工资，日本政府去年把最低工资提高了3%，这是引入最低工资制度后最大的一次涨幅。

结构改革的效果比较难量化，短期也不容易看出效果。目前唯一看得见的经济效果，就是访日外国人签证制度改革后，来日本的游客大幅增加。2016年访日游客达到2400万人，在日本消费3.75万亿日元。外国游客的涌入给日本疲软的零售业带来了复苏的希望。日本酒店业目前已经面临客房短缺的危机，传统的情人旅馆也开始迎接外国游客了。

中国游客是来日外国游客的主力军。2016年中国访日游客达到637万人次，人均消费22万日元，是所有来日外国游客人均消费最高的。中国访日游客购物消费总额是1.48万亿日元，占全体访日游客总消费的39.4%。中国游客对日本和日本产品的喜爱，为安倍经济学第三支箭的成功助了一臂之力。

对于经济数据的解读,也存在着见仁见智的可能。经济不好,往往是民主国家领导人下台的导火索,这一规律也适用于日本。抛开经济数据,安倍政权的稳定性实际上间接证明了安倍经济学的成功。

日本自民党最近修改党章,将总裁的任期从连任两届,延长到三届,是为安倍2018 年后连任消除党内制度上的障碍。自民党修改党章,充分显示了自民党和安倍对于连任的自信。安倍本人也非常希望在 2020 年东京奥运会上,以地主的身份欢迎世界各国的运动员和参加开幕式的领导人。

安倍连续执政的信心,来源于其执政下日本经济的稳定增长,不是仅仅靠推销修宪的政治理念。光喊修宪经济不好,是无法糊弄最关心柴米油盐的日本选民的。

4.5.4 日本供给侧改革的经验教训

整体上来讲,安倍经济学第三支箭的改革方向是正确的,其核心是推动自由贸易,放宽规制促进市场竞争,向具有成长性的产业结构性转移,以及开拓医疗、环境等新领域和新事业等。因此,经济增长战略确立的改革方向受到了市场好评。具体来说,首先,希望通过支援企业的创业、盈利以及与公共部门的合作,增加民间企业部门在设备和基础设施等领域的投资,从而提高和改善日本经济增长中的资本要素;其次,希望通过提升劳动人口,特别是女性的就业率,吸引海外高级人才赴日工作等方式,改善日本的劳动力要素;最后,希望通过制度改革,提高地区竞争力,以及科学技术和 IT、医疗健康、能源、农林水产、旅游观光以及贸易等领域的生产技术和管理使用水平,改善日本的资本和劳动力发挥作用的环境。总之,经济增长战略希望通过改善资本、劳动力以及资本和劳动力发挥作用的环境等供给面的各要素水平,从而促进日本长期的经济增长。

但是,针对包括劳动力市场、全要素生产率、市场准入规制、农业补助金、税制、创新机制等一些日本长期的结构性病疾,经济增长战略却并没有实质性涉及。尽管对这些重要议题有所讨论,但最终却没能纳入到经济增长战略的方案中去。例如,僵化的劳动力市场改革问题、解决人口老龄化的移民问题以及刺激企业投资的减税措施等问题。解决这些问题都需要更大力度、更具有可行性的政策设计。

评估安倍经济学增长战略的效果还为时尚早。但是从短期看,市场对安倍经济增长战略的反应已经表现出高度疑惑。例如,在安倍于 2013 年 6 月 5 日宣布第三轮经济增长战略之后,市场认为缺乏新意,改革措施也不如预期大胆,不仅大部分内容都已经被反复提及,而且大都浅尝辄止。一些受到市场特别关注与期待的措施,例如放松企业裁员管制、降低企业法人税等，都没有被提及。因此，市场失望氛围浓厚，导致当天日经指数大跌了519点，至13014点。

从中长期看，假定设计方案能顺利推出，安倍经济学增长战略会对部分行业产生影响，但程度难以确定。根据日本帝国数据银行对日本近2.3万家公司的调查报告显示，认为包括安倍经济学三支箭在内的总体影响，对本公司具有正面影响的占21.3%，而回答具有负面影响的公司占14.2%。其中，正面影响超过平均水平的行业有金融业（32.8%）、房地产业（C28.3%）和建筑业（28%）。以上三个行业主要还是受到财政和货币政策的影响较大。同时，相对于大企业，中小企业似乎更加难以从安倍经济学中获益。

不仅如此，安倍经济学增长战略的实践还缺乏有效约束。首先，在经济增长战略中，以五年以上的长期目标为主。因此，这可能导致战略目标缺乏有效约束。如果在实施过程中，日本发生政权更替，就更加难以问责。如何加强经济增长战略的实施管理，例如，经济增长战略的具体计划及其施行、检查、问责和改善，将是今后安倍经济学需要解决的重要课题。另外，安倍的经济增长战略也没有考虑实施过程中的预算约束，这对其"经济学"成分大打折扣。经济学理论的核心思想之一即是强调在预算约束下的效用最大化。但是安倍的经济增长战略在内容较为丰富的同时，并没有考虑实施过程中的预算约束和可行性。因此可以预计，经济增长战略中的部分内容可能受制于财政压力而无法真正实施。日本经济饱受了长期的通缩之苦。其症结，有劳动投入减少、资本投资低迷，以及全要素生产率增长下降等供给因素，也有企业和居民过度储蓄造成GDP缺口长期存在、有效需求严重不足的需求因素。这其中，企业税负过高、市场准入规制严格、人口老龄化、劳动人口逐年递减，对外来移民的封闭政策，以及劳动力市场僵化等结构和制度因素已经成为制约日本摆脱长期通缩的羁绊。

结构和制度问题需要结构改革和制度改革来解决。这也是安倍经济学之第三支箭推出的意义所在。然而，通过对安倍经济增长战略各项政策的详细分解，我们认为其方向是正确的，但力度远远不足。这表现为在推动自由贸易、放宽规制促进市场竞争、鼓励具有成长性的产业，以及开拓医疗环境等新领域和新事业等方面，经济增长战略有助于为持续增长而改善制度环境。然而，针对长期的结构性病疾，经济增长战略并没有设计实质性方案，这将成为实现经济增长战略目标的障碍。此外，如果日本发生政权更替，经济增长战略的施行、检查、问责和改善等事项恐将难以持续。而且，没有考虑实施过程中的预算约束和可行性，也将极大增强经济增长战略实施的不确定性。

上述不确定性对其他国家同样具有溢出效应。如果各项政策顺势推出并施行有效，这有可能对中国和韩国等国的出口企业带来竞争，并将吸引更多长期投资回流日本。但是如果增长战略不能如期推出，或者中途出现逆转，其影响将不仅仅局限于全球金融市场，对日本和全球实体经济也将带来严重冲击。

日本自20世纪初90年代初开始经历"日本病",至今尚未完全痊愈。但是,不可否认,客观上"日本病"也成为90年代后期日本新一轮全方位供给侧改革的催化剂,进一步夯实了今天"日本制造"到"日本智造"的基础。在凯恩斯主义政策令经济难有起色之后,日本经济当局不得不将其局限于非常规货币宽松政策,而将经济工作转向供给侧改革,立足于科技创新,在努力提高全要素生产率的同时,力图减少低端供给,扩大具有将来性的和中高端供给。日本先后推出了"金融大爆炸"计划、"无圣域结构性改革"计划和"金融再生计划"以及安倍政府的系列性"日本再生战略"。除管制放松政策之外,还包含创业创新、区域经济的整合,还包括人才社保、科技创新、文化创新、国际化等内容。

按可比美元价格,今日中国人均总体发展水平相当于日本20世纪70年代,从城市化、工业化尤其是自主知识产权等指标还要大幅度滞后。如果对比劳动人口峰值,中国比日本只是滞后15年左右,由于我国当年过激的计划生育政策,人口变动将会对经济冲击巨大。机器人的大规模导入是不可避免的。日本经济实力和国家整体实力单纯依靠GDP规模和增长速度是难以评估的。GDP只是经济评价的一个方面。目前,日本失业率稳定在3%的水平,低于美国的5%和欧元区的10%。日本企业正从B2C领域,逐渐向B2B领域扩展。另外,作为日本传统产业的长期间、大视野的创新之路依然十分值得研究。例如,丰田汽车早在20世纪70年代初开始就投入新能源汽车的研发,2015年提出"50年内令氢燃料取代化石燃料"的计划。日本的失败有的来自于供给侧改革自身的错位,有的则与供给侧与需求侧的政策冲突有关;而成功经验的根源在于对产业尤其是科技创新的前瞻性认识、各项政策的良好协调,而企业的自主创新更是核心要素之一。自21世纪初提出诺贝尔奖战略以来,日本已经有25人获得过诺贝尔奖,其中22人为自然科学奖,仅次于美国。在汤森路透评选出的《2015全球创新企业百强》榜单里,日本以40家居于榜首,超过美国的35家,而我国内地无一入围(2016年华为入围)。该榜单在2016年略有变化,但日企依然以35家的成绩仅次于美国,超过欧洲。在对日本供给侧改革成功经验进行分析的基础上,推进路径创新。

我国供给侧改革的深入推进路径主要表现为:不仅要加强市场竞争,促进资源合理配置,有效化解过剩产能,而且应强化减税降息、打破垄断、降低成本等领域的政策实施,进而强化去库存、去产能、去杠杆与促进技术创新、培育新兴产业的政策协同,更应完善相关制度与体制,全面释放劳动力、土地、资本、技术、管理等生产要素的供给潜力,促进经济体系的转型发展。

此外,供给侧改革的推进还包括相关制度和体制改革的不断革新与完善,这是日本进行供给侧改革时的经验做法。这里的相关制度和体制主要涵盖户籍制度、土地流转制度、财税体制、金融体制、人才管理体制、创新管理体制等。应依靠户籍制度改革与城镇化进程陆续推进，不断释放闲置劳动力资源，而借助于土地流转、矿产资源管理制度改革不断提升土地、矿产资源的利用效率。

加快税收体制改革特别是应增强税收减免优惠力度，不断为中小微企业、科技型企业松绑减负。提高财政扶持力度，尝试构建财政引导发展基金，将其用于支持与奖励主导产业和重点产业领域企业的发展。应逐步提高金融支持实体经济的能力，有效降低贷款利率，极大缓解企业融资难问题，大力鼓励金融机构将资金陆续投向缺乏有效供给的产业。

金融制度创新。应借助于金融制度创新不断增强国内资本的配置效率。可依靠发展股权众筹、股权、产权交易市场等，渐渐提高直接融资的比例，塑造多层次的资本市场，进而实现企业在不同规模、阶段下的融资需求。不断完善创新型科技人才选拔、考核、评价与奖励体系。应充分发挥创新对拉动经济发展的乘数效应，主动创造创业、创新、创智的优良环境，不断加强自主创新能力，积极支持企业技术改造和设备更新。积极培育与发展新动力，优化劳动力、资本、技术等要素配置，推动大众创业、万众创新。

今后两年是推进供给侧改革的关键时期，改革需要落到实处、扎实推进。日本经济行政指导色彩较浓和人口老龄化等问题迟迟未能解决，是造成日本经济至今深陷泥潭的重要原因。拖延改革行动可能会导致今后的问题更加严重。

住宅投资告别高增长时代，房地产政策应适应新发展阶段特征，避免寄希望于刺激重归高增长的泡沫风险。住房市场具有非常明显的阶段性特征，增速换挡期，住宅投资从高速增长步入平稳或下降状态，从数量扩张步入质量提升，从总量扩张步入"总量放缓、区域结构分化、人口继续向大都市圈迁移"。新阶段的房地产政策应注重提高住房质量、改善人居环境、提高住房成套率，更注重区域差异。

避免过度放水刺激。由于当前经济下行主要是结构性和体制性的，而非外部性和周期性的，因此政策的应对主要是供给侧结构改革，而非大规模财政货币刺激。供给侧改革必然伴随阵痛，此时可用适度的扩大需求政策予以辅助配合，但应坚决避免过度放水刺激，以免造成经济结构更大扭曲和改革功亏一篑。

当前，中国经济和世界经济都处于下行阶段，许多被经济高速增长所掩盖的问题和矛盾不断地暴露与激化。就中国经济本身而言，中低端产能过剩、高端产品供给不足导致的供需结构失衡以及由此带来的产业转型、体制转型等问题，都从根本上制约着中长期中国经济的持续、有效增长。在全面深化改革的历史新阶段，面对我国经济当下的困局，坚持供给侧与需求侧双侧入手改革，增加有效供给的中长期宏观调控，实施经济体制机制的结构性调整，应是推动中国经济长期向好发展的重中之重。

第5章

"安倍经济学"与供给侧改革

作为世界第三大经济体，日本经济能否复苏将对世界经济产生重要影响。自"安倍经济学"推出后，短期效果明显，显示政策开启了日本经济的复苏。但随着政策的进一步推行，依赖于财政支出和量化宽松货币政策的刺激计划开始出现效应递减。财政政策和货币政策面临债务危机、征收消费税、货币政策传导不畅等挑战，政策推行从长期看不可持续。"安倍经济学"中最关键的结构改革迟迟未能发挥作用，日本经济的长期增长面临巨大挑战和诸多不确定性。

5.1 安倍经济学的难题

"安倍经济学"实施五年来，经历了由盛而衰的过程。安倍经济学的货币和财政政策基本上实现了其短期目标：短期的股价上涨和日元贬值，并在企业和居民部门形成通胀和经济增长预期。然而，在缺乏长期增长战略措施配合的情况下，安倍经济学的货币和财政政策的实际效果将受制于日本长期通缩的结构性影响。其所推行的经济政策大多相互矛盾，内容无新意，治标不治本，加之利益集团的相互牵制，很难取得效果。"安倍经济学"未能使日本经济摆脱低迷，其所设定的长期政策目标几乎不能实现，面临着物价上涨、收入难增、日元急剧贬值、财政困境难以改观等诸多难题。私人消费前景黯淡，设备投资难有起色，贸易逆差难以扭转，日本经济走势不容乐观。

（1）决定长期经济增长的主要因素

一个国家的长期经济发展水平最终取决于其提供产品和服务的能力。具体而言，决定长期经济增长的主要因素有三个：一是包括设备资源土地等在内的资本要素；二是包括教育和医疗保健水平等在内的劳动力要素；三是包括生产技术和管理水平等在内的资本和劳动发挥作用的环境。

首先，日本的资本投入在20世纪70~90年代上半期对GDP增长有较大的拉动效应,但是从1995年开始,资本投入对GDP的贡献呈现递减趋势。其次,反映了行业、学历、成本等劳动者属性因素的日本劳动质量投入长期以来一直对经济增长具有正面拉动作用。特别是在2005~2009年低迷增长时期,虽然增长率有所下降,但是劳动质量投入仍保持了正增长。最后,从20世纪90年代开始,日本的劳动数量投入的增长率长期为负数。劳动数量投入包括劳动者数量和劳动时间两个部分。

20世纪70~80年代,代表日本经济技术进步水平的全要素生产率(TFP)增长率对经济增长拉动作用显著。但是20世纪90年代初期首次出现了负增长。此后,除了2000~2005年有所恢复外,在其他时间里日本全要素生产率增长低迷,2005~2009年甚至再度出现了负增长。

总之,劳动投入减少、资本投资低迷,以及个要素生产率增长率下降是造成日本实际GDP增长率低迷的主要供给因素。因此,安倍经济学日本经济增长战略的第三支箭能否奏效,将主要取决于其是否能够彻底改善上述供给要素,比如,通过扩大劳动参与率和扩大吸引海外人力资源,抑制缓解人口老龄化带来的劳动投入减少;以及通过向新兴产业和市场转移,有效提升日本企业的全要素生产率。

(2)需求饱和与日本经济供给侧改革的被动性

日本经济增长就是一个耐用消费品消费不断扩大直至普及的轨迹。20世纪90年代以后,新规耐用消费品,例如手机、数字相机等,不仅很快得到普及,也难以与传统的汽车消费相比。日本经济增长缓慢的核心原因之一在于劳动力人口的下降,但是,日本在需求方面的长期原因不可忽视,从图可以看出,如前文所述,日本经济的一个事实是进入90年代以后,常规的耐用消费品基本达到饱和,尤其是最为昂贵的家用汽车。此外,虽然诸如手机、数字相机等新规耐用消费品的需求增长迅猛,但很快得到普及,也难以与传统的汽车消费相比,在没有房地产需求作为支撑的情况下,显而易见,其经济增长效果是微小的。实际上,换一个角度,即便今天的日本汽车需求像高速增长期那样依然有较大的上升,但对已经处于世界高端收入水平的日本而言,其增长效果也无法与高速增长时期甚至是80年代相比。因此,虽然日本的新能源汽车研发处于世界先进水平,已经进入量产阶段,如果只是局限于国内市场,其对经济的提振效果也是有限的。从这一点来看,日本很可能会加强在世界标准制定、国际市场垄断等方面的努力,这也是日本长期增长战略的根本出发点之一。

20世纪90年代世界范围内的信息革命同样波及了日本,也大大刺激了日本的生产性。但是,和历史上汽车的普及、家电的普及不同,现代信息技术、机械从消费的观点而言都有迅速普及、技术升级换代迅猛、连续降价的特点。虽然日本信息价格(按流量算)低廉,信息产品普及率极高,但是这些并不能对GDP有很多贡献,并且造成名义GDP下滑的一个原因。

标准的竞争理论认为抑制经济增长的基本因素在于边际产量的递减，TFP 的出现也是秉承这一认识框架。经测算，日本经济增长的关键是资本积累和 TFP 积累，而劳动投入的影响很小，这与主张人口老龄化是日本经济萧条的观点不符。研究发现，日本传统的产业政策以及产业发展确实极大地刺激了日本经济的飞速发展，在某一时期内经济增长必须依赖几个增长迅速的关键部门，日本政府只是协助市场经济确立了产业增长点，日美经济的一体化和日本政府的强势介入令日本在 20 世纪 90 年代之前一直都保持了这些增长领域。当国内经济需求饱和时（即产能过剩），美国充当了吸收过剩产能的角色。面对产能过剩，有几条解决方法。

（3）2%的通胀目标并未实现

"安倍经济学"最重要的政策目标就是摆脱长期通缩，姑且不论其政策是否存在瑕疵，总之到目前并没有实现当时所设定的目标。刺激物价上涨的政策主要是"安倍经济学"的第一支箭，即超量宽货币政策。2013 年 1 月 22 日，日本政府和央行发表了《共同声明》，提出了"消费者物价比上年增长 2%"的"物价稳定目标"。同年 4 月，新任日本银行总裁黑田东彦提出了"量和质的宽松货币"（简称 QQE）措施。QQE 的主要内容包括，"在两年之内实现 2% 的物价稳定目标"，作为实现上述目标的手段，又提出了"基础货币总量以及长期国债/交易所交易基金（ETF）的持有额在两年内翻一番""购买长期国债的平均持有期间延长一倍以上"等。但是，现在两年过去了，作为实现摆脱通缩的手段，所发行的基础货币量已增加到了两倍，日本银行所持有的长期国债也已翻了一番（日本银行所购国债已占长期国债总量的 25%），但 2% 的通胀目标却远远没有实现。

2013 年，在 QQE 政策的作用下，日本的物价确实有所上升，核心消费者物价指数（CH）从 4 月份的 -0.4% 上升到 12 月的 1.3%，但 2013 年度核心 CW 仅上升了 0.8%。而进入 2014 年度后由于提高消费税率，使得物价大幅上涨，从 4 月份起核心 CPI 连续 6 个月超过 3%，扣除能源、食品等输入性通胀因素的物价指数也都在 2.2% 以上。但是，由于消费税从 5% 提高至 8%，对推高物价的作用更大，因此必须扣除了增税影响后的物价指数才能真正反映出货币政策是否有效。按照日本银行的测算，扣除消费税上涨因素影响的消费者物价指数，最高月份也只有 1.5% 左右，11 月再降为 0.7%，如果扣除能源等输入性通胀因素影响的物价指数，最高月份仅为 0.8% 左右，距离 2% 的政策目标相差很远。因此，现在还不能说"已经实现了摆脱通缩目标"。

（4）需求刺激型的财政金融政策已经到达边际

"安倍经济学"除了短期目标外，还设定了许多诸如长期经济增长率、财政重建以及人均国民收入等中长期目标，但从目前的情况来看，几乎都不能实现或难以实现。

第一个目标是"未来十年实现年平均名义经济增长率 3%、实际经济增长率 2%"。

过去的20年，从日本上述两种指标分别只有-0.1%和0.8%的历史数据来看，未来十年要实现如此高的增长速度几乎是天方夜谭。过去20年的国际经济环境和日本的国内经济环境要好于现在，而未来十年更存在许多不可测因素，中国经济减速、世界经济下行压力还很大，一般来说，国际经济环境以及日本国内经济环境不会好于过去20年。据日本银行的测算，现在日本的潜在经济增长率也就是0.5%左右。据多家日本智库的预测，由于人口老龄化等结构性原因，未来十年日本实际GDP顶多能保持年平均1%的增长率，鉴于QQE政策的持续推行，物价还可能上涨，名义GDP增长率或许要稍高于实际GDP增长率，但年平均增长率也恐怕难达3%。

第二个目标，"2015年国家与地方基础财政赤字占GDP的比重与2010年相比减半，到2020年实现盈余"。这一目标根本不能实现，现已有定论。2013年8月日本财务省对基础财政平衡前景进行了测算，设定了两种情景：其一是"三支箭"都发挥应有作用，经济实现再兴的情景，即年平均实际GDP增长率为2%，平均名义GDP增长率为3%，即便是这种情景，到2020年日本的基础财政也仍有6.6万亿日元即2%左右的赤字。其二是参考情景国内外经济都处于比较缓慢的增长状态，即年平均实际GDP增长率为1%，平均名义GDP增长率为2%，这种情景下，基础财政将有3%左右的赤字。2014年7月，财务省再次进行测算，其结果是即使是在第一种情景下，再附加如期在2015年10月将消费税率从8%提高至10%的条件，2020年国家与地方基础财政仍将是1.8%的赤字，也不可能实现盈余的目标。而现在安倍已决定将调高消费税率推迟至2017年4月，这样就连2015年基础财政赤字比20W年减半的目标也将化为泡影。延期提高消费税率，使人们更难看到日本重建财政的希望，鉴于此，穆迪公司又将日本长期国债从Aa3下调至A1，与捷克同水平，标准普尔公司也将日本长期国债评级调为负面，惠誉国际也考虑将日本国债从A+调至负面。此外，"安倍经济学"还确定了"人均名义国民收入年平均增速超过3%，进而实现十年后人均名义国民收入增加150万日元以上"、"劳动生产率每年提高2%以上，使工资上涨快于物价上涨速度""利用FTA的贸易比率从现在的19%提高到2018年的70%""到2020年将外商对日直接投资额翻一番（35万亿日元）"等20多项具体指标，但基本停留于口号，缺乏实际措施，而且要实现这些指标的基本前提是年平均名义经济增长和实际增长率分别达到3%和2%，而一旦这一前提落空，其他所有的目标都是镜花水月。

此外，可以通过大力进行技术创新，淘汰落后产能，改变社会经济结构，加速产业升级换代，但是技术创新有可能导致更进一步的产能过剩，技术创新与内需相联系才是解决之道，否则很可能引发通货紧缩，导致一系列经济金融问题，而此时如果在国际政治经济领域有了新的动荡，很可能会引发混乱。如果前述措施都遇到较大障碍，过剩产能与过剩资金将会寻求出口自行释放。

5.1.1 日本 GDP 的组成

首先计算日本过去几年（2007~2012）GDP 分项的平均值，以便对日本的经济结构有大致的了解。其中，私人消费的占比最大，均值为 58%；其次是政府消费，均值为 19%；最后是私人企业设备投资，均值为 13%；其余分别是公共投资、私人住宅投资和净出口，均值分别为 4%、3% 和 3%（见图 5-1）。从数据中还发现过去几年这些数值的波动很小，体现出日本经济很强的结构稳定性。作为典型的出口导向经济体，日本的出口占 GDP 比重平均在 16% 左右（见图 5-2）。

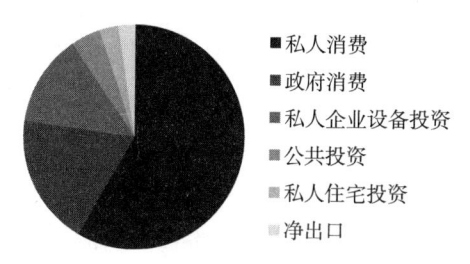

图 5-1 日本 GDP 构成图

图 5-2 日本出口占 GDP 比重

资料来源：BOJ.

5.1.2 短期成功，长期效果不确定[①]

"安倍经济学"的系列措施有的三个：大胆的货币宽松政策、灵活的财政政策、刺激民间投资为中心的经济产业成长战略，这三项政策被称为安倍政府的三支利箭。

目前距安倍晋三上台执政已经过去了一年半，距离日本新行长履职也过去了一年多，在这一年多的时间里，日本金融市场剧烈变革，同时也给国际经济资本市场带来动

[①] 孙丽、赵兴赛：《评析安倍经济学的现状与挑战》，日本经济蓝皮书，2014 年。

荡。安倍经济政策的短期效果显著,但日本经济面临一系列困难,在国内,消费和投资信心处于低位,通货紧缩、经济衰退和自然灾害一同导致情绪低迷。此外,财政紧张及人口老龄化导致的沉重政府债务压力,使人们始终担心日本可能会面临债务危机。

经济的增长很可能仅限于是短期的,刺激政策在短期内取得了巨大的成功。然而,2013年2季度调后的GDP环比年率增长2.6%,低于一季度4.1%的增长率。虽然比起2012年4季度的1.2%有不小的进步,但预计增长势头将在未来一两年内减退(见图5-3)。

图5-3 政策推动GDP上涨

资料来源:BOJ,WIND.

日本经济从5月开始出现"抢眼"的表现,这主要是因为日本央行大幅扩大基础货币(见图5-4),推动日元继续贬值(见图5-5),改变了金融市场的预期。按照日本银行的目标,未来基础货币将会扩大1倍左右。日元贬值可以大幅促进日本出口增长,但同时也会加大进口成本,2013年上半年贸易赤字创新高,表明进口成本上升抵销出口收益,因此,近期贬值对经济的影响可能没有预期的那么好(见图5-6)。

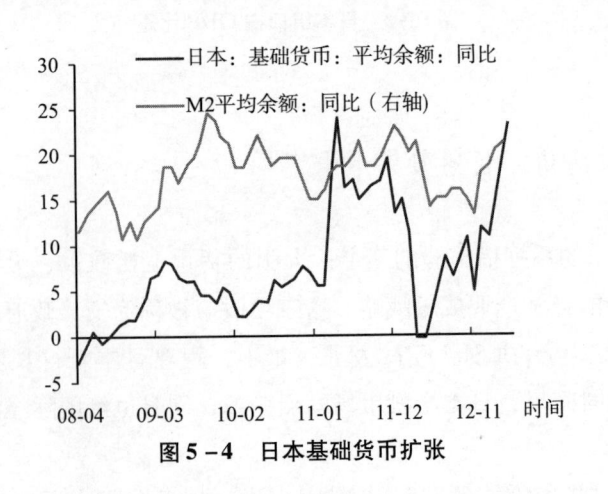

图5-4 日本基础货币扩张

资料来源:BOJ.

图 5-5 日元相对美元贬值

图 5-6 名义进出口增长回升

资料来源：BOJ，招商证券。

股票市场上，自从日本银行量化宽松政策出台之后，日本股市就一直延续繁荣景象（见图 5-7），尤其是创业板块股票上涨明显高于市场整体上涨。但需注意，引领日本股市上涨的行业主要是金融行业，而不是出口外贸行业，若经济增长战略不能有效地调动实体经济的增长，那股价指数的上涨也不可持续。

安倍经济学一个重要的目标是在 2 年内实现 2% 的通货膨胀率。政策实施以来，日本 6 月 CPI 同比上升 0.2%，结束了连续 12 个月的通缩。9 月 27 日公布的日本 8 月 CPI 年率上升 0.9%，则为连续三个月走高，升幅为近五年最大（见图 5-8）。CPI 上升，表明日本央行 4 月开始实施的激进货币刺激举措已经起到作用。但具体分析后可以发现，推动日本 CPI 上升的主要是能源价格。因为日本停止了所有的核电设施，9 月，日本汽油价格大涨 13.2%，电价上扬 8.9%，是推动核心消费者物价上升的主要动因。日本 8 月扣除食品和能源价格的核心 CPI 年率下滑 0.1%，距实现日本央行两年内达到

2%的通胀率目标,仍有不小距离。从此前公布的 PPI 来看,日本 8 月的 PPI 年率 2.4%,而环比 0.3%,物价传导仍很有限。

图 5-7 日经指数上涨

资料来源:雅虎财经。

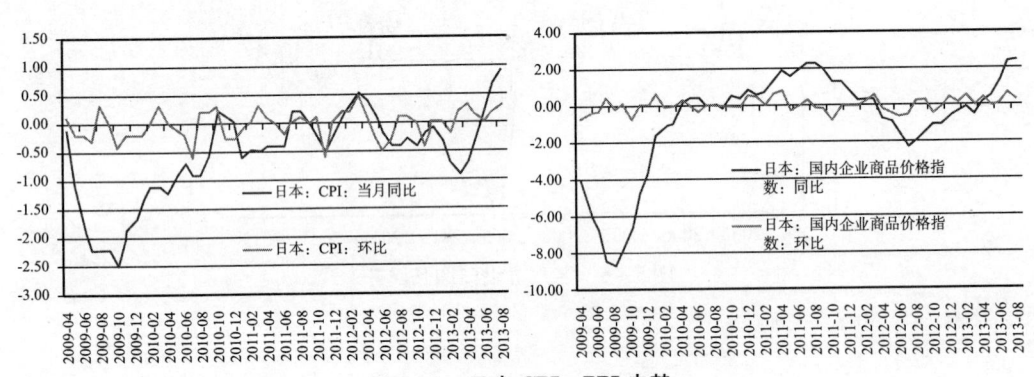

图 5-8 日本 CPI、PPI 走势

资料来源:日本统计局 http://www.stat.go.jp/data/cpi/historic.htm.

安倍经济学制定通货膨胀目标的目的就是通过推高通胀(预期)来降低实际利率。理论上,日本经济要想走出"流动性陷阱"需经过两个阶段。第一阶段:通胀预期上升,实际利率下降,但名义利率仍然维持在零边界;第二阶段:通胀预期进一步上升,实际利率下降空间缩小,名义利率突破零边界。考虑到期限结构,长端利率应该先于短端利率上行。[①]

日本央行通过盈亏平衡通胀率(Breakeven inflation rate)关注通胀预期的变化,数据表明大规模宽松政策通过预期的政策渠道成功推高了通胀指数化债券市场对通缩

---

① 陈虹:《日本国债:安全资产还是风险潜在?》,《西部论坛》2012 年第 11 期。

消失的预期,然而 6 月 5 日增长战略公布后,却弱化了市场对通缩消失的预期(见图 5-9)。

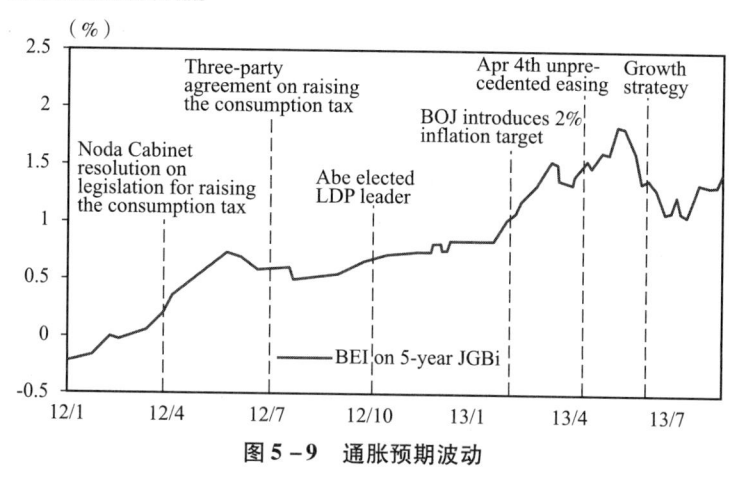

图 5-9 通胀预期波动

以上经济形势种种迹象表明,安倍经济学虽然短期效果良好,但可能无助于解决长期增长的问题。安倍经济学的财政、货币以及增长战略能否顺利继续下去都面临着巨大的挑战,财政和货币政策效力仅限于短期,而且受到债务危机、货币政策传导渠道不通畅等制约。将日本带上长期的增长之路的关键在于第三支箭的增长战略能否带来真正的结构性改革。

5.1.3 消费税率上涨后日本经济走势

这场改革的方向是正确的,问题在于这场改革能否坚持以及有多大决心。2014 年 4 月份消费税率上涨后日本经济走势如何,将是检验"安倍经济学"是否真正有效的分水岭。

依据日本经济新闻 2014 年 5 月 1 日报道,该新闻社针对零售业消费税上涨后反转下跌情形进行调查,获得全国主要 100 家业者回答,其中约有 8 成认为 6 月起销售将恢复成长,该数字较 2013 年末之调查增加 2 成,且就 4 月之销售状况回答"与预测相同""较预测为佳"之合计亦达 7 成,显示各业别销售皆有迅速回稳之现象。

以百货公司而言,三越、伊势丹及阪急阪神 3 家本年 4 月销售较上年同期减少 7.9%,SOGO、西武等 3 家则减少 1 成多,咸认为雇用及所得环境改善,每周销售都有明显好转。BICCAMERA 家电量贩店减少约 1 成、汽车销售减 5.5%、最大的综合超市

AEON 虽也减少 1 成，但食品销售较预期回复为快。食品超市 INAGEYA 自第二周销售即恢复成长，便利商店龙头 7-eleven 因便当新菜色策略奏效，销售反而成长。至其余经济指标，3 月份矿工业生产指数上升 0.3%，2013 全年度（至 2014 年 3 月）上升 3.2%；至于 4 月份之预测，虽认为会较上月减少 1.4%，但 5 月将恢复成长 0.1%，整体 11 个业种中，汽车、电子零组件等 7 业别预测生产会增加，显示本次消费税上涨，并未如 1997 年调涨之际，大幅减产，而呈缓步减产之势。

在消费支出方面，据总务省发表之家计调查，本年 3 月 2 人以上之家庭消费支出约 34 万 5443 日元，扣除物价变动影响，较上年同期实质增加 7.2%，较 1997 年当时之 5.8% 更高，且平均消费性向为 107.2，显示支出超过所得，总务省认为 4 月消费税上涨后，消费支出下跌状况，仍需实际观察。

另据日本厚生劳动省发表，3 月份有效求人倍率为 1.07 倍，较上月增加 0.02 个百分点，连续 16 个月改善，失业率则与上月同为 3.6%。3 月份之新增求人数较上年同期增加 5.4%，尤以制造业之汽车、电气机械等增加 18.4%，最为明显。一般咸认该现象与消费税上涨关联较小，反而系因生产线人手不足，故认为今后雇用情势将续维持增加之势。

此外，据日本经济新闻 2014 年度薪资动向调查，计回收 227 家公司回答，显示平均将加薪 2.2%（约 6375 日元），系 15 年来首度加薪幅度超过 2%，其中大企业加薪之企业比率达 47.1%，较 2013 年第一次问卷统计（9.0%），大幅增加；另调查显示（有效回答 108 家），年终奖金及红利等也将增加 7.69%（达 170 万日元），已将近恢复至雷曼风暴前之水平（175 万日元），企业广泛调薪，认应可对消费税上涨后之消费产生支撑力量。因之日本银行于本年 4 月 30 日之金融政策决定会议中，所汇整之物价预测，认为 2015 年度将达成物价指数上升 2% 之目标，与民间预测仅上升 1% 比较，相对较强势及乐观。另在 4 月 8 日日银总裁在记者会中对是否追加放宽金融政策一节，表示现时点言之过早，因而影响股市（下跌）及汇市（升值）走向，本次则表示若预测数值有下修状况，将毫不犹豫采取调整对策。

安倍上台以来通过一系列改革希望能提振经济，扭转长期以来几近停滞的经济增长状况。但今年 4 月上调消费税还是给经济带来一定负面影响。

日本央行 15 日发布报告指出，央行货币政策理事会一致同意维持目前宽松的货币政策，同时将 2014 年度（至明年 3 月底）的预期 GDP 增长率由 1.1% 小幅下调到 1%，对通货膨胀的估计仍维持不变，消费者物价指数年增长率在夏季会先下降到 1% 左右，到 10 月又将随国内需求复苏而恢复上升趋势。至于预期 GDP 增长率下调的原因，日本央行承认消费税率提高对经济产生的负面冲击超出预料。对未来的经济走势判断，报告指出："虽然在消费税率提高前后会出现需求先增后降的波动，但日本经济仍维持温和复苏的势头。"对此，日本央行行长黑田东彦表示，就业市场改善及收入提高将带动消费支出，并维持经济增长。现在将 GDP 增长率预期下调到 1% 是因为工业生产因税率提高而"波动"，并且企业信心也普遍下降。另外，日本 5 月平均薪资比去年同期提高 2.0%，是两年多来首次提升，但尚不足以遏止家庭支出的持续缩减。而有分析师也表示，如果未来出口仍然低迷，且薪资水平未能稳定上升，则日本央行 10 月份再次展望经济前景时还会下调预期经济增长率。由此可见，消费税上调对日本经济的冲击可能只是暂时的，决定其长期走势的是出口以及薪资水平。

5.2 安倍经济学的弊端

5.2.1 债务黑洞的制约

在长期的通缩下，安倍政府不惜使用"日元贬值 + 扩大支出 + 激励通胀"接近疯狂的手段来刺激经济，但这一切的前提是日本国债的稳定。

债务危机的历史经验显示，宽松货币政策与紧缩财政政策的组合往往是应对债务危机的有效方式：没有宽松的货币环境，财政整顿很难取得理想的效果。短期来看，安倍经济学的政策能在一定程度上刺激日本经济复苏，设定更高的通胀目标有利于日本经济跳出"流动性陷阱"，同时日元贬值将有助于推升外部需求；但长期来看，大规模的财政刺激将进一步推升公共债务水平。同时，通胀预期的回升有可能会进一步抬升名义利率从而推高利息支出，直接威胁债务水平的可持续性，而政府支出反而会挤压私人生产性资本，公共债务水平的上升意味着更多的社会资源将被长期用于偿还债务，在这种情况下，经济增长反而将有所放缓。

日本公共债务占 GDP 比重高达 224%，利息支出占税收比重约 1/4，远高于其他主要工业国家。居高不下的债务负担极大缩小了日本政府进一步通过扩大开支带动公共投资的空间。事实上，为了缓解增税带来的公众压力，日本政府期望通过增加公共投资在短期促进经济增长，但是却进一步加剧了公共债务负担。

另外，由于人口老龄化进一步加重，储蓄率下降；随着经济增长预期提高，企业部门盈余面临压力，这些结构性因素将导致未来的财政压力进一步加大。因此，在这种情况下，宽松的货币与财政政策组合可能进一步推高债务比例（见图 5-10）。

图 5-10 日本的债务与经济增长

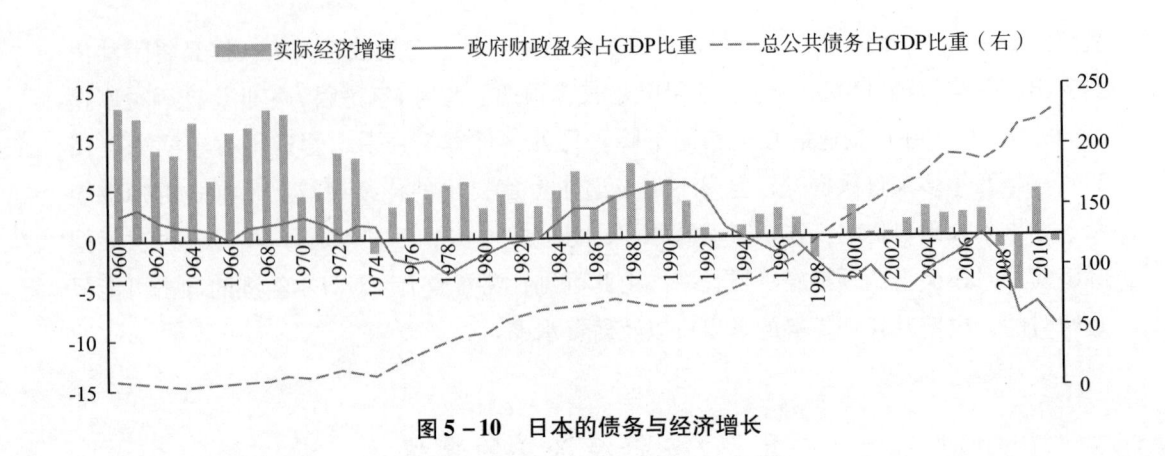

5.2.2 征税的"双刃剑"效应

安倍经济学第二支箭"灵活的"财政政策有两层含义：一是短期内要扩大财政支出，以填补供需缺口；二是中期要实现财政健全化。扩大财政支出会扩大负债，使债务问题恶化，因此必须通过国债以外的方式进行筹集资金，进行财政健全化，而提高消费税是首当其冲的选择。

消费税直接关系民众的生活，增加居民的消费支出。从以往的经验看，政府决定提高消费税后，消费者会在提税前持币抢购，进而掀起小的消费高潮。但增税开始后，消费会迅速下降，而且持续较长时间，给整个经济造成长期影响。目前，日本经济刚刚迈入复苏的轨道，而且呈现消费拉动型，但实际居民收入增长缓慢，企业提薪止步不前，一时的"消费热"主要靠股票增值的收入。在这种情况下，如果提高消费税，绝大多数消费层将不得不紧缩开支，慎重消费，这将重创刚刚复苏的经济，而且民众因生活水平下降必将迁怒于安倍内阁，使安倍政权陷入困境。

推迟提高消费税同样不堪想象。日本是发达国家中公共债务最为严重的国家，已经引起国际社会的密切关注。八国峰会上，一些国家强烈要求日本高度重视自己的债务危机，尽快解决财政赤字问题。近来，日本长期国债市场动荡，价格不稳，反映了国际投资者对日本债务危机的担忧。如果推迟提高消费税，国际上会认为日本政府不急于解决财政赤字和债务问题，日本的国际信用将一落千丈，国际投资者将远离日本的股市和债市。

最终安倍晋三于10月1日正式宣布从2014年4月提高消费税税率和实施5万亿日元（约合3140亿元）的经济对策。日本明年春季将把消费税税率由目前的5%提高至8%。同时，为避免增税导致经济减速，将实施企业减税以及向低收入者给予现金补贴等措施。安倍旨在实现财政健全化和摆脱通货紧缩的"安倍经济学"将接受考验，如果增税计划操作得当，增税的负面影响将被降至最小，同时为未来经济的可持续发展奠定基础。可一旦失败，将导致经济丧失动力，加重国内财政担忧。

5.2.3 货币政策传导机制有效性分析

货币政策传导机制对于货币政策调控国民经济的效果具有很重要的意义，货币政策是否有效，关键在于其传导机制是否通畅。货币当局必须了解货币政策在何时、在何种程度上、通过何种途径对经济产生影响，这就是货币政策的传导机制问题。

货币政策传导机制可以认为是货币当局通过选择操作变量、中介变量来影响最终变量的过程，货币政策的传导先经操作变量在金融体系内进行传导，再经过中介变量传导到实体经济，最终影响到具体的经济目标。

自1985年以来，日本经济一直面临低通胀或通缩的挑战，日本在过去30年中都是发达经济体中物价最为低迷的国家：以1985~2011年为例，日本年均CPI仅为0.5%，而G7平均的CPI为2.5%。更要命的是，日本物价低迷的情况在近些年更趋严重，比如1985~1995年，其年均CPI为1.4%，而到了1996~2011年其年均CPI下降到-0.1%，即过去17年间日本物价在以0.1%的速度下降。从现状来看，2011~2012年，日本物价一直在负与零增长区间内徘徊，与日本央行1%的通胀目标仍有不小的差距。

为解决经济的长期不景气，日本政府采取了多种措施刺激经济。在货币政策角度，坚持实行宽松的货币政策。按照时间来划分，分别经历了低利率时期（1995~1999），零利率时期（1999.02~2000.08），数量宽松政策的实施期（2001.3~2006），第二轮量化宽松政策（2010.10~2012），安倍的量化宽松政策（2012.12至今）。

纵观日本2001年以来实施的货币政策，货币水平虽然持续扩张，但学界认为其对实体经济的影响作用却在降低。在分析这种局面的原因时，焦点也普遍集中在货币政策的传导机制上。日本的基准利率长期停留在零利率水平上，利率作为影响货币政策中介变量的传导效果十分有限，其推出的量化宽松政策主要通过承诺、存款准备金余额和长期国债三个渠道来影响实体经济[1]。学者普遍认为该政策可以使金融机构的融资成本降低，但在缓解信贷紧缩和通货紧缩层面效果不显著。可以明确的是，日本经济通缩在很大程度上是有效需求不足和供给不足造成的结构性问题，不进行结构改革，只靠货币政策无法真正改善实体经济状况。

为此，对本次安倍经济学货币政策进行实证研究，以基础货币、消费者物价指数以及名义GDP为变量建立VAR模型，进行格兰杰因果关系检验及脉冲效应分析。结果显示，在1%的显著性水平下，三者中只存在名义GDP到消费者物价指数的单向因果关系（见图5-11）。

---

[1] 王永茂：《量化宽松货币政策对汇率的影响——基于2001~2006年日本实证分析》，《财贸研究》2011年第10期。

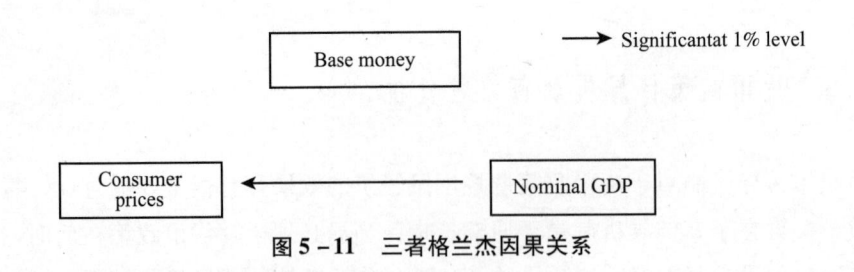

```
                    ┌─────────────┐
                    │ Base money  │ ──────→ Significant at 1% level
                    └─────────────┘

   ┌──────────┐                    ┌─────────────┐
   │ Consumer │ ←───────────────── │ Nominal GDP │
   │ prices   │                    └─────────────┘
   └──────────┘
```

图 5-11 三者格兰杰因果关系

给基础货币一个正向冲击，由图 5-12 左图，在第一、第二期对 CPI 有负向影响，然后慢慢减弱，在第三期变为对 CPI 有正的影响，在第 5 期正向影响达到最大，但整体趋势判断，基础货币正向冲击后对 CPI 变化影响很小。由图 5-12 右图，对基础货币施加一个正向冲击后，在整个时间段，基础货币未对名义 GDP 产生显著波动影响。由此可以判定，此货币政策对实际经济变量的影响不大。

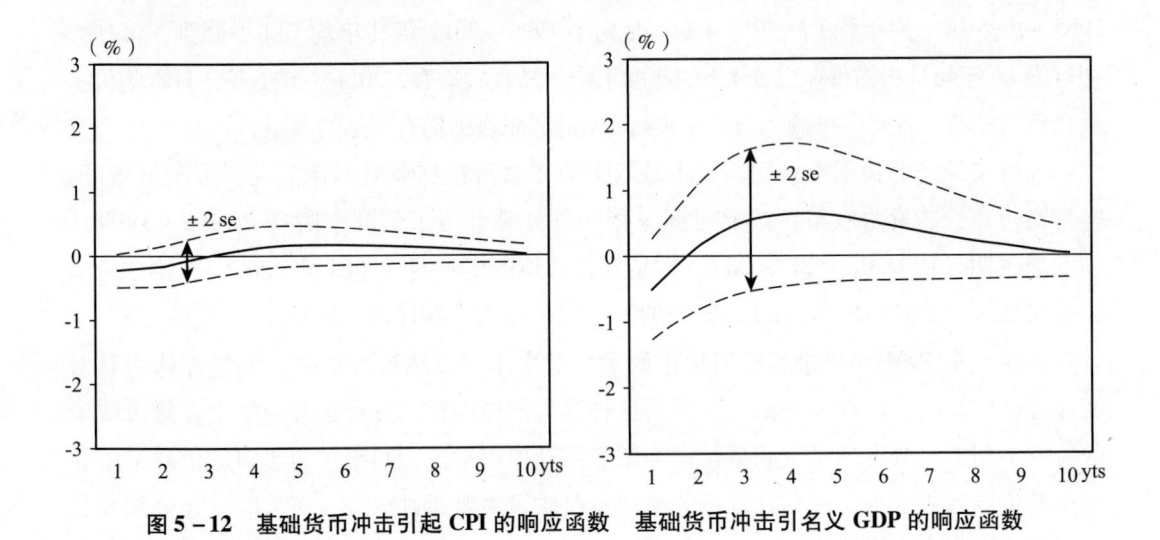

图 5-12 基础货币冲击引起 CPI 的响应函数　　基础货币冲击引名义 GDP 的响应函数

资料来源：GSGlobalECSResearch.

总体来看，日本非常规的货币政策可以降低利率，带动人们对未来短期和长期利率水平的预期，带动金融市场风险报酬的下降，从而降低企业的融资成本。然而，数量宽松货币政策在促进银行信贷增长方面的效果并不明显。在实体经济方面，政策也未能对私人部门开支和融资需求有显著增加效果。换言之，现已实施的超宽松货币政策，甚至财政政策的效果主要是影响市场预期，是市场是对后续政策的期待，而不是具体实施效果的体现。就如早些年的零利率政策和量化宽松政策被期待可以将日本拉出通缩和停滞，但没有强有力的机构调整支持，最终结果是仅制造了通胀幻觉。

5.3 日本非常规利率政策的传导机制：通货再膨胀

非常规利率政策是日本央行针对本国经济"顽疾"的主要治疗方法。本文利用 VAR 模型进行实证分析表明：日本央行负利率政策仍很难产生明显的积极影响，反而在一定程度上使得消费者和企业变得更加消极，有进一步恶化国内消费总需求和国内投资环境的可能。极低的利率水平，规模巨大的货币总量是否将会再次使日本国内的资产价格偏离基本面从而引发新的金融和资产泡沫，值得人们警惕。因此，面对总需求不足的困境，日本经济的结构性改革迫在眉睫，缩小贫富差距，增加居民劳动报酬收入，提升整个社会的边际消费倾向是当务之急。

2016 年 1 月 29 日，为了完成 2% 的通货膨胀率目标以提振日本国内经济，日本央行宣布国内商业银行存入本国央行的超额存款准备金利率将被下调至 -0.1%。此次降息，意味着放在中央银行的日本商业银行存款将被收费，日本将成为亚洲首个实行非常规负利率政策的国家。在通常情况下，超低利率政策会对一国经济产生正向的刺激作用，那么，日本的非常规利率政策的效果将会如何，值得密切跟踪研究。本文将日本所实施的非常规利率政策作为研究对象，利用 VAR 模型，对包括零利率和负利率政策在内的非常规利率政策的传导机制和效果进行预测性的实证分析。而考虑到金融政策效果普遍存在一定的滞后性，所以本文只对非常规利率政策未来的所产生的绩效做简要预测。

1985 年 9 月 22 日，在纽约广场饭店，"广场协议"达成。协议缔约国由世界五大经济强国（美国、日本、德国、英国和法国）组成。在此之前，由于美元汇率过高而造成美国贸易赤字严重。为此，处于贸易赤字中的美国与其他四国发表共同声明，宣布干预汇率市场，此后，日元开始迅速升值，日元兑美元升值幅度超过 50%。在"广场协议"后，日本央行开始实行扩张性的货币政策来缓解日元持续不断的升值压力，但并没有得到最初的预期效果，反而使得日本国内的资产价格大幅度上升，导致日本经济泡沫化程度不断加深，地价、楼价、股价一路飙升。随后日本政府意识到了宽松货币政策所导致的严重后果，随即又采取了紧缩性的货币政策，在短期内大幅度上调基础利率。1990 年初，日本泡沫经济开始崩溃，紧缩的货币政策造成房市、楼市、股市的大崩盘。制造业企业和以商业银行为主体的金融机构大面积倒闭，泡沫经济破裂，国内经济增长陷入长期停滞，至此也拉开了日本经济长期萧条的序幕。加之 1997 年的亚洲金融危机的重创，日本经济在 20 世纪 90 年代几乎陷入毫无增长的困境当中。90 年代末，日本央行数次下调贴现率和银行同业隔夜拆借利率，开始实施"零利率"政策和量化宽松政策。至此很长一段时间，日本进入零利率和近似于零利率的超低利率时期。虽然在这期间日本经济经历了几次短暂的景气复苏，但经济增长极为缓慢，股价、地价、楼价继续下跌，商业银行不良债券激增，消费需求萎靡不振，物价持续下跌所造成的悲观情绪一直笼罩着日本经济。

2008年，美国爆发次贷危机，对整个世界经济的危害性之大、影响面之广前所未有。危机蔓延到世界其他经济体，并再次殃及摇摇欲坠的日本国内经济，国内名义GDP与实际GDP均出现下滑的趋势。主要表现为：消费物价低迷，居民消费萎缩，企业固定资产投资大幅度减少，住宅投资低迷，日元急剧升值，就业形势惨淡等现象。在此期间，日本央行群策群力，相继出台了多项临时性的非传统金融举措，包括将利率盯住在零附近以及实行量化宽松等措施以降低借贷成本，扩大信用规模，刺激消费和投资等措施以应对这场突如其来的经济浩劫。但与泡沫经济破灭后利率政策实践效果相似的是，从长期来看，日本经济并没有像政策预期的那样摆脱国民经济下行和通货紧缩的困扰。2%的通货膨胀率目标的实现看起来仍然遥遥无期，为此，日本央行进行金融政策上的创新，将商业银行存入日本银行的超额存款准备金利率下调至－0.1%。此次降息，使得日本成为亚洲首个实践负利率政策的国家。

通货再膨胀机制是当前日本央行副行长岩田规久男所提出的定义，一些学者将这一政策总结为：摆脱长期通货紧缩必须采取的金融政策。① 这一利率传导机制表现为（见图5－13）。

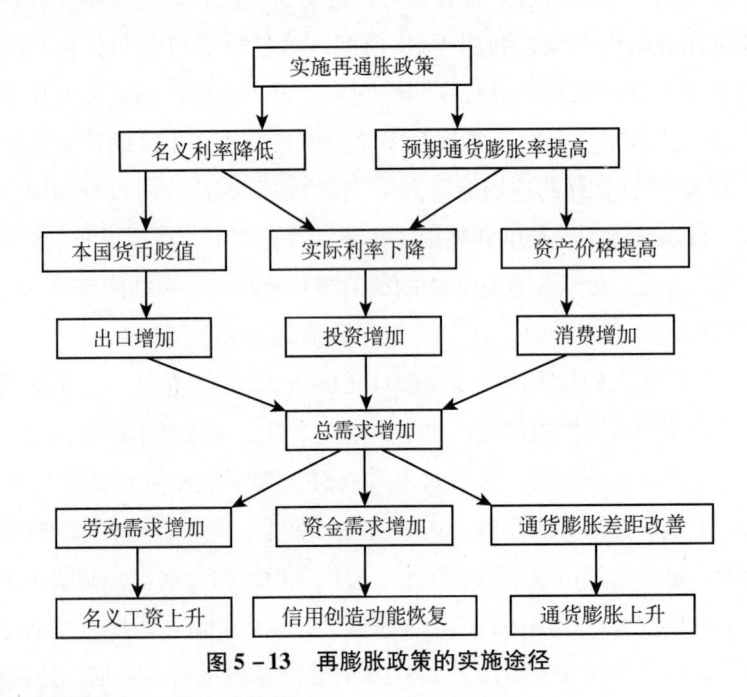

图5－13 再膨胀政策的实施途径

资料来源：参照片冈纲士（2012）由笔者绘制。

---

① 片冈纲士：《日本式量化宽松将走向何方——安倍经济学的现在、过去与未来》，杨玲等译，机械工业出版社2016年版。

再膨胀政策机制可以阐述为：预期通胀率上升、名义利率下降、使得日元贬值、国内实际利率下降，资产价格有所提高；资产价格的提高、实际利率的下降、日元贬值将传递给消费、投资、出口，并对其产生积极影响，从而增加总需求。总需求的增加会进一步派生出劳动、资金需求的增加，并缩小通货紧缩差距。名义工资的提高，信用创造力的恢复将扩大总需求，从而促使通货膨胀率上升。这也是日本央行非常规利率政策所期望达到的理想的传导渠道。

5.3.1 日本央行的零利率政策实践

(1) 泡沫经济崩溃后日本央行的零利率政策（1999~2007年）

面对经济增长停滞，失业率不断攀升，国内通货紧缩，日元升值等一系列经济困境，1999年2月12日，日本央行宣布将同业间隔夜拆借利率调整为0.15%，一个月后进一步向下调整，随后一直稳定在0.01%的水平。① 剔除交易手续费等其他因素，日本央行实际上已经将隔夜拆借这一最短时期的名义利率下调至零水平（见图5-14）。同年4月13日，时任日本央行行长速水优在记者招待会上明确表示：会一直执行这一利率政策，直到通货紧缩危机得到有效解除。日本央行的这一言论也是1997年日本银行法重新编订后第4条款的重要体现。② 日本银行法的第4条中的依附性规定就明确表示：事实上，货币和外汇控制是整个经济政策的重要组成部分，所以央行的货币政策为了和政府经济政策基本要求保持默契，应当保持与政府经常性的沟通以及相互意见的有效交换。③

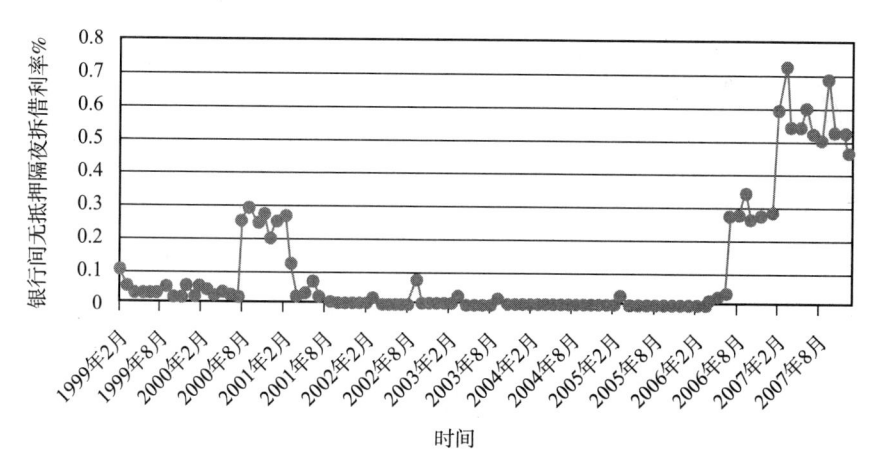

图5-14 日本银行间无抵押隔夜拆借利率（1999~2007年）

资料来源：日本银行 http://www.boj.or.jp/en/statistics/boj/index.htm/.

---

① 冈刚士：《円のゆくえを問いなおす実証的・歴史的にみた日本経済》，東京：ちくま新書，2012：141。
② 田谷祯三：《日本经济：零利率政策的终结》，《国际金融研究》2007年第1期，第28~34页。
③ 日本银行法. 总则第4条（与政府的关系）.

随着经济基本面的暂时好转以及对于零利率政策的争议,日本央行认为本国经济暂时摆脱了通货紧缩螺旋上升的危险局面,并且呈现出景气复苏的迹象。在2000年8月11日,日本货币当局决定将无抵押隔夜拆借利率上调至0.14%,终止了零利率政策。随后的9月进一步上调至0.23%,在随后的7个月中保持这种利率在0.23%的水平之上。

但是受到美国互联网泡沫经济崩溃的影响,使得日本再次迈入景气退后的困境。所以,日本央行数量宽松的货币政策势在必行,并于2001年3月宣布实施。为了配合国内货币市场在量上的宽松,央行再次宣布将无抵押隔夜拆借利率下调到0.08%,随后向下调整到0.01%,恢复零利率政策。同年9月,官方所公布的这一利率水平已降至零,并一直维持到2006年6月。2006年7月14日,日本货币当局决定改变金融政策的调整方向,把作为货币市场基础指标的无抵押隔夜拆借利率向上调整到0.21%。① 在经历了7年零5个月的零利率政策后,日本金融市场终于迎来了利率政策的复活。并于2007年2月进一步将短期拆借利率上调至0.5%左右。

(2) 次贷危机后日本的零利率政策(2008~2015年)

与美联储、欧洲央行在金融危机过后数次降息不同,危机爆发后,日本试图保持利率政策的有效性,并没有跟随美国和欧洲的步伐迅速做出降息的政策调整,一直将无抵押隔夜拆借利率水平维持在0.5%的水平之上。② 直到2008年10月,由于担心本就脆弱的日本经济受到牵连,萧条加剧,伴随着各经济体货币当局连续降息,日本央行才开始采取调整措施,将银行之间的无抵押隔夜拆借利率由9月份的0.54%下调至0.38%,随后在12月将这一利率水平再次下调至0.1%,③ 这也是自2001年3月以来日本央行再一次重大降息举措(见图5-15)。

2009年12月,日本央行行长白川方明宣布日本央行以0.1%的固定利率向商业银行借出短期贷款,期限为三个月。从而间接向本国货币市场注资10万亿日元;2010年10月,伴随着5万亿的日元资产购买计划,日本央行宣布调低基准利率至0~0.1%的区间之内;在随后的2011年8月、10月及2012年2月,日本央行都宣布继续维持零利率政策不变,并伴有不同规模的资产购买规模以实现货币"量"的宽松。零利率政策一直持续到2016年初。

(3) 后危机时代的日本负利率政策(2016年1月至现在)

与扩张性的货币政策作用机理一致,日本央行推出的负利率政策同样也是为了避免全球性的结构性通缩所导致的通胀下行压力和总需求的持续萎缩,从而通过刺激需求、

---

① 日本银行. 货币政策,货币会议纪要.
② 金仁淑:《次贷危机中日本货币政策效应实证分析》,《现代日本经济》2009年第5期,第14~18页。
③ 汪川:《负利率的理论分析与政策实践》,《银行家》2016年第4期,第46~49页。

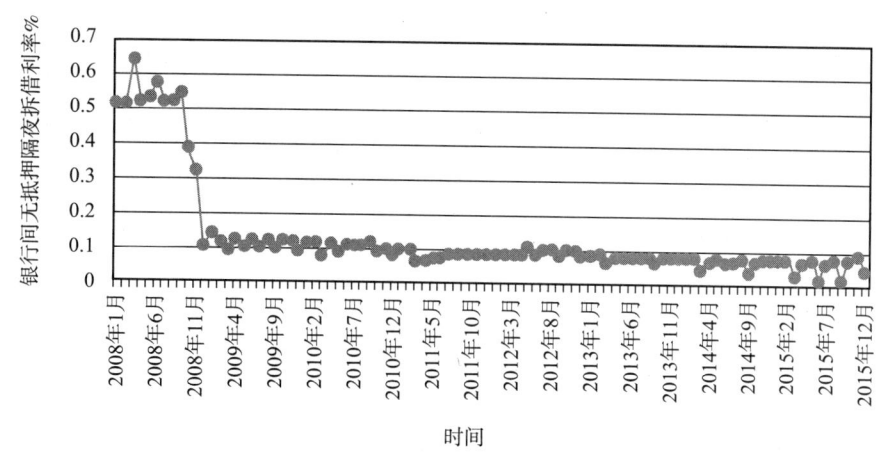

图 5-15　日本银行间无抵押隔夜拆借利率（2008~2015 年）

资料来源：日本银行 http://www.boj.or.jp/en/statistics/boj/index.htm.

提高通胀预期和缓解本币的升值压力来促进本国国内生产总值的增长和经济社会的平稳发展。与传统观念上的理解不同，负利率政策的作用对象是名义利率为负，并不是实际利率，就负利率政策的作用标的而言，其作用的名义利率是指银行间存款便利的利率和超额准备金利率，并非日常的存款或贷款利率，负利率构成利率通道的下限。[①]

就日本央行在 2016 年 1 月 29 日宣布实施的负利率政策来看，同样指的是超额准备金利率。这一超额准备金利率作用的对象为金融机构存入中央银行的超额准备金。日本央行根据金融机构在央行的账户余额，将其分为三个区间：对于既有的超额准备金余额按照 0.1% 的利率付息，对于宏观加算余额（法定准备金）按照 0.0% 的利率，对于除上述两项之外的超额准备金余额适用 -0.1% 的超额准备金率。[②] 下面根据日本央行自宣布实施负利率后，定期发布的日本央行利率决议及会议记录摘要来阐述负利率政策在日本的具体实践（见表 5-1）。

表 5-1　日本央行货币政策会议纪要及政策声明

时间	日银决议/政策声明	纪要重点/声明重点
2016-01-29	实施负利率加码刺激，推迟实现2%通胀目标	实施负利率加码刺激，推迟实现2%通胀目标；央行在决策声明中指出，在目标实现困难的情况下，日本央行会再次在负利率区间下调利率水平
2016-02-03	委员们一致认为物价趋势改善	由于基础的通胀趋势正逐步改善，从长久角度来看市场通胀预期整体上有所上升，为此，委员一致认为目前不需要调整货币政策

[①]　陈强：《高级计量经济学及 ststa 应用（第二版）》，高等教育出版社 2014 年版，第 381 页。
[②]　Empirical Researchon Unconventional Interest Rate Policy of Japan after the Collapse of Bubble Economy—from "Zero Interest Rate" to "Negative Interest Rate".

续表

时间	日银决议/政策声明	纪要重点/声明重点
2016-03-15	维持政策不变,下调对经济的评估预期	日本央行政策委员会以7票赞成、2票反对的投票比决定继续执行负利率政策,审议委员中佐藤健裕、木内登英对负利率政策投出反对票;日本央行维持货币政策不变,继续以每年80万亿日元的速度扩大基础货币,以此来符合市场预期。对金融机构在央行的部分准备金维持0.1%的利率;对货币储备基金(MRF)①自5月起实施零利率,免于执行负利率
2016-04-28	维持利率不变,推出面向地震灾区的贷款计划	日本央行继续以每年80万亿日元的速度扩大货币基础,对金融机构存放在央行的部分超额准备金继续施以负利率。日本央行维持政策不变,推出面向地震灾区的贷款计划。政策委员会再次以7:2的投票比例决定对金融机构存放在央行的部分超额准备金仍旧实施-0.1%的利率
2016-06-16	维持利率和80万亿日元货币基础不变	木内登英和佐藤健裕继续对负利率提出异议,其他七名委员则赞成维持-0.1%的负利率水平不变。日本央行委员会以8:1的投票结果对货币基础目标保持不变;必要之时,会强化刺激措施以促进经济增长,直到2%的通胀目标实现并稳定。CPI短时期内在零水平附近抑或为负增长
2016-07-29	维持利率和QQE②规模不变,必要时再强化宽松	日本央行维持政策利率-0.1%,预期-0.15%,前值-0.1%;继续将80万亿日元作为货币基础年增幅目标,预期80万亿日元,前值80万亿日元;2017财年核心CPI预期为上升1.7%,日本2018及2019年度核心CPI预期上升1.9%;2016年财年GDP增速预计为1.0%,2017财年为1.3%,预计2018财年GDP增速为0.9%

资料来源:根据2016年1月至7月日本央行利率会议纪要笔者整理。

5.3.2 日本非常规利率政策效果实证分析

为了从不同的宏观层面来观察并深入探讨日本非常规利率政策的效果,笔者对几个影响非常规利率政策效果的经济变量做进一步的分析,并对模型中所涉及的各个变量指标进行未来一段时期的预测。本节运用"向量自回归"(Vector Auto regression,VAR)模型对日本非常规利率政策实践进行进一步的实证分析。该模型由克里斯托弗·西姆斯(Christopher Sims,1980)提出。

(1) 变量选取及数据说明

本文试图从以往学者利用传统宏观经济变量的实证研究中脱离出来,转而从消费者行为、企业行为、实际汇率的角度对日本非常规利率政策的效果进行实证分析。也就是说,从总需求来看,宏观经济中非常规利率政策对于构成日本国内总需求的三个重要组成部分:消费、投资、净出口的影响。同时,这三个变量不仅是国内总需求的

---

① 货币储备基金是由国家严格掌握的、实行总量控制的特殊的货币储备,其用途只能是必须由全社会承担的公益性项目,严格禁止用于非公益的经济性项目。
② 定性和定量宽的双宽松货币政策,包括大量的资产购买计划及商业银行贷款扶持等政策。

重要组成部分，也是影响国内居民消费价格指数或通货膨胀率的前期指标。因此本文将选取四个变量指标：日本无抵押隔夜拆借利率（uolr）、日本消费者信心指数（cci）、日本制造业企业投资景气指数（ioic）日元实际有效汇率（efer）。研究的样本区间为日本开始实施非常规利率政策时的 2000 年 1 月起到 2016 年 6 月。共计 198 个月的月度数据。①

下面对于模型中选取的变量做简要的解释说明。日本无抵押隔夜拆借利率（uolr）：银行间无抵押隔夜拆借利率作为同业拆借市场的资金价格是货币市场的基础，在金融市场中最具有代表性，它能够实时、快速、切实地反映整个金融市场短期资金的供给与需求关系。当这一利率不断上升时，则表示资金的需求大于供给，接着市场的流动性可能下降，当其下降时，情况则相反；日本消费者信心指数（cci）：对消费者信心强弱做出反映，是对消费者对当前经济形势评价和对经济前景、当前收入、预期收入，以及消费心理状况的主观感受的较为综合反映和量化，作为先行指标来展望经济趋势和消费走势。消费者满意指数和消费者预期指数是消费者信心指数的主要构成；与此相对应，日本制造业企业投资景气指数（ioic）：是反映日本制造业企业的投资信心强弱的一个指标，它也综合反映并量化了当前经营环境及经济前景，是预测经济走势和企业投资的一个先行指标；日元实际有效汇率（efer）：日元的有效汇率是剔除日本国内物价水平对各国货币购买力的影响，本国货币与所有贸易伙伴国货币双边名义汇率的加权平均数，有效汇率经常被用于衡量一个国家贸易商品的国际竞争力，是一个非常有用的经济指标，所以我们将实际有效汇率作为影响日本出口的主要前期指标引入到模型当中。

对上述模型中变量选取的简单介绍和说明，表明本文在实证研究过程中通过检验分析核心利率——无抵押隔夜拆借利率对于经济中两大行为主体：消费者、企业的经济行为和未来预期影响以及对于作用于日本出口的实际有效汇率的影响，来探讨日本自 2000 年起实施的非常规利率政策的有效性。另外，消费者信心指数（cci）和日本制造业投资景气指数（ioic）两个变量本身就带有很强的趋势效应，可以使模型对于日本自 2016 年 2 月起执行的负利率政策效果及产生的影响做出更加有效的预测。

（2）VAR 模型的构建

建立一个 VAR 模型 Y = (uolr, cci, ioic, efer)，其中包含四个变量，uolr 表示银行间无抵押隔夜拆借利率；cci 表示消费者信心指数；ioic 表示制日本国内的造业企业投资景气指数；efer 表示日元实际有效汇率（见表 5-2）。

---

① 资料来源：CEIC 数据库。

表 5-2　　　　　　　　　　　格兰杰因果检验

被解释变量	检验变量	卡方统计量	自由度	P 值	格兰杰因果关系
银行间无抵押隔夜拆借利率	消费者信心指数	2.9199	2	0.232	不存在
银行间无抵押隔夜拆借利率	制造业企业投资景气指数	0.8515	2	0.653	不存在
银行间无抵押隔夜拆借利率	实际有效汇率	5.3945	2	0.067	不存在
银行间无抵押隔夜拆借利率	所有变量	13.749	6	0.033	存在
消费者信心指数	银行间无抵押隔夜拆借利率	13.26	2	0.001	存在
消费者信心指数	制造业企业投资景气指数	5.9871	2	0.050	不存在
消费者信心指数	实际有效汇率	3.8598	2	0.145	不存在
消费者信心指数	所有变量	25.426	6	0.000	存在
制造业企业投资景气指数	银行间无抵押隔夜拆借利率	3.0429	2	0.218	不存在
制造业企业投资景气指数	消费者信心指数	17.194	2	0.000	存在
制造业企业投资景气指数	实际有效汇率	19.314	2	0.000	存在
制造业企业投资景气指数	所有变量	51.09	6	0.000	存在
实际有效汇率	银行间无抵押隔夜拆借利率	0.68587	2	0.710	不存在
实际有效汇率	消费者信心指数	4.3368	2	0.114	不存在
实际有效汇率	制造业企业投资景气指数	2.3289	2	0.312	不存在
实际有效汇率	所有变量	5.6295	6	0.466	不存在

注：卡方统计量：检验数据的相关性，其 P 值若小于 0.05 则说明两个变量在 5% 的显著水平上是显著相关的。
资料来源：日本银行 http://www.boj.or.jp/en/statistics/boj/index.htm/.

对于时间序列变量之间因果关系的检验方法，一般采用格兰杰因果关系检验，但其并非真正意义上的因果关系，而是一种动态相关关系，表示为一个变量是否对另一个变量具有"预测能力"。该检验本质上是确认模型中滞后变量对于其他变量的影响，如果一个变量的滞后变量对其他变量有影响，就可以引入到有其他变量的方程中去，也可以表明变量之间存在格兰杰因果关系。由上表中我们可以看出：

以银行间无抵押隔夜拆借利率为被解释变量的方程中，消费者信心指数 p 值为 0.232、制造业企业投资景气指数 p 值为 0.653、实际有效汇率 p 值为 0.067，各自均不是银行间无抵押隔夜拆借利率的格兰杰原因；但是检验三个变量系数的联合显著性，其卡方统计量为 13.749，p 值为 0.033，拒绝三个变量都不是银行间无抵押隔夜拆借利率的格兰杰原因的原假设。

在以消费者信心指数为被解释变量的方程中，银行间无抵押隔夜拆借利率的卡方统计量为 13.26，p 值为 0.001，强烈拒绝"银行间无抵押隔夜拆借利率不是消费者信心指数的格兰杰原因"的原假设。所以，银行间无抵押隔夜拆借利率是消费者信心指数的格兰杰原因；变量制造业企业投资景气指数的卡方统计量为 5.9871，p 值为 0.050，不能拒绝"不是消费者信心指数的格兰杰原因"的原假设，所以制造业企业投资景气指数不是消费者信心指数的格兰杰原因。实际有效汇率不是消费者信心指数的格兰杰原因。

在以制造业企业投资景气指数为解释变量的方程中，消费者信心指数的卡方统计量为 17.194，p 值为 0.000、实际有效汇率的卡方统计量为 19.314，p 值为 0.000。两个变量都强烈拒绝"不是制造业企业投资景气指数格兰杰原因"的原假设。所以消费者信心指数与实际有效汇率都是制造业企业投资景气指数的格兰杰原因，而银行间无抵押隔夜拆借利率不是制造业企业投资景气指数的格兰杰原因。

在以实际有效汇率为被解释变量的方程中，银行间无抵押隔夜拆借利率、消费者信心指数、制造业企业投资景气指数都不是实际有效汇率的格兰杰原因。

由此，我们可以得到唯一的变量之间的作用顺序（见图 5-16）。

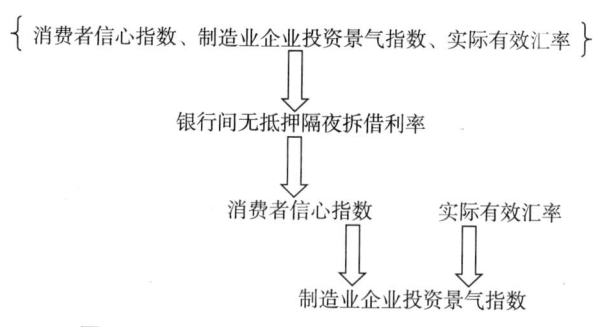

图 5-16 格兰杰因果检验变量间作用顺序

对于图 5-16 中的变量间作用顺序我们可以解释为：低迷的消费者信心指数和企业投资景气指数，伴随着较低的日元实际有效汇率一同催生出了零利率或负利率政策，这种非常规的超低利率政策进一步削弱了消费者信心指数，致使消费者难以对当前经济基本面达到满意并对未来产生加息、增税等悲观预期。被削弱的消费者信心指数导致国内市场需求不足，始终处于升值压力中的日元使得国外市场对于本国商品需求不足，两个变量一起作用于日本国内制造业企业的投资景气状况。企业投资前景暗淡，资产类投资需求萎靡。

（3）广义脉冲响应函数

在实践中，因为 VAR 模型的建立不以任何经济理论为基础，所以在分析 VAR 模型时，用一种称为广义脉冲响应函数的分析方法。通过上述格兰杰因果检验获得的结果中可以得到唯一的变量间的一个影响顺序，所以本文在实证研究过程中并不需要对四个变量间的交叉相关关系进行观察（见图 5-17）。

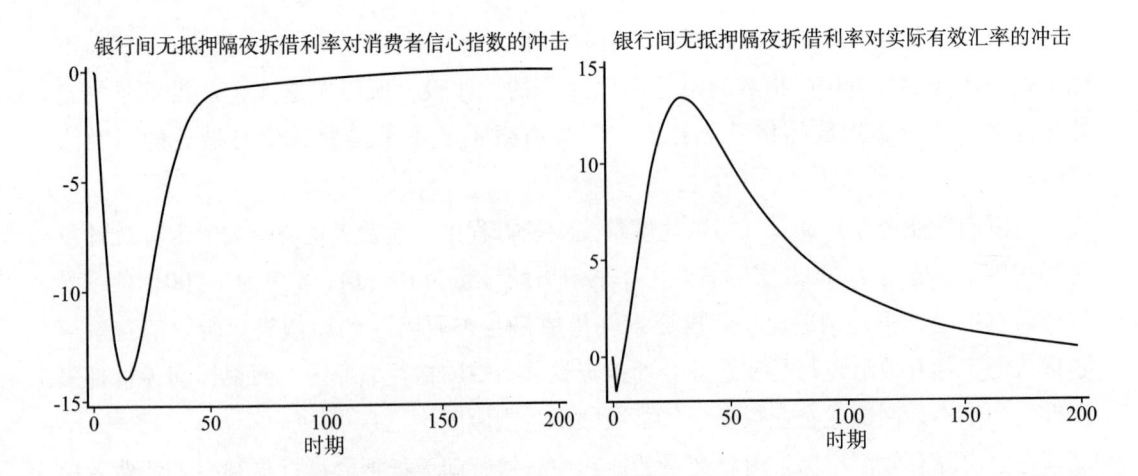

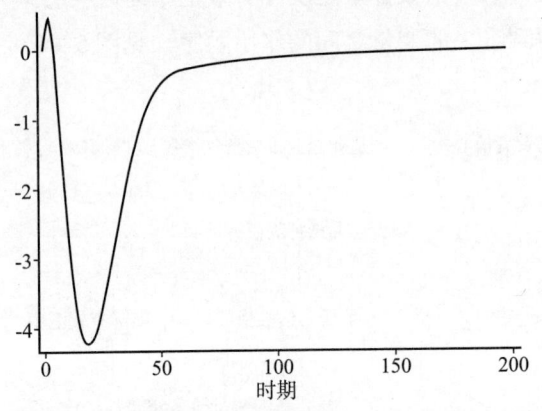

图 5-17　全时期经济变量对于利率政策冲击的响应

资料来源：日本银行 http：//www.boj.or.jp/en/statistics/boj/index.htm/.

图 5-17 分别表明了消费者信心指数（cci）、企业投资景气指数（ioic）、实际有效汇率（efer）对于无抵押隔夜拆借利率（uolr）冲击的脉冲影响程度。在整个冲击过程中，面对非常规利率政策的冲击，消费者信心指数（cci）呈现出明显的先下降再上升，然后达到平稳的态势，该指数在利率政策的冲击下起初急速下降随后开始回升，直到第 50 期左右才达到最初的水平，随后非常规的利率政策对于消费者信心指数（cci）几乎不再有刺激作用。从非常规利率政策对于制造业企业投资景气指数（ioic）的影响来看，其与消费者信心指数的表现恰好相反。该指数起初表现出明显的上升趋势，随后在第 30 期左右开始出现大幅下将的趋势，直到滑落到最初的水平。最后分析非常规利率政策对实际有效汇率的冲击影响，无抵押隔夜利率（uolr）的刺激对于实际有效汇率（efer）而言，在 20 期之前反而起到了负面的作用，大幅降低了日元的实际有效汇率，随后大幅度上升直到回到初期水平（见图 5-18）。

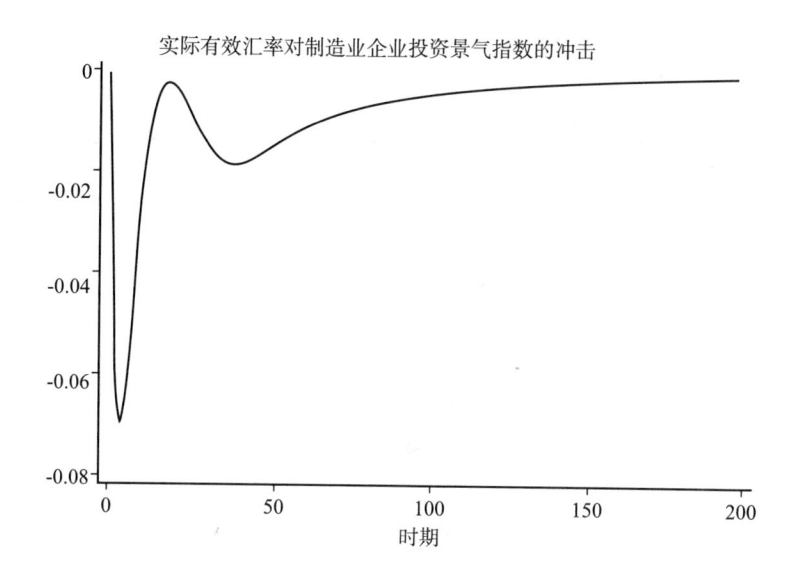

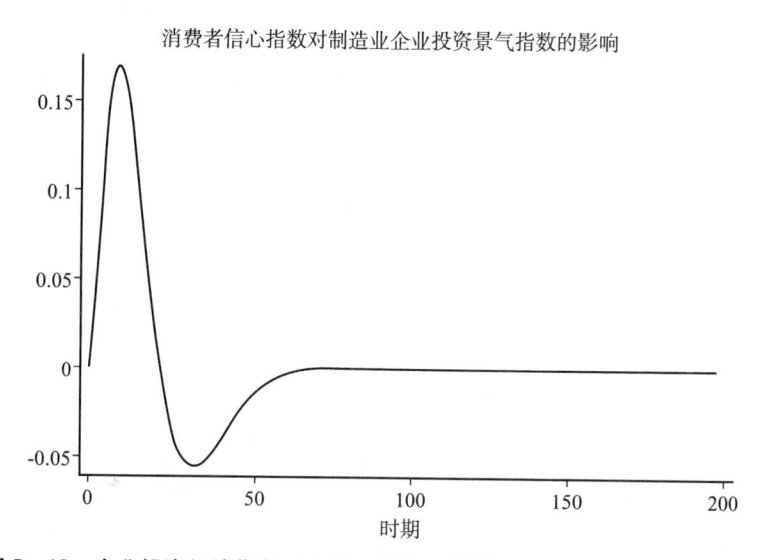

图 5-18　企业投资经济指数对于消费者信心指数及日元实际有效汇率冲击的反应

资料来源：日本银行 http://www.boj.or.jp/en/statistics/boj/index.htm/.

图 5-18 分别表示消费者信心指数（cci）与日元实际有效汇率（efer）对于企业投资景气指数（ioic）的脉冲相应程度。可以看到前两者对于后者的冲击影响几乎呈现完全的对称情况。初期消费者信心指数（cci）的冲击使得企业投资景气指数大幅上升，随后便大幅度回落到初期水平，期间甚至低于初期水平。而日元实际有效汇率（efer）对于企业投资景气指数（ioic）的冲击恰好与对消费者信心指数（cci）的响应情况相反，企业投资景气指数（ioic）初期大幅度下降，随后又大幅度攀升直到初期水平。可以看到这两个变量的冲击实际上将正向负向两个效果相抵消。

(4) 预测误差方差分解

图 5-19 中的左上图显示,对于无抵押隔夜拆借利率(uolr)而言,如果预测一期的数据,则将会有 100% 的误差来自于其自身。即使做到 200 期的预测,其预测方差也有 79.2% 来自于自身,18.8% 来自于消费者信心指数(cci),5.7% 来自于企业投资景气指数(ioic),2.4% 来自于日元实际有效汇率(efer)。由此我们可以看出,利率的下降本身具有惯性,非常规利率政策有其持续性。

对于消费者信心指数(cci)的预测方差分解中,随着时间的推移,其对于自身的预测误差影响由期初的 99% 逐渐下降,若预测到 200 期,其对自身的影响将下降到 49.8%。随之而来的是无抵押隔夜拆借利率(uolr)对于消费者信心指数(cci)的预测方差影响将由期初的 0.07% 上升到 40.97%。所以,对于消费者信心的预测方差进行分解后,其对与自身的影响最大,其次是无抵押隔夜拆借利率的冲击,后者与其余两个变量对于消费者信心指数的影响超过 50%。

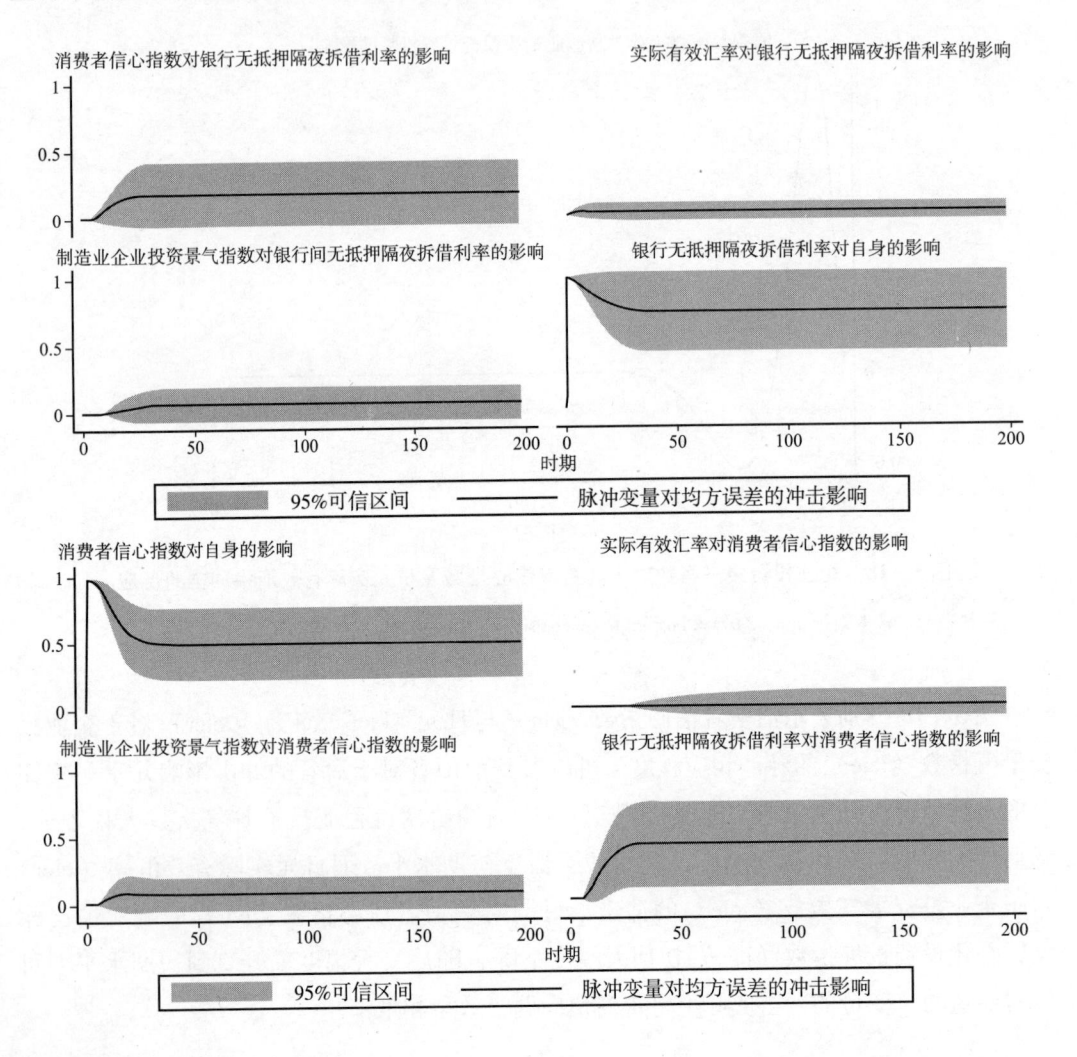

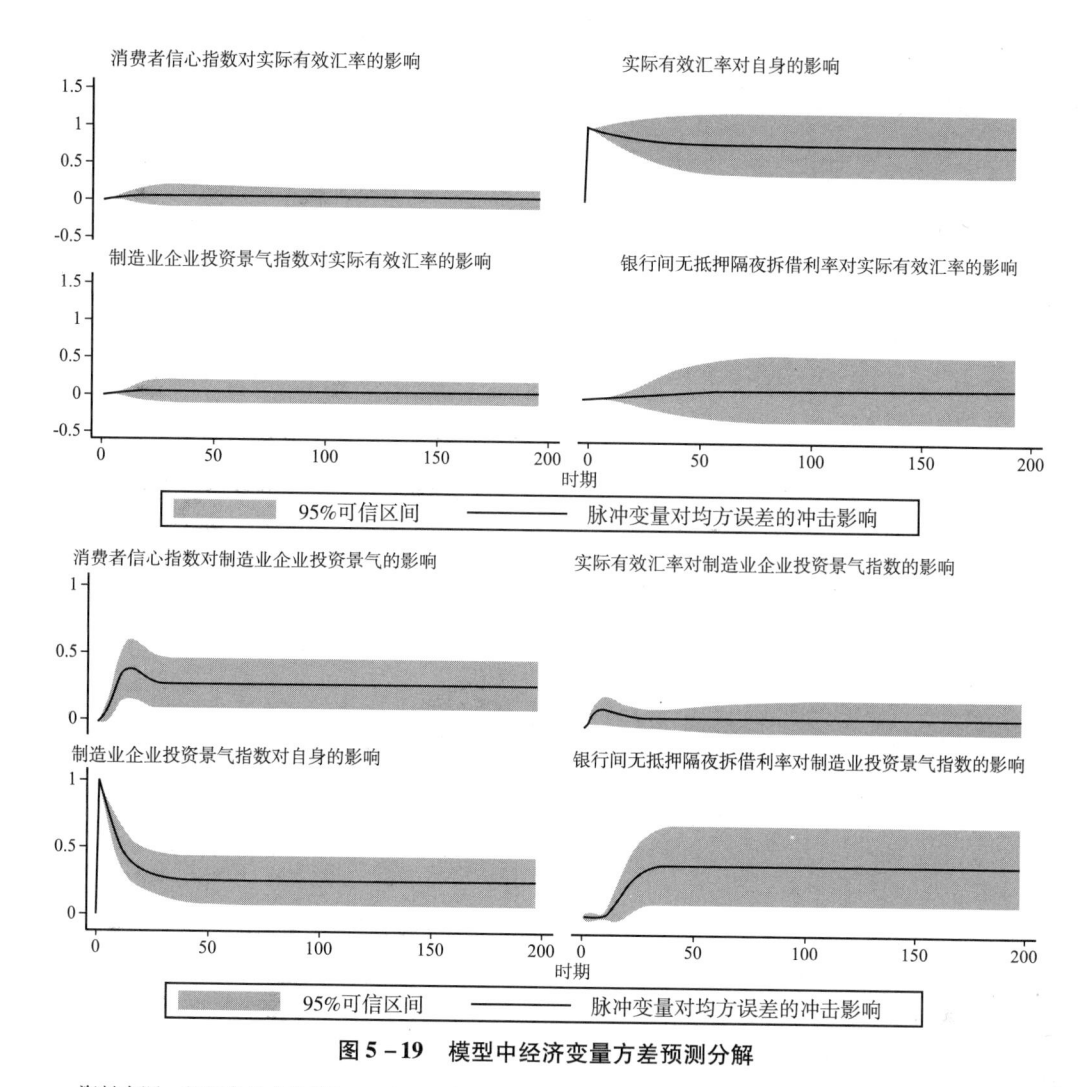

图 5-19 模型中经济变量方差预测分解

资料来源：整理自日本银行 http://www.boj.or.jp/en/statistics/boj/index.htm/.

日元的实际利率在预测过程中的变动也主要归于其自身的冲击。由期初的 99.3% 下降到 200 期时的 78.1%，其自身仍然是最大的影响因素。随后是无抵押隔夜拆借利率（uolr）的 13.5%。消费者信心指数（cci）与企业投资景气指数（ioic）分别占比 3.5%、5%，影响较为微弱。

图 5-20 中的右下图是对于企业投资景气指数（ioic）预测的方差分解图。由图可知，虽然期初的预测方差其对于自身的冲击影响占比为 98.19%，但随着预测期的不断扩大，其对于自身的影响程度开始大幅度减弱，30 期后便下降到 30% 以下，200 期时已经降为 25.26%。期后预测方差分解，对其冲击影响最大的是无抵押隔夜拆借利率（uolr），其一直保持上升趋势，38 期后就保持在 39% 左右。而消费者信心指数（cci）对于其影响也占到了 28.11%，超过其自身的冲击程度。而日元实际有效汇率（efer）

对企业投资景气指数（ioic）的冲击影响则保持在 7.5% 左右。可见，企业投资景气指数的预测主要取决于其他几个变量的影响。这也与之前的格兰杰因果检验所得到变量间的冲击顺序保持大体上的一致。

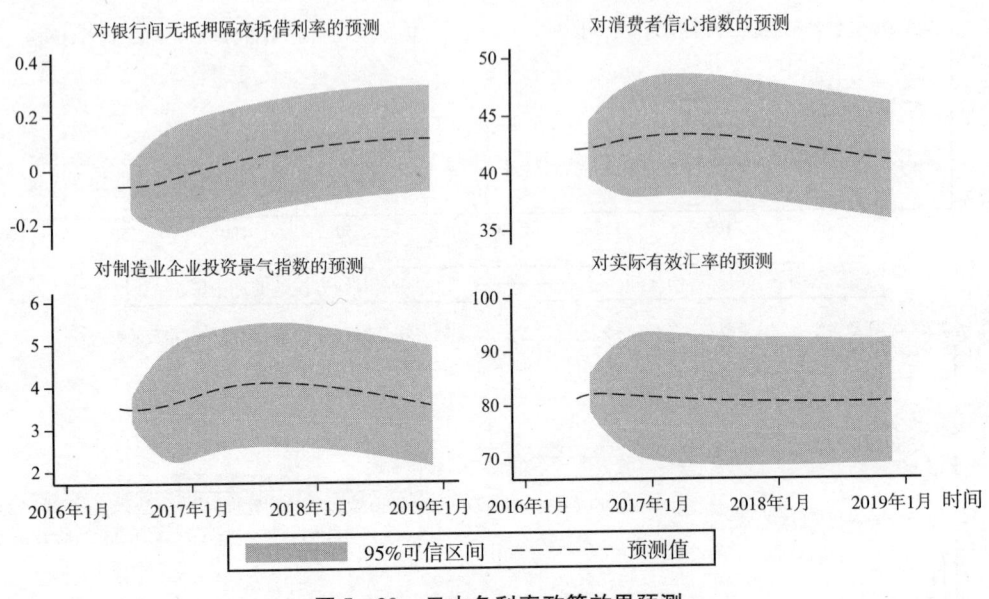

图 5-20　日本负利率政策效果预测

资料来源：整理自日本银行 http://www.boj.or.jp/en/statistics/boj/index.htm/.

（5）日本负利率政策实践效果预测

日本并不是第一个宣布实施负利率政策的国家，早在 2009 年，瑞典中央银行就首次尝试了负利率政策的实践，2014 年后，开始有更多的国家开始尝试实施负利率政策，包括欧洲央行、丹麦央行、瑞士央行及二次实施负利率政策的瑞典央行。虽然欧洲四国执行负利率政策的目标和背景各有不同，但总体来看主要还是有两个目标，一是抑制通缩压力，维持和巩固中长期通货膨胀目标；二是缓解本国货币的升值压力以应对货币因素所造成的本国出口产品竞争力的下降。虽然就当前来看，包括日本在内，与正利率相比，负利率政策对于货币市场及其他利率的影响基本上与前者相同，但就较早执行负利率政策的欧洲四个经济体来看，效果却大有不同。欧盟与丹麦在负利率政策实施后取得了一定的短期理想效果，但瑞典央行和瑞士央行的负利率政策效果却一直没有得到显现，尤其是瑞士，负利率政策的实践不仅没能减少本国的外汇储备，一些抵押贷款的利息率反而也上升了。所以可以看出，负利率政策的执行效果依然有其不确定性。日本央行 2016 年 2 月开始执行负利率政策，政策实践期还较短，所以笔者运用模型中的变量及数据对日本负利率政策效果做出未来 30 个月的简单预测。

利用 2000~2016 年 6 月的 198 期数据通过 VAR 模型，笔者对模型中所选取的变量做了未来 30 期（2016 年 7 月~2018 年 12 月）的预测。在没有如金融危机等不可控制的外部因素影响下，通过图 5-20 可以看到，日本国内的消费者信心指数（cci）、制造业企业投资景气指数（ioic）都是经过短暂小幅的攀升后开始下降，这也说明日本国内的民众及企业对于负利率政策的刺激并不敏感。消费者和企业对于未来的预期依旧不乐观。其中，消费者信心指数的下降幅度要更加明显，这可能与安倍政府继续提高消费税税率至 10% 的紧缩财政政策有关。消费者信心的低迷，无疑会对日本政府 2% 的通货膨胀率目标的实现造成极为消极的影响。对于实际有效汇率来讲，笔者在未来的两年半时间内的预测并不会有明显的变化，日元依旧处于持续的升值压力之下，但升值压力会有所减弱，贬值效应难以实现。对于无抵押隔夜拆借利率（uolr），模型预测在未来的 30 个月内会有小幅的上升趋势，但仍然维持在零水平附近。由于负利率政策效果的不确定性，及其所造成的金融系统的不确定性风险的提升，在未来负利率政策的消极影响可能会有所显现。但为了摆脱通缩，也为了与世界其他各国的超宽松货币政策相抗衡，笔者预测未来日本央行会继续维持负利率政策，也就是利率水平会处于图中零以下的灰色区域，直到国内经济基本面所有好转为止。因为就目前来看，除了包括负利率政策在内的超宽松货币政策以外，日本政府似乎没有更好的办法来扭转颓势。

5.3.3 日本非常规利率政策目标未能实现的原因分析

基于上一节实证研究中所选取的变量，本节将从除利率政策因素以外的三个方面：制约消费者信心及预期、企业固定资产投资、日元的实际有效汇率的影响因素来深入分析利率政策目标目前未能实现的原因。由于负利率政策与之前零利率政策及常规利率政策的传导机制基本相同，所以，若以下所列影响因素得不到有效改变，不能与非常规利率政策相辅相成，互相配合，那么非常规利率政策在日本的继续实践仍然是杯水车薪。

（一）国内市场需求萎靡不振，消费者信心不足

无论是宽松的货币政策还是宽松的财政政策，若想增加居民消费首先需要清楚政策传导的过程中是否增加了就业，也就是说失业率是否有所降低。居民消费的增加需要建立在稳定的职业及稳定预期的基础之上。另外，职工薪酬的增减作为一个重要指标同样影响着居民消费者的当前和跨期消费选择。就业稳定、报酬持续增长是消费者增加消费的基础和保障（见图 5-21）。

图 5-21 表示的是日本所有行业的普通工人的就业指标走势图，只有在 2006~2008 年就业人数才有未超过 4% 的增长，增长率仍然较低，其余时期的就业增长极其微弱，

在一些时期甚至呈现负增长。劳动力市场的不景气大大增加了日本大部分民众对于当前现状的不满以及对于未来的预期的悲观,从而导致日本国内民众不会提高自身的消费预期。

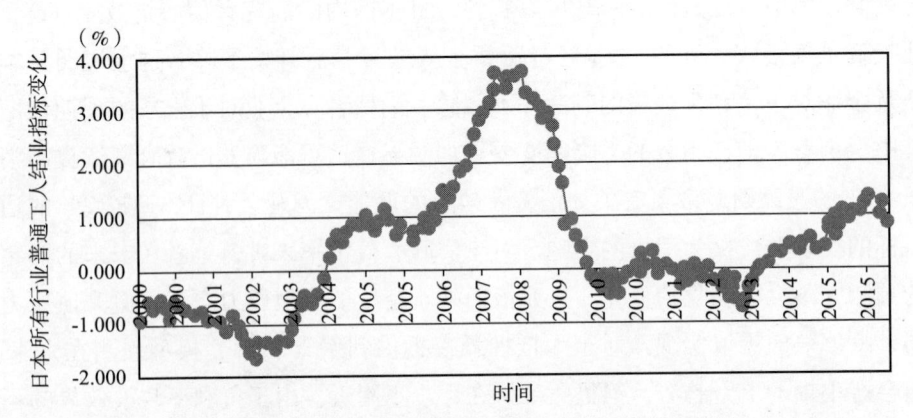

图 5-21 日本所有行业普通工人就业指标变化百分比

资料来源:日本银行 http://www.boj.or.jp/en/statistics/boj/index.htm/.

图 5-22 表示的是日本国内雇员报酬规模的趋势图,从图中可以看到,日本雇员的报酬规模呈现出波浪式的波动,近十年中日本国内的雇员的薪酬几乎没有增长。由此可见,实现 2% 的通货膨胀率的前提是提振国内居民消费,然而,尽管日本非常规利率政策的目标是提高通货膨胀率。但是,消费者的信心被就业指标的不景气和雇员名义工资刚性所削弱,使得非常规利率政策实施效果并不尽如人意。

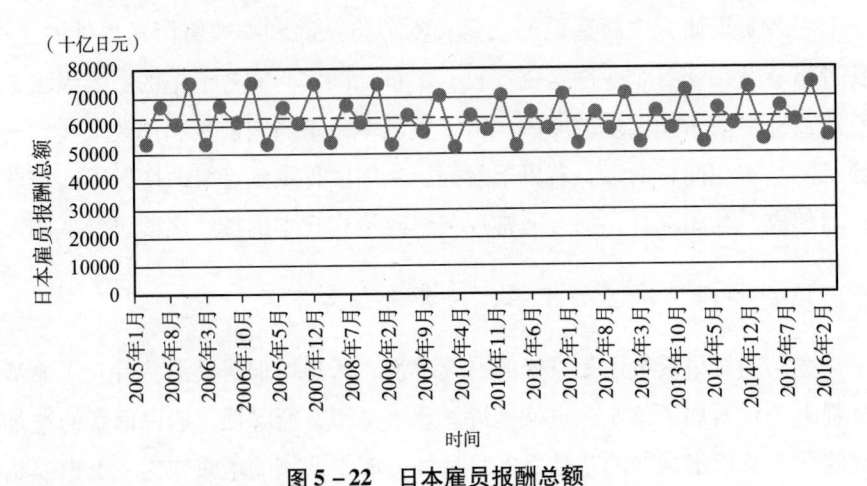

图 5-22 日本雇员报酬总额

资料来源:日本银行 http://www.boj.or.jp/en/statistics/boj/index.htm/.

最后,在进入 21 世纪以后,多届政府掌权者曾数次增加消费税以应对由于国债规模不断扩大所造成的偿债还息压力,尤其在安倍政府上台以后,将日本消费税税率由

5%提升至8%，遭到国内民众的极力反对，这无疑使得本就缺口很大的国内需求雪上加霜。不仅没有起到提高物价水平的作用，反而抑制了国内居民的消费热情，也打乱了本国民众在未来一段时期内的消费计划。

（二）信贷渠道不畅，企业投资严重不足

商业银行放贷借贷意愿不强，企业投资意愿不强是非常规利率政策目标未能实现的另一个重要原因，那就是日本国内金融机构的大量不良债权，这一问题源自于20世纪90年代泡沫经济的崩溃。此后，"惜贷"开始在日本商业银行间蔓延开来。在极度扩张的国内货币政策背景下，日本的商业银行和金融机构虽然拥有了更大规模的流动性，非常规利率政策在信贷途径的传导过程中，存贷款利率一降再降，但面对不断降低的贷款利率以及存在很大不确定性的日本实体经济，各商业银行和金融机构还是将资金用于风险系数低，收益稳定的政府债券等其他金融资产的购买或将超额准备金存入央行以得到0.1%的利息。并未将大量资金投放到信贷市场（见图5-23）。

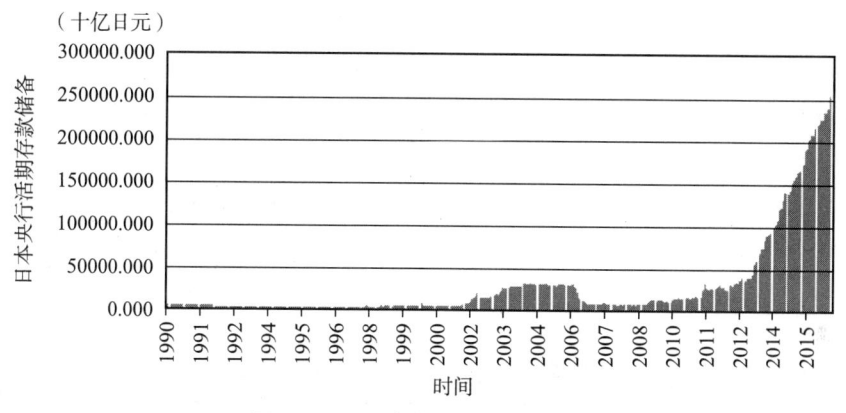

图5-23 日本央行活期存款储备

资料来源：日本银行 http://www.boj.or.jp/en/statistics/boj/index.htm/.

图5-23显示了商业银行在日本央行的活期存款储备，也就是准备金储备规模，2015年这一规模与2000年时相比扩大了近30倍。虽然日本央行保证了超低利率政策的延续性及不间断的资产购买以扩大基础货币规模，但其中的大部分流动性又回到了日本中央银行。

另外，企业投资意愿不强，导致的结果是贷款意愿不明显。首先，国内投资环境、消费市场的不景气使企业失去投资意愿。其次，依托信息技术的互联网经济使得传统资本品的使用效率显著上升，同时也降低了私人投资需求（见图5-24）。

图5-24显示了进入21世纪以来日本企业机械设备新增贷款基金规模，这一基金规模不仅没有增加，反而一直呈现微弱的下降趋势。与此同时，日本新注册企业数量也

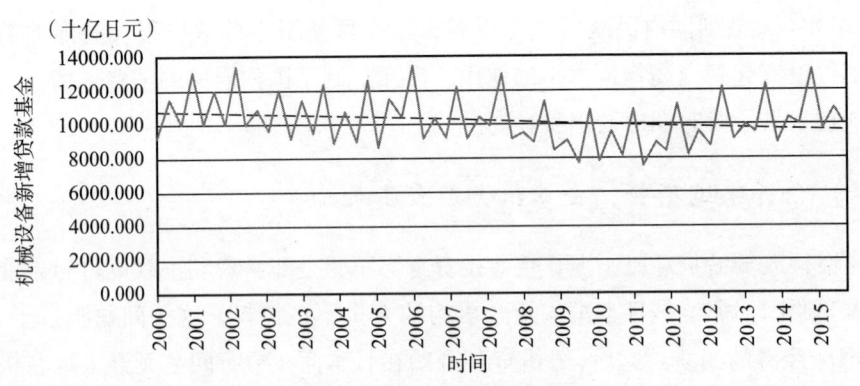

图 5-24 机械设备新增贷款基金

资料来源：日本银行 http://www.boj.or.jp/en/statistics/boj/index.htm/.

明显减少，2014 年日本新注册企业仅 11886 户，仅为金融危机前的 1/9。然而在进入 21 世纪以来，日本每年的新注册企业数量也从未有过比较明显的增长。[1]

（三）汇率传导渠道失效

作为一个商品市场与金融市场开放度都比较高的发达经济体，日本所实施的包括非常规利率政策在内的超宽松货币政策效果在很大程度上受到其重要贸易伙伴国国内货币政策的影响。这一影响稀释了非常规利率政策所期望达到的效果。主要表现在使本币贬值的预期并未能实现。在当今全球经济一体化进程中，保持本国货币政策效果的持续强劲是世界各国中央银行一直以来面临的一个重大课题。所以，外部其他经济体对于利率政策的汇率传导机制效果将会形成较为严重的制约（见表 5-3）。

表 5-3　　　　　　　　金融危机后美国的多轮量化宽松政策

轮次	时间	主要内容
QE1	2008 年 11 月 25 日 ~ 2010 年 4 月 28 日	购买国家担保的问题金融资产，重建金融机构信心、向信贷市场注入流动性，购买 1.725 万亿美元资产
QE2	2010 年 11 月 4 日 ~ 2011 年 6 月 30 日	在 2011 年第二季度以前进一步购买期限较长的美国国债，规模为 6000 亿美元
QE3	2012 年 9 月 14 日 ~ 2012 年 12 月 13 日	维持 0 ~ 0.25% 超低利率至 2015 年中期；每月抵押贷款支持证券，规模为 400 亿美元等
QE4	2012 年 12 月 13 日 ~ 2013 年 12 月 19 日后逐步缩减 QE 规模，逐步退出	每月采购美元国债，规模为 450 亿美元，与之前每月 400 亿美元的国债购买规模，合计每月资产采购总额近 850 亿美元，替代扭曲操作；继续保持零利率政策，把利率维持在 0 ~ 0.25% 的极低水平

资料来源：笔者整理自 www.federalreserve.gov.

---

[1] 整理自 CEIC 数据库。

自 2008 年金融危机爆发以后，各经济体货币当局都在扩张货币政策的实践上下足了功夫，从表 5-3 可以看出，美联储虽然没有实施负利率政策，但却进行了四轮的大规模量化宽松政策实践，并在此期间一直将政策性利率维持在零左右。美联储的扩张性货币政策使得日元对美元贬值变得十分困难。

表 5-4 是包括欧洲、瑞士、丹麦及瑞典的经济体和国家相继在 2014 年年中和 2015 年年初开始率先执行负利率政策的内容。此外，在过去的十年左右的时间中，中国人民银行也曾先后 22 次降息降准，更是在 2015 年一年中降息 5 次，以应对国内通胀水平较低、经济"硬着陆"和一系列金融市场潜在的系统性风险。

表 5-4　　　　　　　　　　　欧盟及北欧三国的负利率政策

国别	负利率实施时间	负利率实施背景	负利率政策内容
欧洲央行	2014 年 6 月 11 日	巩固中长期通胀预期	将存款利率下调 10 个基点至 -0.1% 以配合欧洲央行对于担保债券的购买
瑞士央行	2015 年 1 月 22 日	瑞士法郎面临较大升值压力，减少资本流入	将活期存款利率下调至 -0.25%，随后进一步下调至 -0.75%
丹麦国家银行	2014 年 9 月 5 日	市场对丹麦克朗需求激增，丹麦克朗面对较大升值压力	将关键货币政策利率下调至 -0.75%，向市场回售部分外汇储备；在局势逐渐恢复正常后于 2016 年 1 月提高核心政策利率至 -0.65%
瑞典央行	第一轮：2009 年 1 月 9 日；第二轮：2015 年 2 月 18 日	抵御通胀下行压力，巩固中长期通胀预期作为价格及工资制定的名义锚	将回购利率降低 25 个基点，隔夜存款利率降至 -0.25%；将回购利率降至 -0.1%；计划 2016 年年中前购买 30% 的存量名义国债

资料来源：笔者整理自 www.ecb.int、www.snb.ch、www.nationalbanken.dk、www.riksbank.se。

以上世界各经济体的超宽松货币政策意味着日本想单独凭借本国中央银行的举措来影响汇率只能是短暂性的，不可持续的。在当今世界经济增长缺乏新动力的背景下，各国央行争先恐后地或是实施非常规的超低利率政策，或是执行规模较大、持续时间较长的量化宽松政策，各国货币争相试图贬值，对于世界资本市场来讲，这无疑是一场没有赢家的零和博弈。

由图 5-25 可以看出，由于世界各主要发达经济体央行都把短期干预利率设置为接近于零甚至低于零界限的水平，使日本货币当局的非常规利率政策对日元实际有效汇率的影响微乎其微，面对外部更加激进的宽松货币政策，日元反而陷入持续升值窘境。由此可见，日本央行的非常规利率政策在汇率渠道的传导基本上被堵塞。

诚然，关于泡沫经济崩溃后，日本非常规利率政策目标未能达成的原因还有很多，但笔者基于本文研究的角度只选取以上三个核心原因对这一问题进行分析。

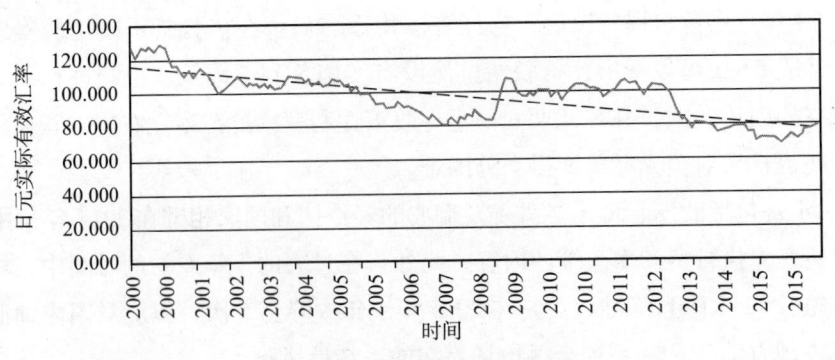

图 5-25 日元实际有效汇率

资料来源：日本银行 http://www.boj.or.jp/en/statistics/boj/index.htm/.

5.3.4 结论

本文通过对泡沫经济崩溃后日本的非常规利率政策实践传导机制、过程及实证分析可以得出以下结论。

①日本的非常规利率政策实施并非偶然，而是日本经济长期发展过程中的结果。经济增长停滞，长期通货紧缩，企业投资严重不足，日元持续升值等众多因素的不断发酵催生出了日本央行的如此极端的利率政策，而非常规利率政策的实践甚至比本国经济所面临的以上困境更加可怕。在利用 VAR 模型格兰杰因果检验进行的实证分析表明：消费、投资不足，日元升值催生出了日本非常规利率政策，非常规利率政策不仅没有起到积极作用，反而在一定程度上使消费者和企业变得更加消极，进一步恶化了国内消费总需求和国内投资环境，而这种低迷的经济基本面伴随着日元的持续升值使得本国利率通道下限进一步降低。非常规利率政策本身就是极端的流动性陷阱，已经使整个宏观经济进入一个难以挣脱的恶性循环当中。这也是日本非常规利率政策从零利率走向负利率的主要原因之一。

②日本已经进入负利率时代，但通过对负利率政策效果的短期预测，笔者认为日本央行负利率政策仍很难产生明显的积极影响。虽然负利率政策实施以后，日本国内的私人住宅投资有所回暖，并有所增长，但这也是人们应该担心的现象：极低的利率水平，规模巨大的货币总量是否将会再次使日本国内的资产价格偏离基本面从而引发新的金融和资产泡沫，值得人们警惕。

③随着时间的推移，日本国内商业银行及金融机构的盈利逐渐下降，极有可能提升金融市场的系统性的"三个优先风险"，即刺激金融市场需求的风险、操纵汇率贬值的风险以及在处于财政负担较沉重时政府再融资成本低的风险。对于中央银行来讲，金融优先、汇率优先和财政优先的风险同样增加了负利率政策所造成的金融市场的不确定

性。所以，面对总需求不足的困境，日本经济的结构性改革迫在眉睫，缩小贫富差距，增加居民劳动报酬收入，提升整个社会的边际消费倾向同样是当务之急。利率政策也许可以短暂缓解症状，但并不能根治增长率低和市场不灵活等结构性问题，宏观经济的稳定增长需要利率政策，但利率政策绝对不是一国经济可以完全依赖的良药。

日本经济已经经历了失去的20年，无论从日本还是全球角度，日本经济能够复苏和增长都是利益共享的幸事。灵活的财政政策和量化宽松货币政策带动了日本的经济增长，但效果却更多局限于短期，长期来看，经济形势仍不明朗。量化宽松、弱势日元的改革对于私人部门投资和经济账户的改善有限，消费刺激效果随着货币幻觉的消逝开始递减，提高消费税率将对消费需求形成抑制，债务负担也已经不可持续。

此外，日本深陷通缩多年，结构性矛盾突出。供给方面，劳动投入下降，资本投资减速，全要素生产率下降。需求方面则面临多年的有效需求不足，货币和财政政策已无法解决私人消费、固定资本形成和贸易余额的下降。当下日本只有通过真正改善供给和需求不足的结构性改革，才能推动经济长期增长。但结构性改革的经济增长战略面临着历史和政治的多重阻碍，"安倍经济学"的第三支箭，能否发挥关键的作用，现在还不得而知，长期经济增长仍存在很大隐患，还需要我们拭目以待。

这场改革的方向是正确的，问题在于这场改革能否坚持以及有多大决心。2014年4月份消费税率上涨后日本经济走势如何，将是检验"安倍经济学"是否真正有效的分水岭。

5.4 日元国际化对日本货币政策有效性的影响

货币国际化具有两面性：一方面，货币国际化可以给货币发行国带来大量铸币税收益、促进国内金融体制改革、提高国际地位；另一方面，货币国际化也会带来"特里芬难题"，从而影响货币发行国的货币政策独立性等。人民币加入特别提款权（SDR）后，人民币国际化的进程进一步加快。当前人民币国际化进程与日元国际化进程相比存在着许多相似之处，日元国际化的经验值得中国在推进人民币国际化过程中加以借鉴。基于此，本文将日元国际化对其货币政策的影响作为研究对象，利用VAR模型，从产出效应和价格效应两方面对日元国际化与货币政策有效性之间的关系进行研究，以揭示日元国际化对货币政策的影响效果。

5.4.1 研究综述

Aliber（1964）和Bergsten（1975）通过对美元的研究表明，美元国际化使货币当局在运行货币政策时面临困境,如果采用美元贬值的货币政策,那么经济效应会因为钉住美元汇率的货币同比例贬值而抵消;如果采用扩张性的货币政策,利率的降低将会导致资本为满足其逐利性而大量的流出,从而恶化国内的紧缩局面。基于以上两点,美元国际化使得货币政策有效性降低。① Cohen(2012)认为,货币国际化使资本频繁流动,境内外对国际化货币需求增加但是需求量又非常不稳定,这对货币发行国确定合适的利率水平及货币供给增长率是不利的,这样会降低货币政策的有效性。② Tavalas(1997)认为在盯住汇率制下,央行控制基础货币的能力受到境外人口对本国货币偏好转移的制约,因为货币国际化会使境外人口对货币喜好发生改变;在浮动汇率制下,货币国际化将会使得汇率不稳定,产生大幅度的波动,可能会制约货币政策的有效性。③

从货币国际化的宏观经济效应的角度,刘力臻和王益明(2005)认为,资本的自由流动、汇率的浮动加上人民币的可自由兑换的影响使得货币政策的实施效果受到折损。④ 徐明棋(2005)认为日元国际化的进程与日元升值是联动的,日元的升值使得日本对外投资下降,而本国出口减少,导致了日本本土产业衰退。同时日元的升值使得价格资产不断上涨,为后来的泡沫经济埋下祸根。为应对日元国际化日本打乱了实体经济发展和国内金融体系改革的步骤和方向。最终日元国际化会影响日本的宏观经济政策实施,尤其是货币政策不能够有效的影响经济发展的步伐。⑤ 姜波克和张青龙(2005)等将人民币国际化因子融入开放经济中的 IS – LM 模型中,发现不同发展水平的人民币国际化会对货币政策的利率、汇率、消费、收入和经常项目收支、货币流通速度产生影响,使央行货币政策的运行难度有所加大。⑥ 方显仓(2013)在引入货币国际化这一因素情况下,发现由于 IS、LM、CC 曲线的形状发生改变,随之产品、信贷、货币市场的均衡状态也发生改变,货币政策利率传导渠道的效率有所下降,也说明利率和货币供应量作为货币政策中间指标的功能已大大下降。从产出效应方面来看,信用渠道传导机制是比较有效的。⑦ 乔慧超和沙文兵(2015)用日元境外流通规模作为衡量日元国际化的指标,运用 SVAR 模型实证分析日元国际化对日本的宏观经济产生的影响,得出日元国际化使得日元升值、利率一直维持在较低水平并且被动实施宽松的货币政策,同时日元国际化过程中导致的日元升值在一定程度上导致了日本的经济泡沫,从而影响日本经济

---

① Aliber R. Z. The costs and benefits of the U. S role as reserve currency country [J]. Quarterly Journal of Economics, 1964, 78 (3): 442 – 456.
② Cohen B. J. The benfits and costs of an international currency: getting the calculation right [J]. Open economic review, 2012, 23 (1): 13 – 31.
③ Tavals, GeorgeS, Internationalization of Currencies: The Case of the USDollar and Its Challenger Euro [J]. The International Executive, 1998: 581 – 597.
④ 刘力臻、王益明:《人民币国际化下的货币政策响应分析》,《税务与经济》2005 年第 4 期,第 1~6 页。
⑤ 徐明棋:《从日元国际化的经验教训看人民币国际化与区域化》,《世界经济研究》2005 年第 12 期,第 42 页。
⑥ 姜波克、张青龙:《国际货币的两难及人民币国际化的思考》,《学习与探索》2005 年第 4 期,第 6~9 页。
⑦ 方显仓:《人民币国际化对货币政策传导的影响》,《华东师范大学学报》2013 年第 6 期,第 141~143 页。

的持续高速发展。①

从以上研究可以看出：国内外学者对货币政策有效性的分析主要从货币国际化角度定性分析。本文将日元国际化对其货币政策的影响作为研究对象，利用 VAR 模型，从产出效应和价格效应两方面对日元国际化与货币政策有效性之间的关系进行分析，以揭示日元国际化对货币政策的影响效果，并对人民币国际化进程中汲取日元国际化的发展经验提出政策建议。

5.4.2 日元国际化现状分析

（1）日元在金融市场的交易状况

从交易中介这一职能来看，以日元发行的国际债券从总量上看是逐步增加的，但是日元在国际金融市场上的交易比率不高。截至 2015 年第二季度全球国际债券的发行量为 206667 亿美元，其中，以欧元计值发行的国际债券占全部债券的 39.2%，以美元计值发行的国际债券占全球发行债券总额的 42.7%，以英镑计值发行的国际债券占全部债券的 9.6%，而以日元计值发行的国际债券仅占 1.9%，② 参见表 5-5。

表 5-5　　　　　　　　国际货币在国际债券中的发行占比　　　　　　　　单位：%

年份	1994	1999	2000	2005	2008	2010	2013	2014	2015
美元	40.7	46.4	45.8	36.0	28.9	32.7	36.3	36.9	42.7
欧元	24.3	26.9	28.9	44.5	51.0	46.4	44.6	44.0	39.2
英镑	6.9	8.6	8.5	9.1	9.8	10.2	9.0	9.6	9.6
日元	15.2	10.7	10.6	4.5	3.3	3.6	2.5	2.2	1.9
法郎	7.2	3.5	2.8	1.8	1.7	1.8	1.7	1.6	1.4
其他	5.7	3.9	3.4	4.1	5.3	5.3	5.9	5.7	5.2

资料来源：国际清算银行债券数据整理得来（http://www.bis.org/statistics/about_securities_stats.html）。

在全球外汇市场上，日元的平均日交易量虽然处于上升状态，但是在全球外汇市场的占比却不高，从 1995 年的 25% 下降到 2007 年的 17%，2013 年回升到 23%。而美元无论是在交易规模还是在比重方面都一直处于领先位置，2010 年美元交易规模为 33700

---

① 乔慧超、沙文兵：《日元国际化的宏观经济效应：基于日元境外流通视角的经验研究》，《世界经济研究》2015 年，第 44~52 页。
② BIS. Debt securitiesissues and amounts outstanding, residence and nationality of issuer [EB/OL]. 2016.6.2http://www.bis.org/statistics/c3-JP.pdf.

亿美元，2013年为46522亿美元，2010年到2013年的增长率为38.8%。美元交易比重从1995年83%，到2013年也一直保持87%。① 21世纪以来日本将日元国际化的发展战略调整为区域性的发展战略，但是在亚洲主要外汇市场上对日元的交易量却不容乐观。根据2007年国际清算银行的一项调查显示，在亚洲的主要外汇市场上对美元的交易量均在80%以上，其中日本本国货币对美元的交易量占58%左右。主要原因是在亚洲存在对美元的严重依赖性，这也是影响日元国际化水平不高的重要原因之一。通过以上分析可知，日元在发挥交易中介这一职能方面，无论是从国际债券市场还是从外汇交易上来看，日元的国际化程度并不是很高。

（2）日元在国际储备资产中的存量状况

从价值储备的功能来讲，日元在全球外汇储备中的比重经历了先升后降的一个过程。1976年，日元在全球外汇储备中占比2%，1980年提高到4.5%；90年代初，比重达到最高8%。此后，日本经济泡沫破裂，加上亚洲金融危机的爆发，都对日本的经济发展以及日元国际化造成了重大影响，截至2016年第一季度，日元在外汇储备中的比例仅为4.08%。表5-6显示的是主要经济体货币在全球官方外汇储备中的份额，可以看出2001年以后日元在全球官方外汇储备中的比重不断降低，截至2009年仅占2.9%；2010年以后开始回升，2012年达到4.09%。然而美元占比一直居高不下，美元在2011年占71.51%到2014年也继续维持63.33%的高位。

表5-6　　　　　　主要经济体货币在全球外汇储备中的份额　　　　　　单位：%

年份	2001	2005	2008	2009	2010	2011	2012	2013	2014
美元	71.51	66.52	63.77	62.05	62.14	62.59	61.46	61.24	63.33
欧元	19.18	23.89	26.21	27.65	25.71	24.40	24.05	24.19	21.90
日元	5.04	3.96	3.47	2.90	3.66	3.61	4.09	3.82	3.90
英镑	2.70	3.75	4.22	4.25	3.93	3.83	4.04	3.98	3.79
法郎	0.25	0.15	0.14	0.12	0.13	0.08	0.21	0.27	0.27
其他	1.31	1.74	2.20	3.04	4.43	5.49	3.27	2.86	3.15

资料来源：IMF网站的COFER数据库（http://data.imf.org/? sk = E6A5F467 - C14B - 4AA8 - 9F6D - 5A09EC4E62A4）。

除外汇储备以外，SDR也是国际储备资产中的一部分，SDR的权重在一定程度上也可以衡量货币发行国的货币国际化水平。人民币加入SDR以后，从表5-7可以看出，

---

① BIS. Reporting guidelines for the turnoverpart of the triennial central bank survey off oreign exchange and OTC derivatives market activity [EB/OL]. 2014.4.12. http://www.bis.org/statistics/triennialrep/triennial_turnoverpdf.

人民币 SDR 份额超过日本。

表 5–7　　　　　　　　SDR 货币篮子的权重分配　　　　　　　　单位：%

	美元	欧元	英镑	日元	人民币
2015.12 之前	41.9	37.4	11.3	9.4	0
2015.12 之后	41.73	30.93	8.09	8.33	10.92

资料来源：根据中国社会科学网整理得来：http://ex.cssn.cn/zx/shwx/shhnew/201609/t20160928_3218797.shtml。

总之，无论是从当前日元在全球官方外汇储备中所占的比重，还是日元在 SDR 货币篮子的权重来看，日元国际化的水平都比较低。

(3) 日元在国际贸易中的结算使用状况

表 5–8 显示了一些发达国家在进出口贸易中，把本国货币作为计价货币的使用情况。美、德和法等发达国家在进出口贸易中，本币作为计价货币使用比较普遍，美元在进出口贸易中的使用率均大于 80%，日元作为计价货币在出口中所占比重为 30%~40%，在进口中所占比重为 20% 左右，日本使用美元结算的比例较高。根据日本财务省的统计 2012 年日本出口贸易中，美元作为结算货币的使用比例为 51%，而日元仅为 38%。从日元的结算使用状况来看，日元国际化水平比较低。

表 5–8　　　　　部分发达国家进出口贸易中以本币计价的比例　　　　　单位：%

	1980 年		1995 年		1997 年		2002 年		2006 年	
	出口	进口	出口	进口	出口	进口	出口	进口	出口	进口
美国	97	85	92	80.7	98	88	95	85	95	85
德国	82.3	43	74.8	51.5	72.5	50.7	70.5	73	61	55
日本	29.4	2.4	36	22.7	35.8	22.6	34.9	24.2	40	24
法国	62.5	33.1	52	48	49.2	46.7	55.8	48.6	53	45

资料来源：李晓：《"日元国际化"的困境及战略调整》，《世界经济》2005 年第 6 期，第 5 页。

通过以上分析，得出日元的国际化水平相较于美元和欧元要低，可以说日元国际化的发展陷入了一定的"困境"。

5.4.3　日元国际化进程中的货币政策

日元国际化货币政策的最显著的特点是阶段性，在各个阶段采取不同的货币政策。

日元国际化的发展历程根据其发展特点从发展初期至今划分为第一阶段：20 世纪 60 年代至 80 年代初期；第二阶段：20 世纪 80 年代中后期至 1997 年的东南亚金融危机；第三阶段：1997 年至今三个发展阶段，在这三个阶段对应着不同的货币政策的实施。

1. 20 世纪 60 年代至 80 年代初期，日本实施了低利率信贷政策以及贷款额度优先的扩张性货币政策

这一时期日本对日元国际化态度并不积极。一方面，布雷顿森林体系解体以来，国际货币体系秩序混乱，日元升值压力大。日本是出口导向型国家，为应对日元升值对出口企业产生的负担，政府支持在进出口贸易中用日元作为结算货币。另一方面，20 世纪 70 年代末，日本当局对国内金融管控力度加大，"日元国际化将搅乱国内政策"①的这一论点使得日本银行和大藏省认为日元国际化会使日本大量资本外逃，对日本经济产生消极影响。这一时期的日元国际化是在外部压力之下做出的选择。1964 年日本开放经常项目下的货币自由兑换，与此同时放开资本市场。1970 年日本对外证券投资大幅放开，在欧洲建立日元市场，大量发行武士债券，取消"限制国外投资者购买股票"的要求。1973 年日本实施完全浮动汇率政策。相应的日元国际化取得了进展，在对外贸易的出口额和进口额中，按日元结算的比例从 1970 年的 0.9%、0.3% 上升到 1980 年的 29.4%、2.4%。在国际储备中日元比重从 1976 年的 2% 上升到 1980 年的 4.5%。

这一时期经济的高速发展离不开日本实施了低利率信贷政策以及贷款额度优先的扩张性的货币政策。

2. 20 世纪 80 年代中后期到东南亚金融危机。这一时期日本政府对日元国际化持积极态度，日元国际化取得了突破性的进展

日本政府积极推动日元国际化，1980 年撤销了本地居民向海外供给日元贷款和外汇不可以自由兑换成日元的限定，这也标志着资本项目下的货币兑换自由，日元国际化快速发展由此展开。20 世纪 80 年代初期，日本对外贸易迅速发展，对外贸易顺差大幅增长，其中大部分是对美国贸易顺差。美国希望通过美元贬值改善其贸易环境，为此采取重要的措施就是逼迫日元升值。广场协议签署以后，日元兑美元汇率从 1985 年的 262 升值到 1995 年的 80，在十年之中，日元升值 3.3 倍。1986 年日本政府建立东京离岸金融市场，原有的资本流动性限制被取消，随后放松对金融市场的管制，例如，欧洲日元市场全面自由化。在出、进口额中，按日元结算的比例相较于 1980 年的 29.4%、2.4%，1990 年分别增加到 37.%、14.5%。日元在国际外汇储备中的比例相较于 1980 年的 4.5% 上升到 8%，仅次于美元和德国马克，日元国际化在这一时期取得显著成绩。

---

① 张国庆、刘骏民：《日元国际化：历史、教训与启示》，《国际金融》2009 年第 8 期，第 56~60 页。

但是在 20 世纪 80 年代末至 90 年代初期,日本房地产市场恶化,股票市场泡沫破裂,日本经济随后进入"失去的 10 年",日元国际化的发展受到重创。在国内金融体系尚未完善的情况下,日本政府过快开放资本账户,这是造成这一阶段日元国际化受阻的原因之一。1997 年日本出口贸易中日元结算的比重降低到 35.8%,进口贸易中以日元结算的比例为 18.9%。日元在国际外汇储备中的比例降为 6%。日元国际化程度伴随日本经济泡沫破裂进入下降时期。

1986 年广场协议的签订到 1999 年间,日本经济经历了日元升值阻碍国内经济、经济泡沫破裂、"失去的十年"等事件。为应对日元升值产生的影响,日本银行在 1986 年 1 月至 1987 年 2 月之间先后 5 次连续降低公定贴现率,贴现率由 5% 下降到 2.5%,一直到 1989 年 5 月一直保持着比较低的利率。由于前期大量资本流入股票和房地产市场,经济泡沫越来越大,于是日本银行采取了一段时间的紧缩的货币政策。1989 年 5 月到 1990 年 8 月之间连续 5 次上调公定贴现率,由 2.5% 上调至 6%。由于货币政策实施力度过于强烈,1990 年 9 月,日本经济泡沫破裂。为了应对经济泡沫破裂所产生的恶劣影响,90 年代以来日本银行数次调低公定贴现率,其中 1998 年由于金融自由化程度不断加深,公定贴现率高于无担保银行隔夜拆借利息率,对货币市场利息率结构的影响程度逐渐减弱,于是无担保银行隔夜拆借利息率替代公定贴现率成为日本银行的中介目标。1998 年,无担保银行隔夜拆借利息率降低到 0.25%。这一阶段日本银行虽然多次调低利息率,但是日本经济还是停滞不前,1998 年日本 GDP 增长率为 -2%,以利率为调控手段的常规货币政策已经不能够解决日本经济长期衰退问题。

3. 1997 年东南亚金融危机至今。这一阶段日本政府将日元国际化发展战略改变为"区域发展战略",主动推行日元国际化的发展

中美洲地区和欧盟地区货币一体化带来的经济发展,成为日本当局改变其日元国际化发展战略的重要动力。1998 年日本当局发表《关于日元国际化——中间论点整理》、《关于推进日元国际化的政策措施》。1999 年 11 月,东盟与中日韩三国首脑在马尼拉发表联合声明,指出在东亚地区推行"亚元"是有可能的。2000 年 5 月,东盟 10+3 国财政部长会议,就 10+3 机制下的双边互换协议达成共识,同年 8 月会议将货币互换额度提高到 10 亿多美元。2002 年 12 月,日本在东盟"10+3"上提议在亚洲地区发行"ABC 债券"。2010 年 3 月,亚洲区域外汇储备库正式启动,日本出资额度 384 亿美元,占外汇储备库总额的 32%。其中,亚洲债券基金(ABFs)是东亚国家为促进区域货币一体化做出的重要尝试。

在这一阶段日本当局实行零利率和数量宽松的货币政策。常规的货币政策已不能应对日本经济的衰落,1997 年金融危机的爆发,加剧了日本经济的式微,于是 1999 年日

本银行将货币政策调整为"零利率"。由于"零利率"并没有实现降低通货膨胀的承诺,次年3月运用数量宽松的货币政策,这一阶段货币政策的中介目标从无担保的银行间隔夜拆借利率转换成存款准备金余额。起初存款准备金余额目标设定为5万亿日元,此后日本央行先后9次上调准备金余额。到2004年1月调整到30万亿~35万亿日元。仅3年时间,存款准备金额增长了6倍多。数量宽松的货币政策运行以来,日本经济发展形势示好,到2005年,GDP增长率为2.4%,CPI从2005年10月开始变为正值,2006年10年CPI增长率为0.1%,日本经济逐步走出通货紧缩,2006年日本推出量化宽松货币政策。次贷危机的爆发、日本大地震以及福岛核电站泄露等国内外环境都对日本经济产生不利影响。为此,2012年安倍上台后,推行安倍经济学:宽松的货币政策、积极的财政政策、结构性改革。但纵观"安倍经济学"的发展成效,并没有取得预期的成果。为了避免日本经济重新陷入停滞状态,日本银行于2016年1月底首次提出实行"负利率",即将0.1%的存款利率调整为-0.1%,"负利率"货币政策的效果值得我们期待。

5.4.4 日元国际化对货币政策有效性影响的实证分析

1. 衡量货币政策有效性的重要指标

货币政策目标实现与否是衡量货币政策有效性的重要指标,而货币政策最终目标是很难操控的,有些国家将中介目标来作为最终目标实现的调控手段。中介目标可以分为两类:第一类是数量调控类指标,主要将货币供应量作为中介指标;第二类是凯恩斯主义的利率指标。这两类指标的选择因各个国家的经济发展状况而定,日本主要以利率作为其中介目标,日元国际化对中介目标产生冲击,削弱利率的独立性,从而削弱利率作为中介目标的参考作用,对日本货币政策产生不利影响,间接造成日本货币政策实施的有效性与否。下文从货币政策传导机制的角度分析日元国际化对货币政策有效性的影响。

以下从凯恩斯主义的利率传导机制的角度加入日元国际化这一变量,证明货币国际化对货币政策有效性的影响。从凯恩斯主义的宏观经济模型出发,根据货币供给和货币需求函数,分别得出IS、LM曲线:

产品市场均衡时IS曲线:$Y = A - di$,其中$d > 0$;(1)

货币市场均衡是LM曲线:$M = kY - hi$,其中$h > 0$,$k > 0$;(2)

Y表示产出,M表示货币供给量,d表示投资的利率弹性,k表示交易性货币需求的利率弹性,h表示投机性货币需求的利率弹性。原始IS-LM模型并没有将货币国际化这一因素考虑在内，倘若将日元国际化（g）这一变量加入其中，则新的 IS、LM 方程变为：

产品市场均衡时 IS 曲线：$Y = A - d(g)i$，其中 $d(g) > 0$，$d'(g) > 0$；（3）

$d'(g) > 0$，说明随着日元国际化程度的不断提升，投资的利率弹性变小。

货币市场均衡时 LM 曲线：$M = k(g)Y - h(g)i$，其中 $k(g) > 0$，$k'(g) < 0$，$h(g) > 0$，$h'(g) > 0$；（4）

$k'(g) < 0$，说明随着日元国际化程度的不断提升，交易性货币需求的收入弹性变小；$h'(g) > 0$，说明随着日元国际化程度的不断提升，投机性货币需求的利率弹性变大。通过（3）、（4）可以得出 IS、LM 曲线的斜率，分别是 $-1/d(g)$ 和 $k(g)/h(g)$。所以随着日元国际化 g 水平提高，$d(g)$ 逐渐变小，那么 IS 曲线的斜率的绝对值是逐渐变大的，IS 曲线更加陡峭；随着日元国际化水平（g）提高，$k(g)$ 是逐渐变小的，$h(g)$ 是逐渐变大的，那么 LM 曲线的斜率是变小的，LM 曲线变得平缓。IS、LM 曲线的变化参见图 5 - 26。以此为基础来分析日元国际化对货币政策有效性的影响。

从图 5 - 26 左图观察出随着日元国际化水平的提高，IS 曲线变陡峭，变为 IS_{g0}，如果采取扩张性的货币政策，LM 曲线右移变为 LM1，看出产出由原来的 Y1 减少为 Y_g，货币政策效果是被削弱的。

从图 5 - 26 右图可以看出随着日元国际化水平的提高，LM 曲线变平缓，变为 LM_{g0}，如果采取扩张性的货币政策，在不考虑日元国际化的条件下，产出变化区间为 Y_0Y_1，在考虑日元国际化这一因素的条件下，产出变化区间为 Y_0Y_g，货币政策的效果是被削弱的。

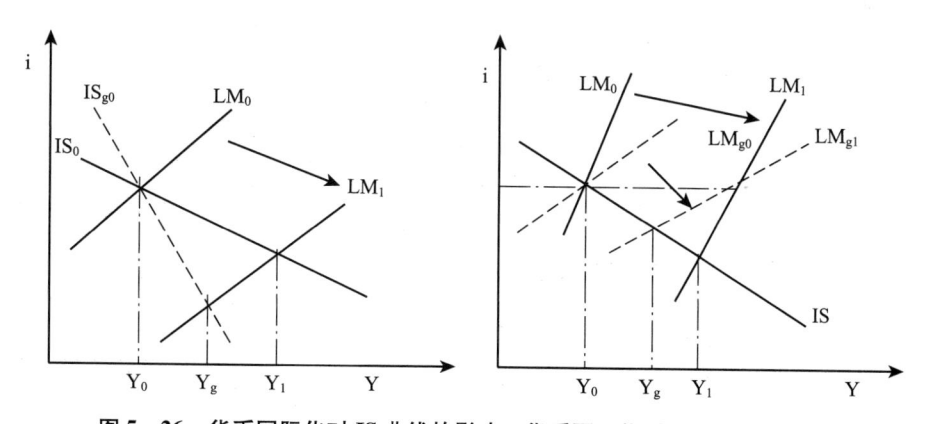

图 5 - 26　货币国际化对 IS 曲线的影响　　货币国际化对 LM 曲线的影响

2. 实证分析

以下将依据日元国际化和日本货币政策有效性两部分的数据，使用 Eviews7.0 软件,用价格水平变化率、产出增长率和日元国际化及利率的交叉项做向量自回归模型。

(1) 变量选取及数据说明

现在国际上公认的货币国际化的计量方法是国际化货币在国际职能上的运用,本文在采集日元国际化(cshare)指标时,仅采用其作为国际储备的角度来衡量,即日元作为官方外汇储备在全球官方外汇储备中的比例。

在日本货币政策的回顾中发现,利率在日本货币政策中占据重要地位,是日本重要的货币政策操作手段。同时,日本银行采取的货币政策是为了应对日本长期的通货紧缩以及经济发展不景气问题。所以在实证部分主要采用产出增长率、价格水平变化率、日本银行利率水平与日元国际化水平交叉项三个指标来衡量日元国际化进程中日本货币政策有效性。

(2) VAR 模型的构建

建立一个 VAR 模型 $Y = (y, p, r*cshare)$,y 表示产出增长率;p 表示价格水平变化率;$r*cshare$ 表示日本银行利率水平与日元国际化水平交叉项(见表 5-9)。

表 5-9　　　　　　　　　　格兰杰因果检验

Dependentvariable: Y			
Excluded	Chi-sq	df	Prob
P	7.814820	2	0.0201
rcshare	1.178852	2	0.5546
All	11.06919	4	0.0258
Dependentvariable: P			
Excluded	Chi-sq	df	Prob
Y	9.106130	2	0.0105
rcshare	2.612955	2	0.2708
All	10.82001	4	0.0287
Dependentvariable: rcshare			
Excluded	Chi-sq	df	Prob
Y	0.585728	2	0.7461
P	7.247878	2	0.0267
All	8.429064	4	0.0771

从格兰杰因果检验中，P 对 Y 的格兰杰因果检验在 5% 的显著性水平下显著，P 是 Y 的格兰杰原因，虽然单从 rcshare 对 Y 的格兰杰因果检验并不显著，但是从总体来讲在 5% 的显著性水平下显著，P 和 rcshare 是格兰杰原因，产出增长率不仅与价格增长率有关，同时又与利率和日元国际化水平的交叉项有关。Y 对 P 的格兰杰因果检验在 5% 的显著性水平下显著，Y 是 P 的格兰杰原因，虽然单从 rcshare 对 P 的格兰杰因果检验并不显著，但是从总体来讲，格兰杰检验在 5% 的水平下显著，这说明价格增长率不仅与产出增长率有关，同时又与利率与日元国际化水平有关。P 对 rcshare 的格兰杰检验在 5% 的水平下显著，单从 Y 对 cshare 的格兰杰因果检验并不显著，但是从整体来看，在 10% 的水平下显著，所以日元国际化水平与利率的交叉项不仅与 P 有关同时又与 Y 有关。这说明 P、y、rcshare 互为因果。

（3）脉冲响应

在已建立的 VAR 模型基础上，我们利用脉冲响应函数，来分析产出增长率、价格变动率、利率与日元国际化水平交叉项（见图 5-27~图 5-35）。

从产出的脉冲响应函数图来看，产出对价格增长率的一个标准差冲击呈现出波动性的效应，期初未负效应，逐步增加，在第四期的时候开始转化成正效应，之后一直为正效应。对日元国际化与利率交叉项的一个标准差冲击呈现为正效应，在第三期时，正效

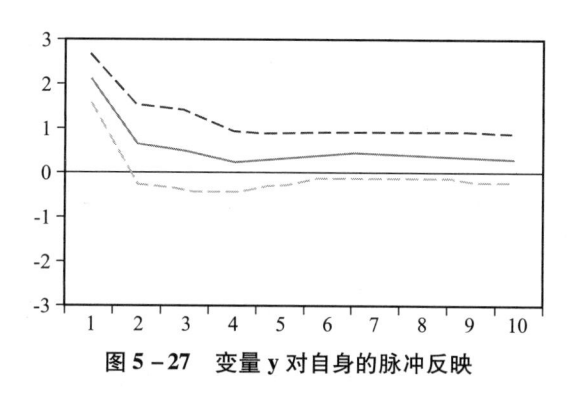

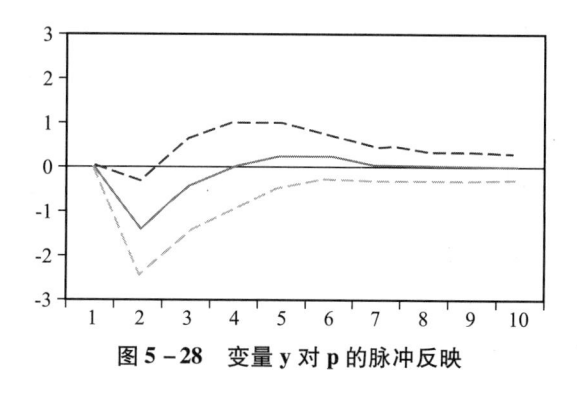

图 5-27 变量 y 对自身的脉冲反映

图 5-28 变量 y 对 p 的脉冲反映

图 5-29 变量 y 对 rcshare 的脉冲反映

图 5-30 变量 p 对 y 的脉冲反映

图 5-31 变量 p 对自身的脉冲反映

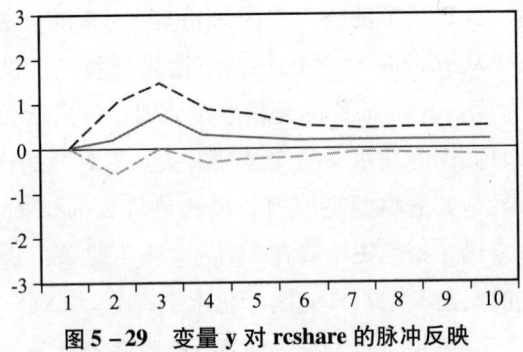

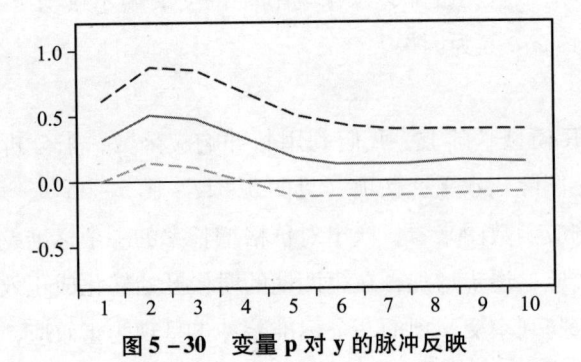

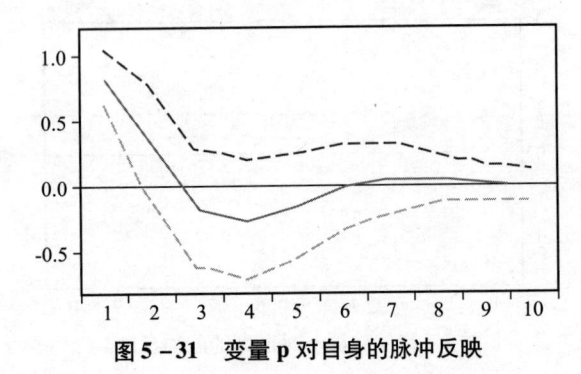

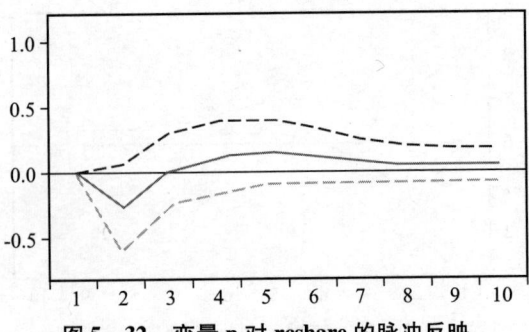

图 5-32 变量 p 对 rcshare 的脉冲反映

图 5-33 变量 rcshare 对 y 的脉冲反映

图 5-34 变量 rcshare 对 p 的脉冲反映

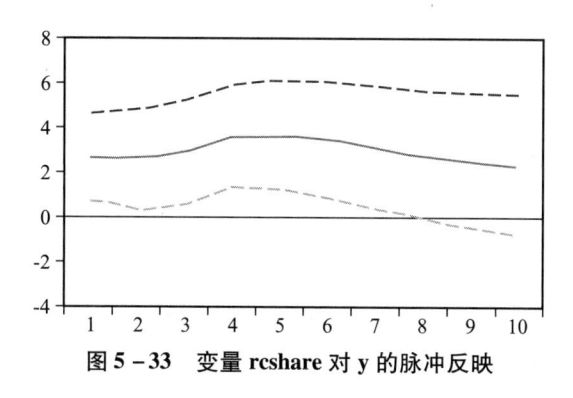

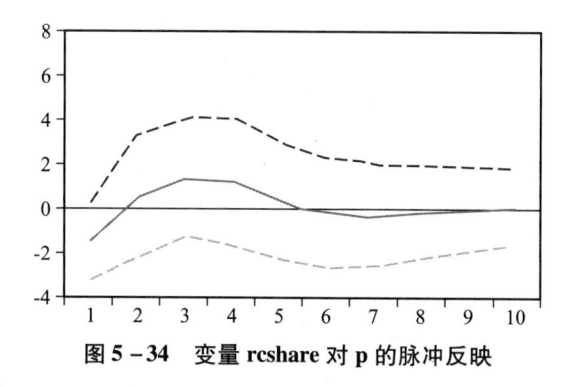

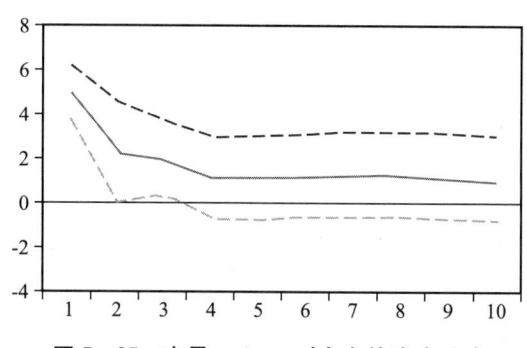

图 5-35 变量 rcshare 对自身的脉冲反映

应达到最大。从累计的脉冲效应来看，产出对日元国际化和利率的交叉项的影响一直保持着正效应，这说明产出增长率对日元国际化下的货币政策呈现出非常强的正效应。

从价格增长率的脉冲效应来看，价格增长率对利率和日元国际化水平的交互项呈现出负效应，后呈现出正效应。从累计脉冲响应来看，价格增长率对产出增长率呈现出正效应，对日元国际化水平的货币政策呈现出正效应，并且有滞后性，在前期表现并不显著。

从日元国际化水平和利率的交互项来看，交叉项对产出的一个标准差冲击呈现出正效应。对价格增长率的一个标准差冲击起初呈现负效应，第二期到第五期开始表现为正效应，后来正效应逐渐趋小变为负效应。日元国际化和利率的交叉项对产出的影响一直保持着正效应，但是这一效应呈现下降趋势，这说明产出增长率对日元国际化下的货币政策呈现出非常强的正效应，但是这一影响程度是呈减弱的状态，这说明日元国际化进程中的货币政策与产出增长率是有关系的。从日元国际化和利率的交叉项来看，其对价格增长率的影响期初是正效应，后期变为负效应且趋于稳定，说明日元国际化初期促进价格上涨，面临通货膨胀的压力，但是后期日元国际化进程中的货币政策使面临通货紧缩的压力，并且具有长期性。以上模型分析的结果与日本的现实状况是相吻合的。

5.4.5 结论

通过运用 VAR 模型，得出日元国际化背景下货币政策的效应受到了冲击，无论是在货币政策产出效应方面还是在价格效应方面。日元国际化促使日元升值，为维持内外部平衡，日元国际化促使日本的市场利率一直维持在比较低的水平，并且使得日本被动地实行比较宽松的货币政策。在产出效应方面，初期促进了日本的产出水平的提高，后来由于泡沫的破裂使得日本经济陷入衰退阶段；在价格效应方面使得价格变动趋于波动性，在日元国际化初期具有通货膨胀的压力，后期随着日本经济的衰退使得面对通货紧缩的压力。以上两方面都与日元国际化进程中采取的货币政策密切相关，为应对外部日元升值的压力而被动地采取宽松的货币政策，使资产价格膨胀，形成泡沫经济，对日本经济产生重大影响，破坏了国民经济长期稳定有序的发展。在日元升值压力下，日本采取的货币政策不能满足国内经济的需要，日元国际化影响了货币政策有效性的正常发挥。

从日元国际化的发展过程中，可以看出在促进本国货币国际化的进程中，保持货币政策的独立性至关重要。人民币作为世界货币的进程已经开始，可以从日元国际化的进程中汲取以下经验。

①实体经济的发展是日元国际化的保证。日元国际化在后期发展陷入困境，与日本进入"失去的十年"密切相关。人民币国际化是否会取得显著成果，重点在于实体经济的全球化。贸易规模是衡量一国实体经济的重要指标，假设一国可以成为全球的最终消费市场，那么货币发行国的货币成为结算使用货币的概率就会很大。日本虽然是世界经济大国，但在长期对外贸易中一直保持着顺差的状态，这在很大层面上阻碍了日元的国际化。货币国际化的重要指标是储备货币的存量，贸易伙伴国与本国进行经常交易和资本贸易的关系越紧密，那么就会持有对方相当数量的货币。目前，中国贸易总体上保持着贸易顺差的状态，但是顺差主要是对美国，而对日、韩等东亚国家基本上保持着贸

易逆差的状态,例如,中国2016年贸易顺差3.35万亿元,同比下降9.1%,对美国保持大量顺差,据美国商务部说明在美国2016年的贸易逆差中中国占比47%,贡献最大,而中国对日本保持1100亿元的贸易逆差。中国作为东亚地区"最终市场提供者",人民币通过经常项目进入到东亚各国,从而使东亚各个国家提高对人民币的使用率。目前,中国实施的"一带一路"倡议给人民币国际化造就了一个良好的平台,不断加大中国与周边国家的贸易往来,增加周边国家对人民币的认可程度,如果"一带一路"能够良好发展,那么人民币国际化顺理成章。为此,当下为实现人民币国际化,实施好"一带一路"发展战略是根本。

②日本过快取消资本账户的管制,对日元国际化产生不利影响。资本项目开放要求本国放松对外汇和汇率浮动范围的管制,使资本的流入和流出更加容易,汇率频繁发生波动。同时,双方国家之间的收益率稍有不同,就会导致一国居民减少或增加对外国货币的持有,致使出现货币替代问题。人民币国际化以后,会承担相应的国际资本流动的责任,贸易和金融领域的开放程度不断扩大,货币政策的有效性被削弱。如果中国的资本账户完全开放,由于国际资本的逐利性,国际资本的投机属性远远高于投资属性,存在大量短期国际资本投机行为风险,极端情况下,会造成中国金融系统风险。基于投资属性的国际资本的流动是长期且缓慢的,其风险要远远小于投机资本的大幅度流动。为此,在相当长的时间内维持短期资本流动账户的管制,或者是收取托宾税,而放开与实体经济和长期投资相关的资本项目是很有必要的。

③日元国际化失败的重要原因之一是忽视货币区域合作。从日元国际化的发展路径来看,日本直接追求日元成为国际货币,极力实现日元具备国际货币的功能。但是在现有美元霸权体制下,直接推行货币国际化有一定的困难,从欧元和日元推行货币国际化的现实状况可显而易见。目前,许多学者认为人民币面临直接成为与美元、欧元一样的国际货币,还是先成为该地区的关键货币的重要选择。从日元国际化失败和欧元区的成功经验总结出,遵循"周边化—区域化—国际化"的路径是在当前美元霸权体制下一国货币国际化不错的选择。目前,人民币国际化尚处在早期发展时期,如何迅速增加人民币在周边国家的使用周转率和流通量,提高人民币在周边国家的影响力,提升周边国家对人民币的认可程度,从而提升人民币的国际影响力。

④货币政策的效果会受到货币境外流通规模的影响,为此必须加强对跨境人民币资金流动和离岸人民币市场的监测。日本在推行资本自由化后,不存在系统的市场监督和管理体系。虽然离岸人民币市场的存款创造不会对境内的货币供给量产生直接影响,但人民币资金跨境流动的高频率会增加货币当局对货币政策的调控难度。因此,持续关注离岸人民币市场的发展状况,不断修缮人民币跨境及境外人民币业务的统计与分析,提高离岸人民币市场的信息公开程度,以便高效、正确地把握离岸市场对货币供应量所产

生影响。与此同时，对一国货币来讲，要想成为真正意义上的国际货币，必须保证货币既可以流出去，又可以在经常项目下流回来。为促进人民币境外循环，进一步提升离岸人民币市场的流动性和稳定性，为保证市场运行在合理区间，保证人民币跨境资金流动对货币政策影响属于可控制状态，不断离岸人民币相关统计口径及人民币跨境流动监测体系，不断促进人民币境外循环和离岸人民币市场发展，支持离岸市场人民币资金池建设，监测并调节人民币资本项目下的回流。

第 6 章

日本供给侧改革与处理僵尸企业问题的经验教训

20世纪90年代，日本曾出现大量僵尸企业。当时，由于日本股市泡沫和房地产泡沫的破裂，许多企业资产估值严重下降，有的企业甚至濒临倒闭。为了避免不良贷款的激增，日本银行选择了持续向这些企业提供资金贷款的政策，由此导致大量僵尸企业的出现。此后十余年里，受制于僵尸企业，日本经济增速十分缓慢，进入"失去的十年"。直到2003年左右，僵尸企业问题基本得到解决之后，日本经济才开始有了起色，并在2008年国际金融危机爆发之前保持了良好的增长态势。因此，认真总结日本当年应对僵尸企业的经验和教训，对于中国在推进供给侧结构性改革、实施"三去一降一补"产业升级战略过程中，如何采取有效措施及时有效地处理好僵尸企业问题，确保经济平稳健康地发展具有重要的借鉴意义。

6.1 相关研究述评

对日本僵尸企业问题的研究主要肇始于20世纪90年代初经济泡沫崩溃以来对日本经济陷入"长期经济增长停滞"的原因的研究。相关的研究主要集中在以下几个方面：

一是对"僵尸企业"的存在与日本经济"失去的十年"之间的关系的研究。关根敏龙·小林庆一郎·才田友美、小幡绩·坂井功治等的研究认为，僵尸企业的存续是导致日本经济恢复迟缓的主要原因之一。①② 迈克·希科夫（MarcinJaskowski）指出，"僵

---

① 関根敏隆・小林慶一郎・才田友美：「いわゆる『追い貸し』について」、日本銀行金融研究所『金融研究』第22巻第1号、2003年 pp. 129 – 156。
② 小幡績・坂井功治：「メインバンク・ガバナンスと『追い貸し』」、『経済研究』第56巻2号、2005年 pp. 149 – 161。

尸借贷"是导致日本经济"失去的十年"的主要原因。① 斯基霍西（TakeoHoshi），凯夏普（Kashyap）在总结日本的经验教训时指出，由于日本政府没有及时地处理并分类对待僵尸企业，就没有能够有效避免日本银行业放贷僵尸企业而造成经济受损的现象发生。② 中村·福田的研究发现，被称作僵尸的日本企业，由于各种原因的交互作用，政府主动使其破产的极少。③ 虽然有些僵尸企业也具有复活的可能性，但其存在本身就降低了市场效率，影响了整个资源的有效配置，并使市场丧失活力，是日本经济20年停滞不前的重要原因之一。④ 莫顿·米勒称，日本"失去的十年"就是救助僵尸企业带来的后果。他认为，"允许企业破产清算，就是鼓励经济发展"，当初日本就不应该救助那些"僵而不死"的企业。

二是对"僵尸企业"巨大的负外部性效应的研究。卡巴雷罗（Caballero），霍西（Hoshi），凯夏普（Kashyap）等都认为僵尸企业的存在使全体产业具有负的外部性效应，对健全的企业带来了负面的影响。⑤⑥ 中村純一也认为，在日本经济面临深刻金融危机的90年代末到21世纪初，由于追贷和僵尸企业的存在，使资源配置发生扭曲，使正常的企业担负了僵尸企业带来的很大外部性，也推迟了日本整体经济复苏步伐。⑦ 卡巴雷罗（Caballero）、霍西（Hoshi）、凯夏普（Kashyap）他们利用上市企业的数据对个别指定的僵尸企业进行了检验，得出僵尸企业的负的外部性延迟了日本整体经济的恢复。认为日本经济面临深刻金融危机的20世纪90年代末至21世纪初期这一段时间，由于追贷和僵尸企业的存在使资源配置发生了扭曲，对健全企业带来了负面的外部效应。⑧

三是对僵尸企业的存在与导致金融、劳动力等资源配置的非效率化，导致日本经济全要素生产率下降的关系的研究。星岳雄⑨、樱川⑩等认为，金融机构对复苏乏力的企业继续追加贷款使效率低下的企业继续存活是日本经济效率低下的主要原

---

① MarcinJaskowski. Should Zombie Lending Always be Prevented? *International Review of E-conomics&Finance*, 2015 (40): pp. 191–203.
② TakeoHoshi, AnilK. Kashyap. Will the U. S. Bank Recapitalization Succeed? *Eight Lessons from Japan. Journal of Financial Economics*, 2010, (97): pp. 398–417.
③ 中村純一・福田慎一:「いわゆる『ゾンビ企業』はいかにして健全化したのか」日本政策投資銀行設備投資研究所『経済経営研究』、Vol. 28 No. 1、2008年3月。
④ 朱舜楠、陈琛:《"僵尸企业"诱因与处置方略》,《改革》2016年第3期总第265期。
⑤ Caballero, R., Hoshi, T., and A. Kashyap "*Zombie Lending and Depresses Restructuring in Japan*," NBER-WorkingPaper2006, No. 12129.
⑥ 星岳雄:「ゾンビの経済学」、岩本康志・太田誠・二神孝一・松井彰彦編:『現代経済学の潮流2006』、東洋経済新報社、2006年 pp. 41–68.
⑦⑧ 中村純一:「いわゆる『ゾンビ企業』はいかにして健全化したのか?」日本政策投資銀行設備投資研究所『経済経営研究』、Vol. 28 No.1、2008年3月。
⑨ 星岳雄:「なぜ日本は流動性の罠から逃れられないか」、深尾光洋・吉川洋編『ゼロ金利と日本経済』、日本経済新聞社、2000年 pp. 233–266.
⑩ 櫻川昌哉:『金融危機の経済分析』、東京大学出版会、2002年。

因。皮克（Peek）和罗森格伦（E. S. Rosengren）①、阿亨（Ahearne, A. G.）和品田（N. Shinada②）、德沃特里彭（Dewatripont, M.）和马斯金（E. Maskin③）、格罗夫（Berglöf, E.）和罗兰（G. Roland）④ 等研究表明银行对僵尸企业追加贷款与软约束预算同样使资源分配非效率化。卡巴雷罗（Caballero）、霍西（Hoshi）、凯夏普（Kashyap）⑤、沃恩（Kwon）和内田（Narita）⑥ 等认为由于对应该从市场退出而没有退出的僵尸企业进行追加贷款使日本金融市场陷入了资源再配置的非效率性，导致了20世纪90年代日本经济全体全要素生产率下降。迈克·希科夫斯基（MarcinJaskowski）指出，"僵尸借贷"是无法阻止的，因为，从银行角度来说，"僵尸借贷"在短期内可以降低银行的不良资产率，因此，"僵尸借贷"是银行经营战略的"次佳"选择，因此注资给银行是不会解决任何问题的。⑦

四是对僵尸企业的存在阻碍劳动力的正常流动、影响投资的正常流向以及阻碍正常企业的进入和投资的关系的研究。雷罗（RicardoJ. Caballero），霍西（TakeoHoshi），凯夏普（AnilK Kashyap）认为，僵尸企业会剥夺工人的就业机会，使正常企业失去市场份额、利润减少，这也阻碍了正常企业的进入和投资。⑧ 福田认为，僵尸主导的行业表现出更沮丧的破坏就业机会，降低生产率。僵尸企业的增加降低了非僵尸的投资和就业增长，并扩大了僵尸企业和非僵尸企业之间的生产率差距。⑨ 熊爱宗认为20世纪90年代，随着日本经济增长速度的减慢，许多企业出现了不同程度的经营困难甚至破产，并直接带动银行出现大量的债权，日本出现大批僵尸企业。⑩ 汤姆（Tom）认为日本政府支持银行继续向僵尸企业贷款，并支持企业不向僵尸企业要求偿还贷款，允许企业在进入破产后仍继续经营，是导致日本经济放缓的原因。⑪

---

① Peek, J., andE. S. Rosengren "Unnatural Selection: Perverse Incentives and the Misallocation of Creditin Japan," *American Economic Review*, 95 (4), 2005, pp. 1144 – 1166.
② Ahearne, A. G., and N. Shinada "Zombie Firms and Economic Stagnation in Japan," *International Economics and Economic Policy*2, 2005, pp. 363 – 381.
③ Dewatripont, M., and E. Mask in "Credit and Efficiency in Centralized and Decentralized Economies," *Review of Economic Studies*62 (2), 1995, pp. 541 – 555.
④ Berglöf, E., and G. Roland "Bank Restructuring and Soft Budget Constraintsin Financial Transition," *Journal of the Japanese and International Economics*9 (4), 1995, pp. 354 – 375.
⑤ Caballero, R., T. Hoshi and A. Kashyap "Zombie Lending and Depressed Restructuring in Japan," *Amer-ican Economic Review*, 2008, Vol. 98, pp. 1943 – 1977.
⑥ Kwon, H. U., F. Narita and M. Narita "Resource Reallocation and Zombie Lending in Japan in the '90s," RI-ETID iscussion Paper Series, 2009, 09 – E – 052.
⑦ Marcin Jaskowski. Should Zombie Lending Always be Prevented? *International Review of E-conomics&Finance*, 2015 (40): pp. 191 – 203.
⑧ RicardoJ. Caballero, TakeoHoshi, AnilK. Kashyap "Zombie Lending and Depressed Restructuring in Japan", 2007. No. 12129, NBER (National Bureau of Economic Research)
（日本的"僵尸借贷"与"低迷"重组 No. 12129，国家经济研究局工作论文）。
⑨ 福田慎一：「失われた20年」を超えた、NTT出版，2015年7月。
⑩ 熊爱宗：《美国、日本处置僵尸企业的经验教训》，《中国财经报》2016年3月13日。
⑪ See Tom Papworth, The trading Dead: The zombie firmsplaguing Britain'seconomy, and what to do about them, *Adam Smith Institute Report*, 2013。

五是对日本在处理僵尸企业问题经验的研究。李曙光认为,对那些连年亏损并丧失清偿债务能力的僵尸企业,应严格按照破产法的规定,使其破产清算、退出市场。对政府不得不救助的一些企业,应在符合破产法程序和制度的基础上进行援助,包括财政补贴、税收优惠、融资支持、债务冲抵等。① 熊兵认为,日本处理僵尸企业问题的成功经验主要表现在:完善的相关法律、涵盖经济领域各个方面综合性政策框架的制定、成立处理僵尸企业问题的专门机构等方面。② 何帆认为,日本在处理不良资产问题时,实行三方合作,共同应对的策略值得借鉴,即银行把不良资产卖给第三方,再由第三方负责处理不良资产。③ 朱舜楠、陈琛认为,重整制度是挽救"僵尸企业"最为全面有效的法律制度,它是以拯救处于困境中的企业为目标,现已被全球公认。成功的案例就有日本航空公司,它是通过司法程序进行企业重整,从而摆脱困境、重新回到市场的。④

6.2 僵尸企业的理论及内涵

6.2.1 创造性破坏(Creative Destruction)

创造性破坏(Creative Destruction)理论由约瑟夫·熊彼特(Joseph Schumpeter)提出,其基本内容是新的工作思想和方法排除旧的做法和产品:"维持资本主义运转的基本动力来自新的产品,新的生产方式和运输,新的市场……(市场)不停地从内部进行改革,不断地摧毁旧的,创造新的,创造性破坏是资本主义的本质性事实。"大量证据表明,创造性破坏的理论是具有实际价值的过程。福斯特(Foster)、霍尔蒂万格(Haltiwanger)和克里桑(Krizan)在研究了大量学术文献后,发现:"在相同产业存在着持续的较大的生产力差异……新进入的工厂通常比已有工厂具有更高的生产力。较大的生产力差异和实质性的再分配是再分配主体在总生产力增长中扮演的两个必要因素。"创造性破坏理论仅在自由市场中发挥有效作用,市场迫使表现不良的企业进行调整,因为与效率更高的企业相比,其相对投入资本高于相对产出资本。如在柯布—道格拉斯生产函数中:$Y = AL^{\alpha}K^{\beta}$ 其中,Y表示产量,L表示劳动要素投入,K表示资本要素投入,α 和 β 分别表示产出相对于劳动投入的弹性和资本投入的弹性。如果X工厂的产量L或资本要素投入K高于其竞争者,则X工厂处于不利经营地位。X工厂将无法一直保持

---

① 李曙光:《杀死那个僵尸企业》,《破产法快讯》2016年第3期。
② 熊兵:《"僵尸企业"治理的他国经验改革》,《改革》2016年第3期,总第265期。
③ 何帆,朱鹤:《僵尸企业的识别与应对》,《中国金融》2016年第5期。
④ 朱舜楠、陈琛:《"僵尸企业"诱因与处置方略》,《改革》2016年第3期,总第265期。

其产品的较高价格，因为市场份额会转移到竞争者，因此在降低劳动要素投入和资本要素投入之前，X 工厂将不得不在较窄利润或者甚至损失的情况下经营。因为劳动和资本要素失去了边际生产率，工厂通过削减效率最低的劳动要素投入和资本要素投入，进行调整。这就意味着，工厂"缩小规模"，直至重新盈利。如果 X 工厂不能将劳动要素投入和资本要素投入降低到盈利的程度，则该工厂会最终全部停止运营。

日本在处理僵尸企业问题时，采取的措施却与该理论相反：银行并没有将贷款从业绩不良的企业中收回，相反，金融机构继续延缓坏账偿还，向困境企业提供优惠贷款条件而不是主张对此类企业进行清算。这种现象通常是政府干涉银行部门的结果。可能妨碍或放缓创造性破坏的进程，导致大量价值被倾注于低效的生产增长，大量职工被滞留在生产效率低下的岗位，市场的新陈代谢作用之路被阻塞，去除市场"腐肉"的创造性破坏没有发挥应有的作用。对创造性破坏的干重组和破产清算等方式，实现市场出清。

6.2.2 僵尸企业的内涵及识别方法

"僵尸企业"的概念，是由美国经济学家爱德华·凯恩（Edward J. Kane）首先提出的，指那些已经无望恢复生机、主要依靠获得放贷者或政府的支持而免于倒闭的负债企业。[①] 日本学者星岳雄把日本的僵尸企业界定为"尽管没有复苏的可能，但依靠银行还在生存的企业"。[②] 中村纯一认为，借贷方（企业）陷入破产危机时，银行即使知道其没有重生的可能性，却仍在使用减免利息和追加贷款等变更合同内容的方式来尽量避免其破产，从而使应当进行破产清算的事情搁置，即本应从市场退出的非效率企业，由于银行继续追贷而得以生存下去，这种企业被称为僵尸企业。[③] 综合国内外对僵尸企业内涵的界定，本文所谓的僵尸企业，指的是那些已不具有自我生存能力，主要依靠政府补贴、银行贷款、资本市场融资等的支持而继续勉强维持生存的企业，包括生产经营状况一度陷入极度困难境地而濒于死亡的"问题企业"和"非健康企业"，也包括长期实际处于破产状态甚至已经无实际经营活动的空壳企业。

目前在日本，识别僵尸企业的方法主要有两种。第一种方法是 CHK 法，即以经济学家卡巴雷罗（Caballero）、霍西（Hoshi）和凯夏普（Kashyap）的名字首字母命名的识别方法。该识别方法主张利用银行贷款利率作为标准对某企业是否为僵尸企业进行识

---

① 参见：Caballero R. T. Hoshi and A. Kashyap, "Zombie Lending and Depressed Restructuring in Japan", *American Economic Review*, Vol. 98, 2008, pp. 1943–77.
② 参见：星岳雄「なぜ日本は流動性の罠から逃れられないか」，深尾光洋・吉川洋編『ゼロ金利と日本経済』、日本経済新聞社，2000 年，第 233~266 頁.
③ 参见：中村純一「いわゆる『ゾンビ企業』はいかにして健全化したのか?」，『経済経営研究』2008 年 3 月号.

别判定，即如果该企业支付利息的实际能力低于按银行最优利率（即所有企业在当时条件下能享受到的最低利率）应向银行支付利息的能力，则说明该企业是仅仅依靠银行的最优利率维持其生存，该类企业属于僵尸企业。① CHK 法主要考虑银行在僵尸企业形成中所扮演的角色，其所设定的识别标准单一，易于观察和操作，但是未考虑到其他因素的影响，如政府对僵尸企业形成的影响。此外，该方法还存在着两点不足：（1）容易将健康企业识别为僵尸企业，即将最优贷款利率（primelendingrate）视为无风险利率（risk-freerate）时，极易将健康企业识别为僵尸企业；（2）未将实际已处于僵尸状态的非健康企业识别出来，由于银行免除了该类企业的应付利息，而使其经营状况显得不是那么糟糕。第二种方法是日本学者福田慎一和中村纯一在分析 CHK 方法存在的问题后提出的额外标准，称为 FN – CHK 识别方法。东京大学的中村纯一和福田慎一以东京证券交易所一部和二部上市公司中制造、建筑、房地产、批发零售、服务业等五个行业所属的 2228 家企业为调查对象，以 1995~2004 年的十年为取样时间，考察内容包括"盈利标准"和"常青借贷标准"。其中，按照"盈利标准"，息税前收益超过假设无风险利息支出的企业，不被视为僵尸企业；按照"常青借贷标准"（又被称为"持续信贷标准"），本来负债水平高的企业，在亏损的情况下仍持续不断地得到银行的追加贷款，即靠银行持续的信贷资助存活的企业，被判定为僵尸企业。该测算的方法是使用公开可用的信息来判定哪些企业正在接受银行信贷资助。由于银行将资源转移给他们客户的方式有很多种，该识别方法还尝试采取多种辅助标准来测算企业正在接受银行信贷资助的情况：（1）上一年该企业的负债率是否超过 50%；（2）当年企业的外部贷款是否有所增加；（3）企业当年的息税前利润是否低于计算出的最低利润。② 这样，一方面通过引入"盈利标准"将误判的健康企业区别出来，因为任何一个正常的企业，其息税前营业利润应该高于计算出的最低利润水平；另一方面，通过引入"常青借贷标准"找出漏网的"僵尸企业"。可见，该识别方法既能够较好地减少在僵尸企业识别过程中的"漏网之鱼"，又可以减少"误伤"。

识别僵尸企业普遍使用的标准主要有三种：

第一种方法是 CHK 法，由经济学家卡巴雷罗（Caballero）、霍西（Hoshi）和凯夏普（Kashyap）提出，主张利用银行利率对企业进行考量，企业实际支付的利率低于最优利率（即所有企业在现有条件下能享受到的最低利率）的，则该企业仅依靠银行的利率支持存续，属于僵尸企业。③ CHK 法标准简单，操作性强，充分考虑了银行在僵尸

---

① 参见：中村純一「いわゆる『ゾンビ企業』はいかにして健全化したのか?」，『経済経営研究』2008 年 3 月号。
② RicardoJ. Caballero, Takeo Hoshi and AnilK. Kashyap, "Zombie Lending and Depressed Restructuring in Japan", NBERNo. 12129, 2007.
③ 中村純一「いわゆる『ゾンビ企業』はいかにして健全化したのか?」日本政策投資銀行設備投資研究所経済経営研究，Vol. 28 No. 1, 2008 年 3 月。

企业形成中的角色,但是未考虑到政府扮演的角色,该方法还存在着将最优贷款利率(primelendingrate)视为无风险利率(risk-freerate)时易将健康企业识别为僵尸企业和银行免除企业利息时未将不健康企业归为僵尸企业的不足。

第二种方法由福田(Fukuda)和中村(Nakamura)在分析 CHK 方法存在的问题后提出的额外标准,称为 FN – CHK 方法。东京大学的中村·福田对 CHK 的方法进行了改进,他们以东京证券交易所一部和二部上市公司制造、建筑、房地产、批发零售、服务企业中五个所属行业的 2228 家企业为调查对象,调查时间为 1995～2004 年的十年间,其内容包括盈利标准和常青借贷标准,前者是指息税前收益(EBIT)超过假设无风险利息支出的,不视为僵尸企业,后者指本来负债水平高的企业,在亏损的情况下不断增加贷款,即靠银行存活的企业,被界定为僵尸企业。测算的方法是使用公开可用的信息确定哪些企业正在接受信贷资助,由于银行将资源转移给他们客户的方式有很多种,可以尝试采取多种措施来衡量补贴。具体标准包括:一是上一年的负债率超过 50%;二是当年的外部贷款有所增加;三是当年的息税前利润低于计算出的最低利润。[①] 一方面通过引入"盈利标准"将误判的健康企业区别出来,他们认为任何一个正常的企业,其息税前营业利润,应该高于计算出的最低利息水平;另一方面,通过引入"持续信贷标准"找出漏网的"僵尸企业"。相对于官方标准和学界流行的 CHK 标准,这一方法能够较好地减少僵尸企业识别过程中的"漏网之鱼",又可以减少"误伤"。

第三种方法是日本当年采取的现金流贴现方法。简单来说,就是把一个项目在未来一段时期内可能产生的所有收益,根据一定的比率,折算成当前的价值。这个比率叫做折旧率,是用现金流贴现方法进行资产重估的关键因素,折旧率越低,收益的现值就越高。如果银行想要掩盖不良贷款,可以把折旧率调得很低,那么资产的现值就会比较高,只要资产价值高于贷款总额,这笔贷款就不会成为不良贷款。因此,为了保证资产重估能够有效进行,日本专门制定了一个统一的计算现金流的指导大纲,并把它写入金融厅的检查指导手册。

总之,三种识别僵尸企业的方法侧重点不同,各有利弊。目前,学术界普遍采用CHK 方法识别僵尸企业(见表 6 – 1)。究其原因,是因为 CHK 方法立足于僵尸企业的生存机制,即银行不断为僵尸企业提供资金。不光银行,政府有时也会给僵尸企业提供资金以保证僵尸企业的存活,这种情形在中国比较常见。

[①] RicardoJ. Caballero, TakeoHoshi, AnilK. Kashyap (2007) "Zombie Lending and Depressed Restructuring in Japan", No. 12129, NBER (National Bureau of Economic Research)(日本的"僵尸借贷"与"低迷"重组 No. 12129, 国家经济研究局工作论文)。

表6-1　　　　　　　　　　　识别僵尸企业的主要标准

方法	内容	提出者	优点	不足
CHK识别方法	如果该企业支付利息的实际能力低于按银行最优利率（即所有企业在当时条件下能享受到的最低利率）应向银行支付利息的能力的企业可能为僵尸企业	[美]卡巴雷罗、霍西、和凯夏普	标准简单，充分考虑到银行在僵尸企业形成中的作用	(1) 未考虑到政府在僵尸企业形成中的作用；(2) 将最优贷款利率视为无风险利率，易将健康企业识别为僵尸企业；(3) 银行免除困境贷款人利息时，该方法可能未将不健康企业识别为僵尸企业
FN-CHK识别方法	盈利标准：息税前收益超过假设无风险利息支出的企业，不视为僵尸企业	[日]中村纯一、福田慎一	(1) 避免将健康企业识别为僵尸企业；(2) 避免未将不健康企业识别为僵尸企业	判断企业资产负债率是否过高难以确定固定标准
	仅能支付债务利息而无力偿还债务的企业	[英] Association of Business Recovery Professionals	考虑到企业的债务清偿能力	标准过于简单，可操作性不强
	从广义上来说，僵尸企业需要"重症监护"，并且需要出借人和投资人持续的财务支持和无效经营时间赖以维持。僵尸企业并不一定是亏损企业，通常是收支相抵，甚至产生很小的利润。僵尸企业的收入足够支付其经营支出，但无力偿还债务	[新西兰] KPMG	反映了僵尸企业的特征	界定范围宽，易将因科研、创新投入较多或暂时陷入困境的企业界定为僵尸企业
人大国发院识别方法	如果一个企业在t年和t-1年都被FN-CHK方法识别为僵尸企业，那么该企业在t年被识别为僵尸企业	[中]人大国发院	相对于官方标准和学界流行的CHK标准，这一方法能够较好地减少僵尸企业识别过程中的"漏网之鱼"，又可以减少"误伤"	判断企业资产负债率是否过高难以确定固定标准
官方识别方法	不符合国家能耗、环保、质量、安全等标准，持续亏损三年以上且不符合结构调整方向的企业	[中]国务院	标准明确、操作性强	(1) 容易把一些运转状况良好且发展潜力较大的新兴成长企业误判为僵尸企业；(2) 连续上年亏损的企业必须退市的规定容易使上市公司通过操纵利润避免退市

续表

方法	内容	提出者	优点	不足
	（1）还在生产经营但低效无效、长期亏损、资不抵债、扭亏无望的企业，消耗大量社会资金和资源；（2）因债务或人员安置等问题未注销的企业或无实际生产经营的企业，即空壳企业	彭建国	概括了僵尸企业的类型，并在企业的层面提出形成原因	未考虑到政府和银行在僵尸企业形成中的作用
	扣除非经常损益后，每股收益连续三年为负数的企业为僵尸企业（其中政府补贴、税费返还等记入非经常损益）	董登新	反映企业的实际经营状况	未考虑到银行在僵尸企业形成中的作用
	实际利润法：从净利润中减去非经营性损益与银行、政府扶持，即可得出公司靠正常经营取得的净利润，如果计算出纳的实际净利润是负的，则该企业具有僵尸企业的必要条件	何帆	反映企业的实际经营状况，考虑到政府和银行的责任	

资料来源：陈本菲，僵尸企业的识别与域外处置经验借鉴，LEGAR ECONOMY，笔者根据相关资料整理而成。

上述识别僵尸企业的方法既各有侧重，也各有利弊。本文将主要采用 FN-CHK 方法，辅助于其他识别方法来研究日本的僵尸企业问题。

6.3 日本僵尸企业的概况

6.3.1 僵尸企业占日本企业的比例

日本僵尸企业问题大暴露，始于泡沫经济崩溃。1990年，僵尸企业数量只占日本企业总数的5%，而到了1996年该比率激增至35%，僵尸企业的加权后资产占全行业的比率也由1990年的2%激增至1996年的16%，1997~2001年，该比率维持在14%上下，波动幅度基本在一个百分点（见图6-1）。

图6-1 僵尸企业在日本企业中所占的比例

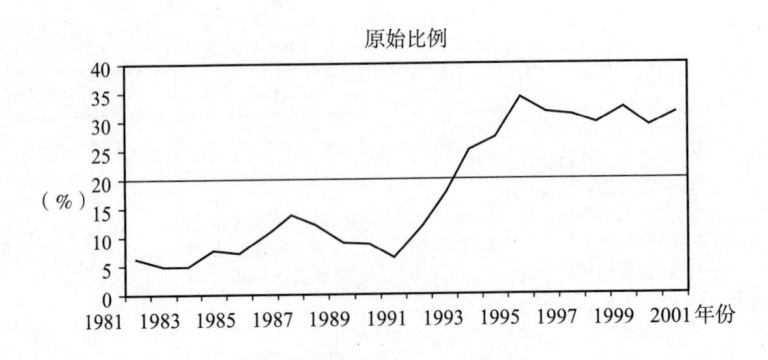

注：样本数据采集于制造业、建筑业、房地产、批发零售（除九大综合贸易商社外）、服务业上市公司的僵尸企业状况。上图表示的是僵尸企业在日本所有企业中所占的比例；下图表示的是加权后的僵尸企业资产占总资产的百分比。

资料来源：RicardoJ. Caballero, TakeoHoshi and AnilK. Kashyap, "Zombie Lending and Depressed Restructuring in Japan", NBERNo. 12129, 2007.

6.3.2 日本僵尸企业的行业特征

从图6-2可以看出，总体而言，僵尸企业问题最为严重的是非制造业，而制造业中的僵尸企业问题则相对较轻。制造业中的僵尸企业指数自泡沫经济崩溃的20世纪90年代初至21世纪初基本徘徊在1%~8%，没有超过10%。这是因为，一方面战后特别是实施《国民收入倍增计划》以来，日本通过大量引进、吸收、创新先进技术，从根本上扭转了日本技术落后的局面，促进了关键性制造业部门的技术进步，造就了一大批国际竞争力强的国际著名企业，如丰田汽车、松下电器、三菱商事、三井物产、住友商事、三洋电机、伊藤忠等。泡沫经济崩溃前，日本制造业的国际竞争力可谓世界一流，甚至美国引以为豪的汽车第一大国的桂冠也在1985年被日本所夺走，直到泡沫经济崩溃后的1995年美国才再次夺回汽车第一大国的桂冠。另一方面，由于日本制造业企业面临的是全球竞争，风险大，银行不敢轻易投入相当大的资金，再加上许多陷入困境的制造业企业采取向海外转移经营业务的策略来进行自救，因此，制造业中的僵尸企业指数就比较低，略微超过非制造业中僵尸企业指数最高值的1/4。

而同期在非制造业中，房地产业的僵尸企业指数从不到3%上升到30%多，建筑行业的僵尸企业指数也较高，从不到1%上升到26.5%。房地产业、建筑业中的僵尸企业比率之所以高，主要原因在于其在泡沫经济形成过程中扩张过猛，投机严重，因此泡沫也最为严重。而当泡沫经济崩溃后，其受到的冲击也就最大，僵尸化程度自然高企。僵尸企业指数大幅度上涨的情况还发生在批发零售、服务和房地产等行业中，如批发零售等贸易类行业的僵尸企业指数从3%增加到18%，服务业的僵尸企业指数从5%增加到25%。其中，服务业的僵尸企业指数较高，是由于服务业很少有外国企业的竞争，其应对泡沫经济崩溃的能力自然较低，其僵尸企业指数也就较高。另外，非制造企业的平均规模非常小，而且这些中小企业一直在政治上具有很大的影响力，即使处于僵尸化状态，政府也不会轻易让其破产。①

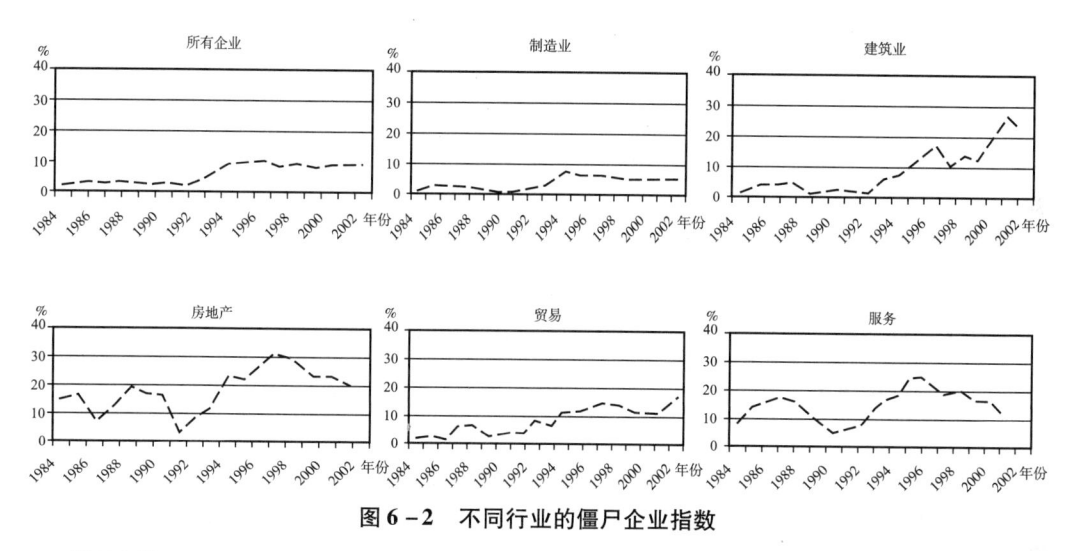

图6-2 不同行业的僵尸企业指数

资料来源：Ricardo J. Caballero, Takeo Hoshi and Anil K. Kashyap, "Zombie Lending and Depressed Restructuring in Japan", NBER No. 12129, 2007.

6.3.3 各行业中的僵尸企业资产占比

从图6-3可以看出，从20世纪90年代初到21世纪初，日本僵尸企业多数存在于内需关联型行业中，即以出口为主的制造业中僵尸企业的比例较低。（1）左上面板显示的数据为整个样本，显性的僵尸企业和两个隐性的僵尸企业相关性超过0.99。（2）从其他五个面板数据可以看出显性的与两个隐性的僵尸企业的资产占比情况。

---

① 参见：星岳雄・アニル・K.カシャップ『何が日本の経済成長を止めたのか―再生への処方箋―』，日本経済新聞出版社，2013年，第24頁。

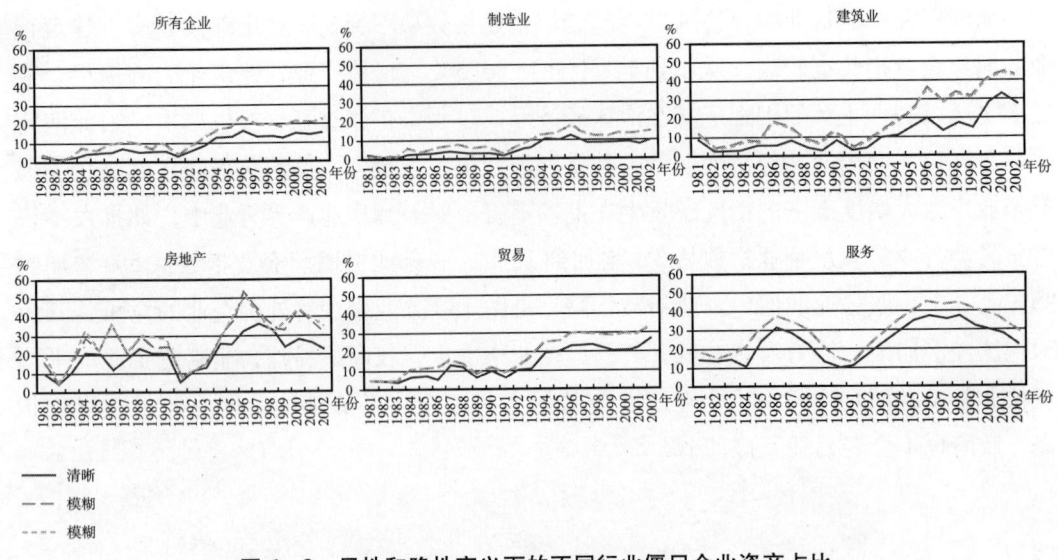

图 6-3 显性和隐性定义下的不同行业僵尸企业资产占比

资料来源：Ricardo J. Caballero, Takeo Hoshi and Anil K. Kashyap, "Zombie Lending and Depressed Restructuring in Japan", NBER No. 12129, 2007.

从显性资产占比来看，制造业由 1991 年的 3% 上升到 1996 年的 10%，建筑业由 1991 年的 3% 上升到 1996 年的 20% 再到 2002 年的 30%，房地产业由 1991 年的 5% 上升到 1996 年的 35%，批发零售等贸易部门由 1991 年的 5% 上升到 1996 年的 23% 再到 2002 年的 30%，服务业由 1991 年的 10% 上升到 1996 年的接近 40%。从中可以看出，在每一个被调查行业中僵尸企业的资产占比都在增加，除了制造业增长 10% 以外，其他四个行业的僵尸企业资产占比都高达 30% 以上。这也进一步证实了日本僵尸企业问题最严重的行业是非制造业，而制造业较轻。

除此之外，从企业的盈利能力、资产负债率的高低、规模以及企业的年龄、所在行业、区位等因素来看：盈利能力低、资产负债率高的企业容易成为僵尸企业，这是显而易见的；而企业规模越大，当其陷入困境时，越容易得到政府的保护，从而增加了其成为僵尸企业的可能性；僵尸企业更容易出现在非制造行业和小城市。[①] 据统计，僵尸企业指数与企业年龄呈正相关关系，即企业年龄越长，其僵尸企业指数就越高。在存续 1~5 年的企业中，只有约 3% 的企业是僵尸企业；而在存续超过 30 年的"老"企业中，约有 23% 的企业是僵尸企业。

---

① 参见：Hoshi T., "Economics of the Living Dead", *The Japanese Economic Review*, No. 1, 2006, pp. 30-49.

6.4 日本僵尸企业产生的原因

日本僵尸企业问题的存在是多重原因交互作用的结果，既有宏观、微观层面的原因，也有内部、外部的原因；既有企业自身的原因，更有政府、银行方面的原因，可归纳为以下几个方面。

6.4.1 泡沫经济的后遗症

企业的生存与国内外宏观经济环境的变化密切相关，国内外宏观经济环境的急剧恶化极易使企业陷入困境乃至破产，而在得到某些特定优惠政策庇护的情况下，本应破产的企业就有可能成为僵而不死的僵尸企业。特别是那些原来抗风险能力差、长期靠政府的特殊政策和银行优惠贷款存活的大企业，由于其承担着稳定经济、稳定就业、稳定社会、稳定票仓的"任务"，在国内外宏观经济环境急剧恶化的情况下就极易呈现出"僵尸"状态。20世纪90年代泡沫经济崩溃后日本僵尸企业大量出现的原因也就在于如此。

1985年"广场协议"后，随着日元的快速升值，在宽松的信贷政策驱动下，日本掀起了过度投资、企业盲目扩张的"高潮"，导致大量的产能过剩，造成了严重的经济泡沫。经济泡沫破灭后，日本经济增长率大幅度下滑，致使非常严重的企业过剩设备、过剩债务、过剩雇佣等"三过剩"问题完全暴露出来。"三过剩"问题的存在与僵尸企业的产生有直接的关系。与中国僵尸企业大部分存在于制造业企业中有所不同，日本的制造业中僵尸企业问题相对较小，其原因就在于，在泡沫经济崩溃后的经济不景气时期，许多陷入困境的制造业企业为了自救纷纷采取了向海外转移的策略。与之形成鲜明对比的是，在非制造业部门，僵尸企业问题较为严重，特别是建筑行业的僵尸企业问题尤为突出，究其原因，就在于在泡沫经济形成过程中建筑行业扩张过猛，投机严重，因而在泡沫经济崩溃后，其受到的冲击也就最大，僵尸企业问题也最为严重。在20世纪90年代即泡沫经济崩溃后的十余年间，日本的建筑业、房地产和服务业等近30%的企业都处于僵尸企业的状态。[①]

---

① 参见杨宇焰：《僵尸企业的识别标准、形成原因及对策研究》，《观察思考》2016年第6期。

6.4.2 政府不恰当的扶持政策

泡沫经济崩溃后,在国内外宏观经济环境急剧恶化的情况下,日本政府或者说当时的执政党为了实现经济稳定、就业稳定、社会稳定、票仓稳定的"四稳定"政策,采取进一步加大扶持政策,是僵尸企业产生的根本原因。企业陷入经营困境是市场机制作用的正常现象,对于陷入经营困境的企业,日本政府不但没有采取措施严格把控,反而对其进行了力度更大的扶助政策,如日本央行通过采取调低利率等超宽松货币政策,①以低资本拯救濒危企业,让本应退出市场的企业成为僵尸企业而存活下来。② 当时的自民党政权把这种对僵尸企业的扶助政策解释为需求变动这一景气循环的需要,例如日本政府几度采取扩大公共投资以期通过财政投入挽救日益恶化的地方土木建筑业的政策来达到恢复经济景气的目的。而民主党政权上台后,为了"四稳定",特别是为了就业稳定,对包括僵尸企业在内的陷入经营困难的部分企业施以援手,出台了《雇佣调整助成金》及《中小企业金融促成法》等非生产性的保护雇佣的法案。其结果是,企业过剩设备、过剩债务、过剩雇佣等"三过剩"问题没有得到解决,③僵尸企业的生命周期得以延续。这些政策虽然是政治正确的政策,受到欢迎,却导致了日本经济的僵尸企业问题长期化。数据显示,1993~2002年,日本近90%的公共投资投向了僵尸企业以及僵尸银行,从而削减了"经济增长战略"所必要的预算经费。④ 僵尸企业的存在,使银行的不良债权问题进一步扩大,使健全的企业陷入不公平竞争中,使各产业(乃至整个经济)的生产率低下,最终形成了经济发展的恶性循环。

6.4.3 银行信贷不当

从日本的实践来看,僵尸企业产生的直接原因大多是银行为缓解不良债权问题或躲避政府监管压力向本应破产的困难企业持续追加贷款,导致僵尸企业"僵而不死"。

一方面,日本的银行有动机继续向生存能力薄弱的企业提供信贷,甚至包括许多已经绝对无力偿债的企业。银行的这种追贷行为是基于企业、银行是利益共同体、可以实现"双赢"的考量而实施的:对企业来说,银行的追贷使这些企业免于市场的压力,否则这些企业将被迫重组或破产;对银行来说,这些企业的继续存在,表面上是不会增

---

① 孙丽、赵兴赛:《评析安倍经济学的现状与挑战》,载王洛林、张季风主编:《日本经济与中日经贸关系研究报告(2014)》,北京:社会科学文献出版社2014年版,第5页。
② 福田慎一:『「失われた20年」を超えて』,NTT出版,2015年,第103页。
③ 星岳雄、アニル・K・カシャップ『何が日本の経済成長を止めたのか—再生への処方箋』,日本経済新聞出版社,2013年,第22页。
④ 池田信夫:「ゾンビ化する日本経済—『何が日本の経済成長を止めたのか』—」,2013年2月2日。

加银行的不良债权比率的,因而可以减少来自银行监管机构的压力。

另一方面,上述情况能够持续下去,是由于银行的监管机构对有显著不良债权和受损资金的银行监管不严造成的,即银行监管机构不要求这些银行严格限制向陷入困境的借款者的借贷行为。于是,银行面对着由不健康的借款者带来的破产威胁,如果银行不继续向其继续提供额外贷款,这些借款者将无法支付应向银行支付的利息,甚至可能被迫倒闭而使银行陷入困境。陷入这种困境威胁的银行,为了自身的利益不得不对有问题的借款者继续采取宽容政策,以避免监管机构对银行所施加的压力,如增加贷款准备金。

处于尴尬境地的银行,为了自身利益而实施"常绿"贷款政策①。而且,在这种"常绿"贷款政策的循环中,银行之间也形成了紧密的利益链条:一家银行向一个陷入困境的企业提供额外信贷,以使该企业能够对另一家银行未偿还贷款进行利息支付,以避免或延迟破产,从而使银行的不良债权率降低或不变。

这种保持贷款流动性的做法,使银行的资产负债表看起来更好看,因为银行不需要在其不良债权中报告这类问题贷款。正如迈克·希科夫斯基(Marcin Jaskowski)所指出的,"僵尸企业借贷"是无法阻止的,因为,从银行角度来说,"僵尸企业借贷"在短期内可以降低银行的不良债权率,即继续向"僵尸企业借贷"虽然不是银行经营战略的"最佳"选择,但至少是"次佳"的选择。②

6.4.4 政府和银行之间的政企合谋

如前所述,僵尸企业能够继续得到银行的追贷需要具备三个条件:银行与僵尸企业之间是利益共同体、银行与银行之间是利益共同体、银行监管机构的"放任"或"不积极作为"。但这三个条件只是必要条件,还需要充分条件。充分条件就是,银行的行为需要得到政府的支持或银行与政府形成"共谋"。因为政府在面临日益增长的预算赤字和为救助银行提供资金所面临的公共投资疲软时,常常会允许甚至鼓励银行继续实施宽容政策,以避免企业大规模重组给财政和政治方面带来的巨大压力。

事实上,这种政府和银行之间的政企合谋并非个案,而是具有普遍性。日本的一项调查研究发现,2000年宣布破产的日本企业的贷款中,有近75%被归类为仅需要加强监管类型,如政府为应对投标人而考察银行的账目时,对给予同一企业贷款的其他银行

---

① "常绿贷款":本来负债水平高的企业,在亏损的情况下仍持续不断地得到银行的追加贷款。
② Marcin Jaskowski, "Should Zombie Lending Always be Prevented?", *International Review of E-conomics&Finance*, No. 40, 2015, pp. 191–203.

的问题贷款不认为是有风险的贷款。①

在1998年和1999年注入银行系统的公共资金中,有近一半被允许以债务减免的形式转给陷入困境的建筑企业。即银行监管机构实施的是允许银行低估问题贷款、允许银行夸大自有资金比率以使银行看似已充分资本化的宽松政策。②

6.5 僵尸企业问题对日本经济发展的影响

首先,僵尸企业扰乱就业。向僵尸企业扩大贷款的政策和举措,看似避免了职工失业,但是却使得职工继续在生产力低下的行业工作,并且导致整个就业水平无法提高。此外,僵尸企业滞留了大量职工,使劳动力无法流向新的企业,因此职工留在生产力已经下降的工作岗位,而未能流向生产力更高的岗位。这也出现僵尸企业阻碍创造性破坏理论的运用,这些僵尸企业和僵尸银行继续占用着社会资源,极大阻碍了日本经济的增长。

6.5.1 僵尸企业问题的负外部性迟滞了日本经济的恢复步伐

僵尸企业的存在具有很强的负外部性。一方面,面对僵尸企业问题,日本政府支持银行继续向僵尸企业贷款并不要求其偿还欠款,允许僵尸企业在进入破产状态后仍继续经营,这就给健康企业的进入设置了阻碍,影响了健康企业经营范围、经营规模的扩大。另一方面,健康企业在产品销售、劳动力雇佣、资金借贷时,直接面临接受政府和银行补贴的僵尸企业的不公平竞争,其生存与发展受到不利影响。其结果是,僵尸企业存在越多的产业,生产率越低,由于追贷和僵尸企业的存在使资源配置发生了扭曲,对健康企业带来负外部效应,也迟滞了日本经济整体恢复的步伐。因此可以说,僵尸企业的存续是导致日本经济恢复迟缓的主要原因之一。对此,诺贝尔经济学奖得主莫顿·米勒认为,日本经济"失去的十年"就是日本政府救助僵尸企业造成的直接后果,他甚至认为,当初日本政府就不应该救助那些"僵而不死"的企业。③

---

① Joe Peekand Eric S. RO sengren, "The Misallocation of Credit in Japan", Unnatural Selection: Perverse Incentives and the Misallocatio of Credit in Japan, Vol. 95 No. 4.
② Peek, JoeandRosengren, Eric S., "Unnatural Selection: Perverse Incentives and the Misallocation of Credit in Japan" (April 2003). NBER Working Paper No. w 9643.
③ 参见莫顿·米勒:《"僵尸企业"成了经济的拖油瓶》,《资源再生》2012年第9期。

6.5.2 僵尸企业的存在导致金融、劳动力等资源配置的非效率化

僵尸企业的存在即使金融、劳动力等资源配置出现非效率化,更形成了巨大的挤出效应。一方面,银行对僵尸企业追加贷款形成了软约束预算,使资源分配非效率化。另一方面,由于大量僵尸企业长期占用大量的银行贷款、劳动力等资源,对健康企业形成了巨大的挤出效应,从而形成了"逆向淘汰"的局面。概言之,僵尸企业的存续是以浪费社会资源为巨大代价的。

6.5.3 僵尸企业的大量存在阻碍了全社会全要素生产率水平的提升

首先,经验表明,日本僵尸企业的全要素生产率必然偏低,还会造成三种恶果。(1)大多数有僵尸企业存在的行业的全要素生产率被僵尸企业拉低,僵尸企业指数越高的行业的全要素生产率就越低。(2)僵尸企业的存在阻碍了生产率高的新企业进入,从而阻碍了其所在行业的全要素生产率水平的提升。(3)僵尸企业的存在还会拉低全社会的全要素生产率水平的提升(见图6-4)。

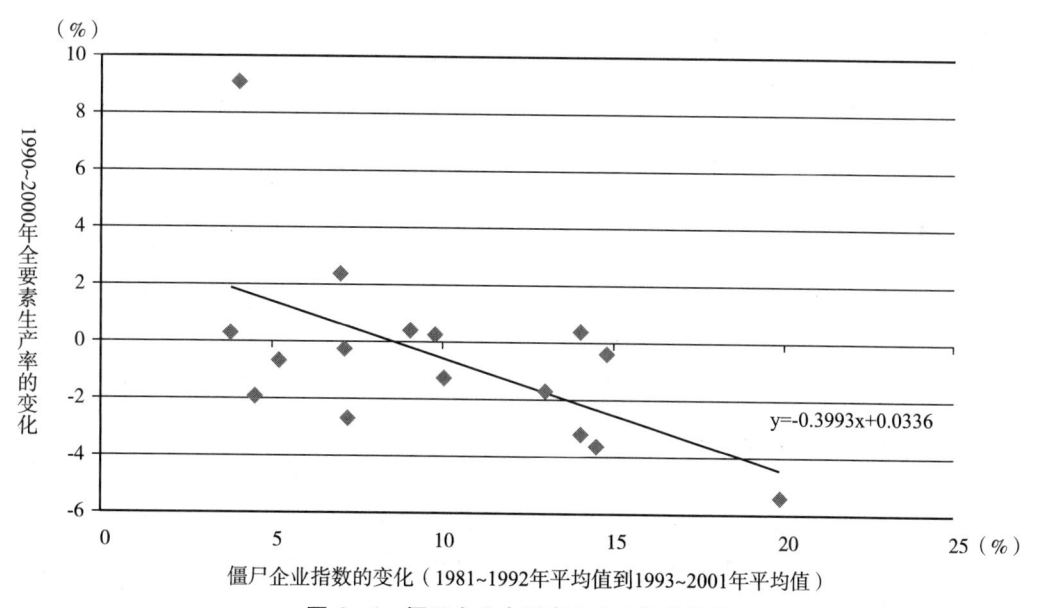

图6-4 僵尸企业全要素生产率相关指数

注:横轴表示僵尸企业指数从1981~1992年的平均值到1993~2001年的平均值的变化;纵轴表示1990~2000年日本全要素生产率的变化。

资料来源:TsutomuMiyagawa, YukikoIto and NobuyukiHarada, "The IT Revolution and Productivity Growth in Japan", *Journal of the Japanese and International Economics*, 2004, P.18.

由图6-4可以看出,日本僵尸企业的激增分为两个维度,一是僵尸企业内僵尸指数

的上升，二是行业内僵尸企业数量的上升。当企业的僵尸指数在（81.92，93.01）区间时，僵尸企业指数的变化和其所在行业的全要素生产率的增长率呈负相关关系。当僵尸企业指数上升到8.41%时，其所在行业的全要素生产率降为零；当企业的僵尸企业指数进一步超过8.41%，行业的全要素生产率为负增长。行业中僵尸企业占用大量信贷资源、人力资源及社会资源，间接影响了正常盈利企业，对日本各项经济指标造成了一定的影响。

其次，僵尸企业的存在也导致了不同行业全要素生产率的明显差异（见图6-5）。

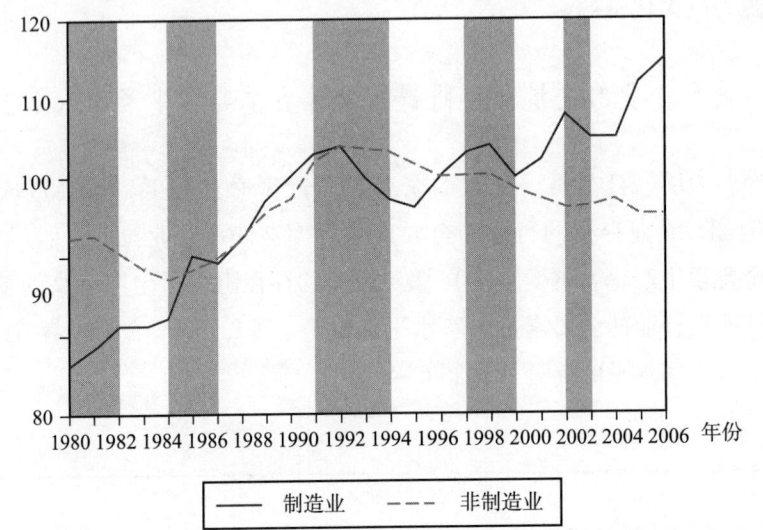

图6-5 制造业、非制造业部门的全要素生产率的变化（1980~2002年，1995年=100）

注：样本数据采集于制造业、非制造业部门[①]上市企业中的僵尸企业；图中阴影部分表示日本内阁府公布的景气标准期限内的景气后退期。

资料来源：Takeo Hoshi and Anil Kashyap, "Why did Japan stop growing", National Institute for Research Advancement, 2011.

由图6-5可以看出，20世纪80年代中期至90年代初，日本的制造业和非制造业的全要素生产率都是上升的，二者差异很小，从1982年经济景气直到1991年经济衰退开始，制造业和非制造业的生产力增长每年差别仅为1.5%。但到了泡沫经济崩溃后的90年代，两者之间就出现了明显的乖离：制造业的全要素生产率在景气后退期下降，在景气恢复期上升。而非制造业企业的全要素生产率从90年代初开始一直徘徊不前，几乎不受经济景气恢复的影响。在1993~1997年和1999~2000年，制造业和非制造业的全要素生产率的差距平均每年都超过了3.8个百分点。这种差距与20世纪90年代日本非制造业中僵尸企业大量出现的事实是吻合的。这意味着，当一个行业的全要素增长率表现糟糕时，僵尸企业可能是其最重要的影响因素。僵尸企业所扮演的角色是抑制生

---

① 非制造业包括建筑、批发零售（不包括九大主要贸易企业）、房地产、农业、金融保险、服务业等。

产率提高,而且其影响是长期的。①

6.5.4 僵尸企业的存在虽然暂时降低了对就业率的破坏性,但也阻碍了就业率的创造

如前所述,政府和社会能够容忍僵尸企业存在的最大理由是保护就业,维持社会稳定。但实际操作的效果却与其愿望相差甚远。因为,僵尸企业的存在虽然在短时间内降低了对就业率的破坏性,但僵尸企业的存在既会剥夺工人新的就业机会,更会使正常企业失去市场份额、利润减少,这也阻碍了正常企业的进入和投资,最终也就阻碍了就业率的创造(见图6-6)。

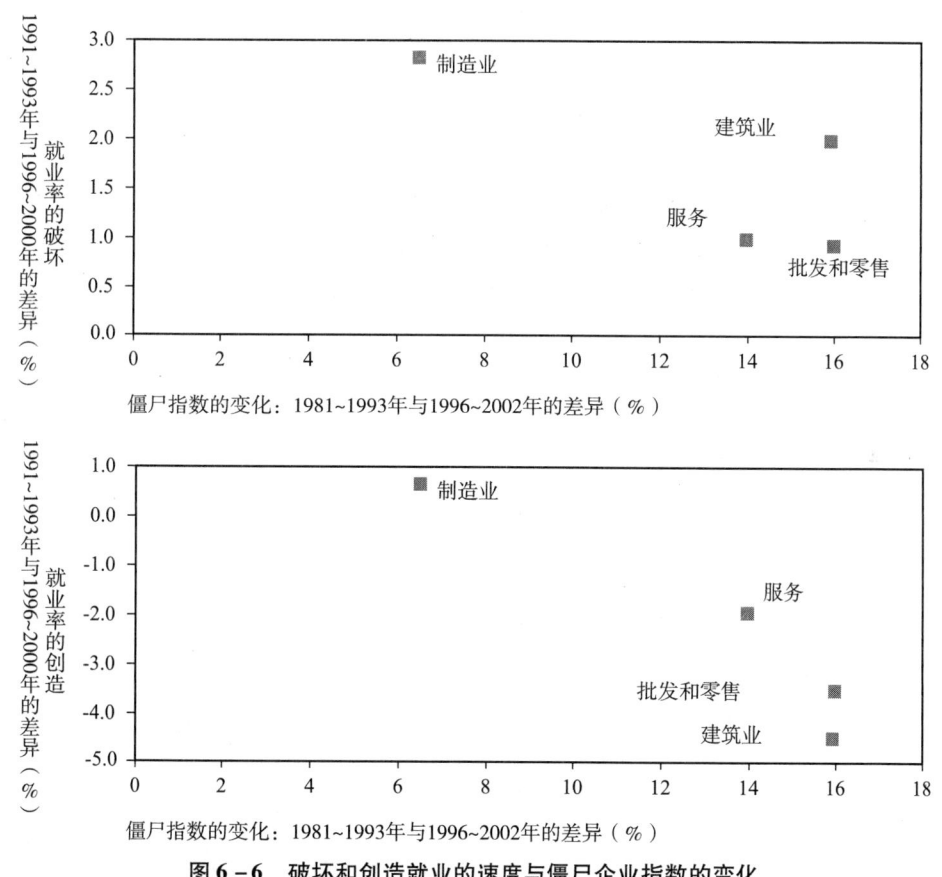

图6-6 破坏和创造就业的速度与僵尸企业指数的变化

资料来源:Ricardo J. Caballero, Takeo Hoshi and Anil K. Kashyap, "Zombie Lending and Depressed Restructuring in Japan", NBER No. 12129, 2007.

---

① 池田信夫「ゾンビ化する日本経済－『何が日本の経済成長を止めたのか』」,2013年2月2日。

图 6-6 是破坏和创造就业的速度与僵尸企业指数的变化。第一个面板表示的是僵尸指数和就业率破坏的情况，第二个面板表示的是僵尸指数和就业率创造的情况。横轴表示的是在 1981~1993 年与 1996~2002 年两个时间段内僵尸企业变化差异的百分比；纵轴分别表示的是 1991~1993 年与 1996~2000 年两个时间段内就业率破坏和创造差异的百分比。

由图 6-6 的第一面板可以看出，就总体情况而言，20 世纪 90 年代后期每个行业的裁员率比 90 年代初期都有所增加，而在僵尸企业较多的行业中，就业破坏规模却较小，几乎没有裁员激增的现象出现。因此，僵尸企业的存在在一定程度上、一定的时间内减缓了对就业率的破坏。但是，其代价也是沉重的。

图 6-6 的第二面板显示了不同行业的情况，在制造业中，因为几乎不存在僵尸企业的问题，所以其就业率从 20 世纪 90 年代初到 90 年代末几乎没有改变；形成鲜明对比的是，在非制造业部门，僵尸企业问题严重，特别是建筑部门，就业率广泛且大幅度地下降。

以上可以证明，日本政府采取的"保护政策"导致日本经济错失了"创造性破坏"，在经济萧条中没能淘汰掉过剩行业中的低效率企业，释放信贷人力资源到高效企业中，调整行业结构从而恢复企业利润，僵尸企业的存在扰乱了就业市场的良性运行。向僵尸企业扩大贷款的政策和举措，表明上看来避免了僵尸企业的职工失业，但却导致了整个经济体的就业水平无法提高。而且，僵尸企业滞留了大量职工，使得劳动力无法流向新的企业，因此职工留在生产率已经下降的工作岗位，也影响了就业率的创造，最终只能导致僵尸企业肆虐日本经济。

6.6 日本处理僵尸企业问题的主要做法

从以上的分析中可以得出，20 世纪 90 年代日本泡沫经济破灭后，日本经济发展所面临的最大问题之一就是如何处理僵尸企业的问题。虽然用僵尸这一词语来表现过于强烈，但却能从本质上说明日本企业陷入结构上不景气的局面。僵尸的存在减缓了企业的裁员，抑制了就业，降低了生产力。僵尸企业因为低的生产率，在没有银行的帮助下将会退出市场。如果继续经营，他们的存在降低行业的平均生产率同时也会威胁正常企业和行业的发展。对此，日本在处理僵尸企业的问题上采取了以下措施。

6.6.1 实施政府宏观政策

日本政府处理僵尸企业问题的宏观政策演变大致经历了两个阶段：

1. 1990~2000年，重点处理银行不良债权问题

这一阶段，日本政府由于对大量僵尸企业及银行不良债权问题的危害认识不足，基本上选择了放任管理的政策。银行仍然源源不断地给僵尸企业追贷，长期累积起来的银行不良债权问题终于大范围集中暴露，大批银行面临倒闭的危险。由于得不到政府及时、有力的支持，日本银行业展开了"自救行动"，即银行共同出资成立共同债权专门收购公司以处理日益严峻的不良债权问题，但终因一木难独支，收效甚微，银行不良债权问题有进一步加重的趋势。

至1996年，日本政府才开始意识到银行存在大量不良债权的严重性，由政府出马，专门成立了整理回收银行（1996年），并先后颁布多项相关政策、法规，如《稳定金融体系的紧急对策》（1997年）、《金融再生法》（1998年）、新《外汇法》（1998年）、《银行法》（1998年）、《早期健全法》（1998年）等，开始积极引导银行的改革。但是，此时已经错过了处置僵尸企业和银行不良债权的最佳时机，日本政府1999年又成立了整理回收机构，但效果依然差强人意，日本银行不良债权总额由1992年的40万亿日元飙升到1999年的80.6万亿日元，且存在着持续上升的趋势。结果是，日本银行业的金融中介功能开始下降，企业筹措资金陷入了困境，同时还伴随着大量企业破产，银行陷入了更为严重的不良债权危机泥潭。于是，日本政府不得不投入大量公共资金来重点解决银行巨额不良债权问题。

在这个时期，日本政府处理僵尸企业问题的注意力重心出现了较严重的错位。因为，银行巨额不良债权问题的出现，有银行经营不善的原因，但最根本的、深层次的原因在于大量的僵尸企业存在把银行拖进了巨额不良债权的泥潭。因此，日本政府应急性地首先处理银行巨额不良债权问题，虽不能说完全没有道理，但并未从根本上去集中力量解决僵尸企业问题，本质上是一种头疼医头、脚疼医脚的治标不治本的做法，收效必然有限。

2. 2001~2005年，开始着手处理僵尸企业问题

2001年上台的小泉内阁校正了日本处理僵尸企业问题的思路，真正开始对僵尸企业问题进行治理。2001年、2002年小泉内阁先后颁布了《关于今后的经济财政运行及经济社会结构改革基本方针》《通货紧缩综合对策》，2003年又颁布了《产业再生机构法》。特别是《产业再生机构法》，对僵尸企业重建、经营资源融合与再利用、革新生产性资源等方面都做出了明确的规定。而且，为了有效实施《产业再生机构法》，日本政府专门设立了"产业再生机构"，由其全权负责处理僵尸企业问题。

产业再生机构具有以下特点：（1）从其性质定位来看，产业再生机构是"亦公亦

私",其既有公司的特点,又有政府性质,是处理政府、银行、僵尸企业三者关系的第三方机构。作为第三方机构,产业再生机构能够站在企业重建、产业再生的战略高度,而不是仅仅站在银行、企业或政府机构某一方立场上来考虑僵尸企业处理问题。因此,该机构在处置僵尸企业债务问题时,处于完全独立的地位,可保持中立的立场,以有效防止地方政府和银行因其对自身利益的考虑而在处置僵尸企业问题时故意拖延或隐瞒问题。(2)产业再生机构设有健全的监管制度,内部设有内审部门和守法室,主要负责评估和监管,同时还接受社会监督,其每一个决定都会在新闻媒体上公布。(3)产业再生机构的专业性强。该机构所聘用的相关专家都是日本产业再生方面最权威的学者,他们既具有战略眼光,又具有丰富的处理僵尸企业问题的实战经验,因此在处理僵尸企业问题时不但关注僵尸企业债务关系的处理,而且更为关注产业的再生问题,能够很好把握日本政府处理僵尸企业问题的战略意图,履行产业再生机构的职能。

产业再生机构处理僵尸企业问题的方针是"能活的则救其活,活不了则让其死",即处理僵尸企业问题时,首要且关键的问题是促进僵尸企业的重建、产业再生,破产出局不是根本目的,而是从稳定金融、保障就业、促进产业再生、企业重建等多方面多管齐下处理僵尸企业问题以稳定经济发展。

产业再生机构处理僵尸企业问题的一般程序是:(1)根据处理僵尸企业问题的方针,对将要处理的僵尸企业的资产价值进行重新评估,以此来测算僵尸企业偿还债务能力的上限,超过偿还债务能力上限的部分要求银行免除其债务,即通过剥离僵尸企业所背负的超大的债务负担来使企业恢复有用经营资源,丢掉包袱,让其轻装上阵。(2)对僵尸企业业务进行重组,对僵尸企业员工进行裁减。(3)重新招聘经营团队,对进行再生处理的企业进行运营管理。

6.6.2 强化企业的内部治理

1. 企业自身压缩资产和降低成本

企业自我治理主要是通过压缩资产规模和降低成本等来改善企业经营的业绩,主要包括对不良债权进行整理、确认和对过剩人员进行裁减两个方面。

从损益与复活的关系来看,确定损失类型、压缩资产规模对僵尸企业复活有直接的效果,但出售优良资产,则有可能延迟僵尸企业复活的副作用。在企业自我治理的过程中,最重要的也是最困难的工作,是对过剩人员进行裁减。为避免在对过剩人员进行裁减过程中出现企业规避社会责任的问题,日本主要采用资本市场规律和金融技巧来处理僵尸企业的裁员问题。如在原企业人事部之外专门设立"第二人事部",将在本公司工作三年以上的管理人员派到公司所属的中小企业担任一定的经营管理职务，对40~60岁的接近退休年龄的职工进行有计划的培训或提供研修机会，使其能在退休后另谋工作或被公司返聘，以加强"第二人事部"之间的横向联合。另外，在征得本人同意的基础上，对50~60岁的职工登记造册，详细反映本人的履历、特长、工作能力评价等，通过"人才开发研究会"在各公司之间互相交换，使一些确有才能的职工在退休后也能被聘用。[①]

2. 企业内部治理结构改革

企业内部治理结构的改革主要集中在股东的权利和经营者的激励两大问题之上。在处理僵尸企业问题的过程中，日本的主要做法是，提高作为大股东的银行、外国法人等对僵尸企业的持股比率（外国法人所持股份在1990年时仅占所有上市公司的4%，到2002年已上升到了18.3%；在股票市场的交易中，由外国法人进行的交易在1990年仅为9.8%，而2002年已上升至31.7%），或将他们的债权转为股权。这相当于向僵尸企业进行"输血"，对僵尸企业的复活能起到正向效应。因为银行等大股东，不仅作为股东而且作为债权人，对企业的经营具有很大的影响。至于外国法人等的持股比率，从与上市公司的利益关系来看，能带来有益的正面效应。

3. 企业自身创新能力的提升

僵尸企业业绩的改善，不能完全依靠债权人对债务的减免以及削减工资和裁减人员以降低成本等所谓"向后看的改革"，还要靠培养企业自身的竞争力、提升其创新能力等"向前看的改革"来摆脱"僵尸"状态，才能使其立于不败之地。因为，"向后看的改革"，短时期内能够使企业恢复利润，在解决不良债权问题时有效果，但是忽略"向前看的改革"，特别是忽略对僵尸企业创新能力的保护与提升，尤其是对于短期难出成果的研究开发部门进行裁员，就极有可能使僵尸企业失去技术方面的优势而再度陷入"僵尸"状态。

6.6.3 银行的支持

银行的支持，主要体现为根据政府的政策进行债务减免、增加持股比率来促进僵尸企业的复活。从银行的支持对企业的影响来看，大规模的债权减免能够促进复活，小规模的债权减免则反而有延迟企业恢复的倾向。对于有利息负债的债务减免，三年累计超过1/3的规模才能对企业的复活有效。实践证明，银行的持股比率的确对大企业的复活

---

① 孙丽：《公司治理结构的国际比较——日本启示》，社会科学文献出版社2008年版，第55页。

起到了积极的作用,而且依靠银行的援助大量减免债务是使僵尸企业复活的重要推动因素。①

6.6.4 政府、银行、企业联手处置僵尸企业

处理僵尸企业问题,不但需要政府的政策支持与引导以及银行的债务减免、增加持股比例等外部推力,更需要企业通过内部治理来改变僵尸企业的现状,只有政府、银行、企业三方携手,形成强有力的合力,才能有效解决僵尸企业问题。

1. 三方合作处理僵尸企业问题的行动框架

日本政府主要通过表6-2所示的一系列法律、法规和配套措施,在国家层面建立了以市场机制为基础、政策指向明确的政府、银行、企业三方合作行动框架,以便依法向经营困难的银行、企业提供公共(含国有)资金以处理僵尸企业问题。

表6-2　　　日本政府、银行、企业处置僵尸企业的混合型政策框架

		主要内容
事件	20世纪90年代"泡沫经济"	股市和楼市暴跌,出现大量"僵尸企业",银行持续提供放贷,不良债权激增
模式	银行业自救,政府主导,企业改善公司治理	政府、银行、企业通力合作
时机	滞后性	时机延后,"失去的十年"
政府政策	《稳定金融体系的紧急对策》(1997年)	强化和重组整理回收机构功能;全面清理金融体系的不良债权;创设债权交易市场;授权整理回收机构通过信托、证券化等方式处理不良债权
政府政策	《关于今后的经济财政运行及经济社会结构改革基本方针》(2001年)	银行自身自查不良债权,并在三年内将无法清理的不良债权转移到整理回收银行;完善相关法律,促进企业再建与重组;解决"僵尸企业"倒闭后的就业问题
政府政策	《反通货紧缩综合对策》(2002年)	严格审查银行不良债权,2002年9月前的旧不良债权在两年内处理完毕;2002年9月后产生的新不良债权在三年内处理完毕;治理"僵尸企业",采取重建或破产

---

① 参见:中村純一・福田慎一「いわゆる『ゾンビ企業』はいかにして健全化したのか」,『経済経営研究』2008年3月号。

续表

		主要内容
法规	新《外汇法》（1998年）、《银行法》（1998年）、《早期健全法》（1998年）	促进日本银行业的国际化、公开化和自由化，化解银行巨额不良债权，决定对破产银行不再提供保护
	《金融再生法》（1998年）、《产业再生机构法》（2003年）	《公司更生法》的亮点：设立财产管理人和调查委员，进行财产调查过程中的取证、鉴定与监督等；召集关系人会议，法院就公司更生问题听取各方面意见，制定更生计划方案，再听取工会、主管行政厅、专家等方面的意见，修改更生计划方案
	《零短工劳动法》《雇佣派遣法》《合同工保护法》	经济低迷，很多企业雇用临时工和派遣职工，与日本传统终身雇佣制度不同，这几部法律的颁发，一方面满足企业发展实际需要，一方面从法律上保护临时工等"非正式从业者"
	《能力开发促进法》《职业训练法》《教育训练补贴》	促进劳动者适应就业岗位变化。建立职业培训机构，加强职工指导
专门机构	整理回收银行（1996年）、整理回收机构（1999年）	整理回收机构由整理回收银行与住宅金融管理公司在1999年重组合并而成，主要是处理银行不良债权
	产业再生机构（IRCJ）（2003~2008年）	主要对负债过重、濒临倒闭的企业进行重组处置，帮助企业重建，恢复产业活力；IRCJ存续时间为五年，两年内审查确定所有需要重组的企业名单，在成立五年内企业重组或转让全部完成
银行	银行救助	债务减免的累计值对僵尸企业的复活带来效果
企业	压缩资产、降低成本	企业主要是通过压缩资产和降低成本等来改善企业的绩效，包括从业人员和固定资产的削减
	公司治理改革	主要表现在股东对公司的控制以及经营者的激励问题
	提高企业的创新能力	培养具有竞争力的企业、提高企业的生产力

资料来源：作者根据相关材料整理制表。参见熊兵：《"僵尸企业"治理的他国经验》，《改革》2016年第3期；中村純一・福田慎一「いわゆる『ゾンビ企業』はいかにして健全化したのか」，『経済経営研究』2008年3月号。

2. 三方携手处理僵尸企业问题的案例

政府、银行、企业三方携手，是日本处理僵尸企业问题的主要做法。其一般步骤是：第一步，陷入僵尸企业状态的企业向政府、银行提出金融支援的请求；第二步，陷入僵尸企业状态的企业要制定出三年复活计划；第三步，政府、银行审查复活计划是否具有可行性；第四步，开始实施政府、银行认同的复活计划。这从长谷工集团企业重组案例可以窥其一斑。

第一步，陷入僵尸企业状态的长谷工集团于2002年2月21日向政府及其主要三家贷款银行提出金融支援的请求。第二步，陷入僵尸企业状态的长谷工集团制定了集团重组和设立集团全体持股公司的两个阶段的经营重建计划,包括希望通过发表实施减员增效公约的方式得到金融机构的支援,抛售资产、削减人员、削减管理层的报酬等具体的改革方案。第三步,政府、银行根据这些计划是否具有有效性来判断金融支援计划的实施。第四步,开始实施政府、银行认同的三年复活计划。这包括两个阶段。第一阶段,集团重组:(1)管理公寓的长谷工社区和房屋中介机构长谷工生活网络以股份的方式合并,新成立公寓关联服务事业公司;(2)长谷工本体从公共工事中退出,重组为公寓设计与施工、都市开发、翻新三个部门。第二阶段,集团整体设立股份公司;接受主要三家贷款银行的支援,把 1500 亿日元的债务分别以普通股和优先股的形式进行债转股;处置包括不动产在内的资产 2000 亿日元,为了消除达 636 亿日元(2001 年 9 月中期期间)的债务,探讨减持资金;削减人员,包括本部、集团 13 家分公社在内三年后自然减员一层(合计 400 人),公司总人数削减到 3600 人;大幅削减管理层报酬,总人工费三年缩减 30%。①

上述四个步骤密切联系,且严格执行,长谷工集团重新恢复生机。

6.7 日本处理僵尸企业问题的效果

6.7.1 总体效果

在政府、银行、企业三方联手努力下,日本处置僵尸企业问题取得了较好的效果。根据相关统计,2001 年日本僵尸企业占比曾经达到了 30%,而 2004 年就已经下降到了不到 10%(见图 6-7)。

图 6-7 是东京大学的学者中村、福田以 1995~2005 年东京证券交易所一部和二部上市公司中制造、建筑、房地产、批发零售、服务企业五个所属行业的 2228 家企业为调查对象,利用 FN-CHK 的方法判别的僵尸企业比率以及不良债权和需要注意的债权比率(主要是银行)的变化情况。细线表示的是本文的标准;粗线表示的是主要银行不良债权的比率;虚线表示的是需要引起注意的主要银行的债权比率。

从图 6-7 可以看出,泡沫经济崩溃后的 20 世纪 90 年代初期到 21 世纪初期,日本僵尸企业大幅增加的同时,其不良债权比率和需要注意债权比率也迎来了高峰,直至 2001 年之后才急剧减少。在 2228 家企业中,1995 年以后有接近一半(48%)的企业一度成为僵尸企业,僵尸企业占比的最高峰值达 25%,2004 年以后大多数僵尸企业走上

---

① 福田慎一:『「失われた20年」を超えて』,NTT 出版,2015 年,第 150 页。

了复活之路。

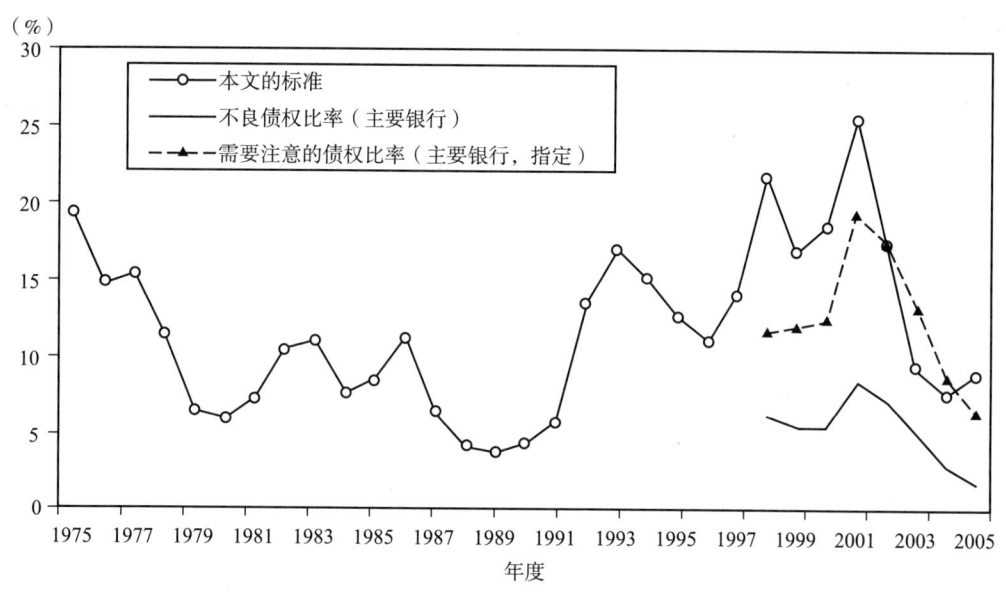

图 6-7　「FN-CHK」方法判别的僵尸企业比率的变化

资料来源：中村純一·福田慎一：「いわゆる『ゾンビ企業』はいかにして健全化したのか」，『経済経営研究』2008年3月号。

6.7.2　行业效果

从表6-3中可以看出，在2001年被认定为僵尸企业的72家上市企业中，依据《公司变更法》和《民事再生法》等接受重组的企业有10家，完全子公司化和对等合并而退市的企业有13家。到2006年末，依然有49家企业既没实行重组又没有让其退市，依然处于存续状态。① 换言之，2001年被认定的僵尸企业中有2/3依然存活。

表6-3　"僵尸企业"存续的状况（截至2006年度末）

序号	企业名称	行业	处理方式与结果	序号	企业名称	行业	处理方式与结果
1	佐藤工业	建筑	2002年3月《公司变更法》申请	3	藤田	建筑	公司分割
2	飞岛建设	建筑		4	长谷工集团	建筑	

---

① 福田慎一：『「失われた20年」を超えて』，第139页。

续表

序号	企业名称	行业	处理方式与结果	序号	企业名称	行业	处理方式与结果
5	不动建设	建筑	与其他公司合并（公司是不动产）	22	日商岩井	批发业	上市废止（与倪启梅合并）
6	日产建设	建筑	2002年3月申请《民事再生法》	23	金商	批发业	
7	三井建设	建筑	与住友合并（公司是三井建设）	24	一阿桑商事	批发业	
8	住友建设	建筑	上市废止（与三井合并）	25	神钢商事	批发业	
9	大日本土木	建筑	2002年7月申请民事再生法	26	阪和兴业	批发业	
10	羽佐间	建筑	公司分割	27	山谷批发业	批发业	
11	森本组	建筑	2002年10月申请《民事再生法》	28	日铁商事	批发业	
12	新井组	建筑		29	住金物产	批发业	
13	东急建设	建筑	转让建设事业	30	丸红	批发业	
14	熊谷组	建筑		31	トーメン（tomen）	批发业	上市废止（与丰田通商合并）
15	青木建设	建筑	2001年12月申请《民事再生法》	32	レナウン（renaunn）	批发业	上市废止（与德班合并）
16	东洋江摄	建筑		33	ニチメン（nitimen）	批发业	与日商岩井合并，成为双日公司
17	三菱建设	建筑	上市废止（与BS合并）	34	笑嘻嘻堂	零售业	2002年4月申请民事再生法
18	滕和房地产	房地产		35	东急百货店	零售业	上市废止（彻底子公司化）
19	ニチモ（nitimo）	房地产		36	川铁商事	零售业	上市废止（彻底子公司化）
20	大京	房地产	产业再生机构下的再建	37	岩田社	零售业	上市废止（完全成为伊势丹的子公司）
21	全日空大厦	房地产	上市废止（全部成为全日空的子公司）	38	大荣	零售业	产业再生机构下的再建

续表

序号	企业名称	行业	处理方式与结果	序号	企业名称	行业	处理方式与结果
39	寿屋	零售业	2001年12月申请《民事再生法》	56	日本冶金工业	钢铁	
40	玛伊卡璐	零售业	2001年9月申请《民事再生法》	57	日本重化学	钢铁	2002年2月申请《民事再生法》
41	欧莉蔻	金融服务	伊藤忠接受第三方投资	58	三井矿山	矿业	产业再生机构下的再建
42	艾普拉斯	金融服务	与新生银行全面合作	59	住友石炭矿业	矿业	公司分割
43	日立造船	机械	切割造船事业	60	碟理	纺织制品	成为东连接子公司
44	住友重机械	机械		61	ユニチカ（yonitika）	纺织制品	
45	新泻铁工所	机械	2001年11月申请《民事再生法》	62	日本版纸	纸张	上市废止（彻底子公司化）
46	神钢电机	电气机器		63	山九	陆运	
47	宫越商事	电气机器		64	昭和电工	化学	
48	歌乐	电气机器		65	新日铁化学	化学	上市废止（彻底子公司化）
49	自动博希	运输设备	分社、合并后、继续存在	66	铃木汽车	运输设备	
50	川崎重工业	运输设备		67	日产柴油	运输设备	
51	NKK	钢铁	上市废止（与川崎制铁合并）	68	日本轻金属	非铁金属	
52	住友金属工业	钢铁		69	住友轻金属	非铁金属	
53	神户制钢所	钢铁		70	リョービ（ryobi）	非铁金属	
54	合同制铁	钢铁	成为新日本制铁相关公司	71	三协铝	金属制品	上市废止（与立山铝合并）
55	日本金属工业	钢铁		72	不二サッジ（bunizaji）	金属制品	

注：2007年以后，新井组（2008年10月）和nitimo（2009年2月）申请了新的《民事再生法》；金商（2008年3月）和藤和地产（2009年4月）也完全子公司化，退出了上市公司。

资料来源：福田慎一：『「失われた20年」を超えて』，第140页。

6.8 日本处理僵尸企业问题的经验教训

日本在处理僵尸企业问题上既积累了较为丰富的经验，同时也有着深刻的教训。虽然中日两国的国情存在着不小的差异，如日本的市场经济体制比较成熟，中国的市场经济体制尚在完善之中，但从僵尸企业问题产生的原因、影响等方面来看，中日两国存在许多相似之处，特别是中日两国都重视政府在经济发展中的作用，因此，日本处理僵尸企业问题的经验教训对于中国如何采取有效措施及时有效解决僵尸企业问题具有重要的借鉴意义（见表6-4）。

表6-4　　　　　　　　　　我国"僵尸企业"的处置方式

主要措施	适用条件	特点	存在问题
并购重组	此类"僵尸企业"本身还具有一定的实际价值，通过并购重组整合资源与资产，提高并购双方企业经营效益的空间	"僵尸企业"的资产和资源得到了有效利用，员工就业问题也得到妥善解决	容易在经营业务、组织机构、企业文化、管理流程等内部方面整合不到位。产权级次过多、分级管理的体制，造成管理链条过长，企业决策和管理难度加大，在较大程度上降低了资产重组的效率
托管经营	此类"僵尸企业"经营不善，入不敷出，但仍有一定发展前景。进行并购重组，存在一些体制性障碍。以契约形式将企业的经营管理权交由具有较强资金投入能力和经营管理能力的托管方。托管方投入一定的资金和资源，引入科学的经营管理机制	不涉及产权的转让，可避免并购重组的体制性障碍。托管经营是20世纪末的国企改革脱困的"温和手段"，所造成的权益纠纷和社会矛盾较小	很难找到具有较强资金投入能力和经营管理能力的托管方，难以扭转经营不善、濒临倒闭的困境
扶持发展	适用活力产业中资产质量较好、具有发展前景的企业。通过扶持发展，帮助企业自我脱困，重新获得发展	减少经营压力，给予财税优惠措施以及减免其他各类费用；提供信贷支持等融资帮助	对政府帮扶成本缺乏科学计算和相应的回收渠道，造成政府帮扶风险过高
破产退出	对严重资不抵债的"僵尸企业"来说，按照《企业破产法》的规定申请破产，通过司法程序依法退出，通过司法程序破产退出，包括破产重整和破产清算	耗时长，退出成本高	《破产法》等相关法律不完善，司法诉讼周期长

资料来源：熊兵：《"僵尸企业"治理的他国经验改革》，2016年第3期，总第265期。

6.8.1 处理僵尸企业问题要找时机，政府要果断出手，尽快制定路线图

一般而言，僵尸企业存续的时间越短，复活的可能性就越大，反之，僵尸企业存续的时间越长就越难恢复成为健康企业。即推迟处理僵尸企业问题，不但对企业的复活不利，反而会成为其复活的阻碍因素。日本处理僵尸企业问题的深刻教训就在于当大量僵尸企业出现、银行不良债权上涨时，政府在处置僵尸企业问题时不但行动迟缓，而且政策方向、重心发生错位。其结果是，不但没有有效解决银行不良债权问题，反而最终造成了银行不良债权问题的大规模暴露，造成大量银行、企业破产，对经济恢复和发展造成了严重的影响。正如星岳雄、阿尼尔·K、迦叶波在总结日本处理僵尸企业问题的经验教训时所指出的，由于日本政府没有及时分类处理僵尸企业问题，就没有能够有效地避免银行继续放贷给僵尸企业进而造成经济受损的现象发生。

中国应借鉴日本处理僵尸企业问题的经验教训。一方面，既要对僵尸企业问题的危害性有充分的认识，并及时处理，更要找准僵尸企业问题存在的重心或者说症结所在，找准僵尸企业问题的治理方向，对症下药。另一方面，要结合僵尸企业所处的行业生命周期及僵尸企业的实际情况，综合分析行业和僵尸企业发展前景，分类施策，有保有压，有扶有控。对于产能落后、不符合产业结构调整方向的僵尸企业，应当机立断停止"输血"，并在政府的引导下将淘汰落后产能和促进"双创"有机结合，投向新兴产业和创新领域。因此，处理僵尸企业问题时，政府要在科学判定其问题症结的基础上，尽快制定路线图，果断而及时地出手解决僵尸企业问题。

6.8.2 及时成立专门机构，依法处理僵尸企业问题

日本在处理僵尸企业问题的过程中，成立了专门机构——产业再生机构，并负责制定和完善相关的法律，包括制定涵盖处理僵尸企业问题各个方面的综合性政策框架，使在处理僵尸企业问题时有法可依。如在处理、拯救处于僵尸企业状态的日本航空公司时，就是通过这个政策框架，走司法程序对其进行企业重整，从而使其摆脱了困境重新焕发活力。

日本处理僵尸企业问题的这种制度重构是日本处理僵尸企业问题最为全面有效的制度创新，它是以拯救处于困境中的僵尸企业为目标，其有效做法已被全球所认同和借鉴。中国当前所面临的僵尸企业问题与当年的日本有许多相似之处，日本这方面的经验值得中国在处理僵尸企业问题时加以借鉴。

6.8.3 "无形的手"和"有形的手"密切配合处理僵尸企业问题

日本在处理僵尸企业问题的过程中，十分注重发挥市场机制的作用，利用市场机制识别僵尸企业，对企业进行分门别类以制日本政府主要通过颁布《产业再生法》《公司更生法》等一系列相关的法律、法规和配套措施，在国家层面建立了以市场机制为基础，法律、法规和配套政策指向明确的政府、银行、企业三方定相应的处理对策。同时，在处理僵尸企业问题的过程中又不是简单地完全由市场机制说了算，简单地把僵尸企业推向市场，而是充分发挥政府（包括银行）的作用来拯救僵尸企业。

合作处理僵尸企业问题的行动框架。这样，政府就可以依法、依规向僵尸企业（包括僵尸银行）提供公共（含国有）资金或施以其他手段来有效地处理僵尸企业问题。在市场机制"无形的手"和政府（包括银行）"有形的手"相互配合的框架下，大部分负债累累的僵尸企业通过三方共同的努力较快地恢复了活力，也促进了经济结构的调整。中国在处理僵尸企业问题的过程中，也应充分发挥"无形的手"和"有形的手"的联动作用，以有效地处理僵尸企业问题。

6.8.4 政府和银行通力合作处理僵尸企业问题，强化银行的预算硬化

政府和银行通力合作处理僵尸企业问题的方法主要有：（1）剥离银行不良债权；（2）在剥离银行不良债权之后，为了避免大范围的银行倒闭和信贷萎缩，日本政府为这些银行注入一定规模的资本金；（3）通过设立专项基金的方式为特定僵尸企业注资；（4）为了配合注资，政府加强了金融监管，以减少注资可能带来的负面效应，防止注资有可能带来道德风险问题以及再催生出一批僵尸企业银行问题。

值得注意的是，在政府和银行通力合作处理僵尸企业问题的过程中，日本政府规定，对于大幅偏离"健全化产业计划"的银行，政府有权要求其进行业务整改。如果同一家银行连续两三次接到业务整改的命令，银行领导就要被问责。这些措施确实有效地提高了银行的经营效率，既控制了银行为了自身利益而继续对僵尸企业的追贷，也防止了僵尸银行问题的滋生，[1] 从而比较有效地解决了银行的预算约束软化这一滋生僵尸企业的问题。

中国应汲取日本在此方面的经验教训，为了防止银行继续向僵尸企业发放贷款，要对银行系统进一步加强监管，对银行放贷的质量进行彻底的把关。特别是要阻断地方政府对辖区内银行的行政干预，通过制定相关法律法规，确保银行体系具有相对的独立性。政府和银行要携起手来，通力合作处理僵尸企业问题，提高银行防范风险能力，强

---

[1] 参考何帆、朱鹤：《僵尸企业的识别与应对》，《中国金融》2016年第5期。

化银行预算硬化，铲除滋生僵尸企业问题的土壤。

6.8.5 妥善处理好规模庞大的僵尸企业职工的安置问题

日本在处置僵尸企业问题时，把预防失业和促进再就业列为政府处理僵尸企业问题的重点目标。为此，日本先后颁布了《零短工劳动法》《雇佣派遣法》《合同工保护法》《能力开发促进法》《职业训练法》《教育训练补贴》等多项法律法规，根据这些法律法规，进一步完善相关劳动法，加强职工培训，发放教育培训补贴，鼓励、支持再就业，为顺利处理僵尸企业问题提供了条件。而且，日本在僵尸企业人员安置问题上，既采取了企业内部转岗、人员分流、同业合并等重组措施，以避免大量失业问题的产生，同时也采取了鼓励僵尸企业分流出来的劳动力自由流动的措施。这种措施既可以节约安置僵尸企业人员的成本，也破解了僵尸企业对人才的封闭性以及新的企业很难找到适用人才的难题。

中国要借鉴日本的经验，创造职工自由转职的条件，开发本行业外的领域，利用计时工和派遣工，提高劳动力市场的伸缩性，要重视员工基础知识和技能的提高。同时，为了回避希望退职和解雇这一剧烈的雇佣调整方式，企业可采用调整劳动时间、重新安置、外派和转职等手段，如加班时间的减少，休息日数的增加都与工资的减少连在一起，再加上减少管理人员工资。还要把处理僵尸企业问题与加快推进户籍制度和社会福利改革、打破福利制度的地区封闭性、完善社保体系等结合起来，为僵尸企业问题的有效处理创造条件。

6.8.6 鼓励僵尸企业兼并重组，尽量少采取使其破产的措施

在处理僵尸企业问题的过程中，日本主要采取鼓励僵尸企业兼并重组，尽量少采取使其破产的措施。日本的主要做法是：一是先给僵尸企业免除银行债务，银行在资产负债表上进行坏账处理，受损并减少的银行资本金要么增资扩股，要么由公款注入来弥补；二是裁减员工人数、出售固定资产；三是减少高层管理人员的分红。很明显，裁减员工人数和出售固定资产确实有助于企业恢复正常。但是，减少高层管理人员的分红对僵尸企业的恢复却可能产生负面影响，即可能导致管理层消极怠工，不利于僵尸企业走出困境。因此，对僵尸企业重组的目的是为了企业再生提供通道，而不是简单地对其实施破产处理。中国在处理僵尸企业问题时，应妥善推进破产清算程序，尽量减少社会动荡。如果要对僵尸企业进行破产处理，就应严格按照破产法对僵尸企业实施有序退出。对那些政府不得不救助的企业，应在符合破产法制度与程序的基础上进行融资支持、税收优惠、财政补贴或债务冲抵。

第7章

日本供给侧改革与去产能

一般来说,有两类行业容易形成产能过剩:一类是设备投资规模比较大的行业,钢铁是典型代表;另一类是进入受限制的产业,政府本来是为了限制产能过剩,最后反而助长产能过剩。日本经历过几次产能过剩,调整产能过剩的政策也几经变化。

7.1 日本处理产能过剩问题的历程

明治时期,日本政府对经济干预很少,基本由原始的市场功能调整,因此价格、需求等经常出现激烈的变动。军国主义时期的日本根据"国家社会主义"采取了类似于计划经济的"统制经济",政府给各个部门下达指令("经济总动员"时代)。战败后,虽然联合国军采取了一些"经济民主化"政策,但仍沿用旧习惯,采取政府主导的经济和产业政策。

"二战"以来,日本在经济恢复性建设过程中经历了多次产能过剩周期和危机,主要分为四个阶段:

7.1.1 第一阶段:确立出口导向型发展模式(20世纪40~50年代)

20世纪40~50年代,确立出口导向型发展模式,主要通过产品出口拉动经济增长。日本经济的对外依存度也从1946年的10%左右迅速提高到1960年的38.8%。面对战后国内需求疲软的现状,日本大力发展出口导向型产业,重点是煤炭、钢铁、化工等原材料工业。在此期间,推行了以增进本国重化工业国际竞争力为主要目标的贸易保护政策。这些政策包括对外征收结构性关税,严格限制化学、石油化工、钢铁、有色金属及机械等产品的进口;对内则采取鼓励出口的优惠融资制度,实施出口振兴税收制度和出口保险制度,积极协助日本重化工业企业开拓国际市场。但日本出口导向型发展模式高度依赖世界能源和原材料，对国际市场冲击较大，很快形成了大量贸易摩擦和争端，产能过剩问题暴露。

"二战"后的日本，当某个行业面临"市场失败"时，通常采取"不况（萧条）产业对策"。它主要以政府主导的"操业短缩（缩短开工）"，限制新增设备投资为主，困难较大时也采取了"设备共同废除"。它的本意是在某个行业，大家一起做"卡特尔"（限制竞争），并减少产量或去产能，由此恢复行业的供求平衡。比如在政府主导下，行业内的所有企业达成一致，减少30%的产能，某种意义上它是公平的，但是从效率的角度来看，对那些拥有最先进设备的高效企业来说，则是不公平的。

这样的"共同行为"虽有防止产品价格下跌、缓解企业困境等好处，但长期来看，限制竞争的弊端也很明显。例如，在"设备调整"成为"常态"的纺织产业，曾有过先登记设备量，陷入萧条后把剩余设备买断和拆掉的优惠制度，但登记好的设备量就产生"财产价值"，妨碍企业自主努力调整设备，该制度也不得不允许"拆旧换新"的技术改造，条件是拆换量挂钩，但每次由技术升级导致"拆少换多"的恶性循环。与此同时，这样一个"额度"本身就会带来一些价值，因此行业内的企业会相互交易"额度"。

7.1.2 第二阶段：通过促进产业结构升级，启动内需来化解产能过剩危机（20世纪60～70年代中期）

20世纪60～70年代中期，通过促进产业结构升级，启动内需来化解产能过剩危机。适时调整产业政策，通过促进产业结构升级消化过剩产能，提出"国民收入倍增计划"，引入了"最低工资制"，扩展了社会保障，完善养老保险金，提高健康保险付给率等，启动内需成为消化产能的重要渠道。

尤其是20世纪70年代之前，虽然"垄断禁止法"早已有之，但针对某个产业制定产业调整政策时，往往缺乏"市场竞争"意识，未能统筹考虑其利弊，带来了不少弊端。

①适时调整产业政策。50年代后期，日本将产业政策对象从基础产业逐步转向了新兴和成长型产业，从原材料工业转向了加工工业，其重点扶植的产业包括合成纤维、石油化学、机械、电子业等。具体做法是：通过日本开发银行等提供特别贷款给予长期资金支持；在重点产业实行特别折旧制度；对重点产业技术设备进口实行免税支持；促进生产集中和规模经济的建立等。

②把提高产业竞争能力作为实施产业政策的重要目标。1963年，日本政府发表了《关于产业结构的长期展望》：一是旨在建立新产业体制和进行以规模经济为目标的产

业改组，建立产业组织新秩序。二是调整设备投资政策。为防止生产能力过剩，政府对钢铁、合成纤维、石油炼制、石油化工和纸浆等产业的设备投资进行了干预，规定了起点、规模等设备投资政策。三是继续推行产业扶持政策。对新兴的高新技术产业（如电子计算机产业和核能发电业）专门采取措施予以扶持。

③提高低收入者收入。20世纪60~70年代，日本提出了明确而具体的"国民收入倍增计划"，该计划在扩大内需促进经济增长方面发挥了重要作用。倍增计划确定按地区和产业不同，将日本全体劳动人口分为若干集团，每个集团统一实施最低工资制度。同时，日本池田内阁1961年制定《农业基本法》，增加农业劳动人口收入，使其生活水平与从事其他产业劳动者处于同一水平。此外，日本政府还设计实行了"逆向剪刀差"机制。通过提高农产品价格，日本工农产品价格剪刀差逐步缩小。这项政策引发了日本国内的一场消费革命，过去以出口为主的日本制造企业也开始为国内市场进行生产。

④建立完善的社会保障体系。倍增计划出台后，日本政府着力构建完善的社会保障体系。1961年4月，日本正式实施《国民年金法》，实现了全民保险。1963年7月，日本颁布《老人福利法》，推行养老社会化，保障老年人经济和医疗需求，为老年人提供生活服务保障；并对老年人应享受的服务内容以及各级政府、社会和企业等扮演的角色作了明确规定。

7.1.3 第三阶段：推行"贸易和投资自由化"，将国内制造业产能向海外转移（20世纪70年代中期以后）

20世纪70年代日本经历了两次石油危机，因为石油价格飞速上涨，给产业结构带来了巨大冲击，正因为如此，日本从高速增长进入了中速增长期，增长率大幅下降，这就给为数众多的企业带来了产能过剩问题，所涉行业也极为广泛。为了解决这个问题，通产省（现改为经济产业省）采取了相应的措施。首先，制定并通过了多项法律，包括《特定不况产业稳定临时措施法》《特定不况行业离职员工临时措施法》《特定不况地区离职员工临时措施法》《特定不况地区中小企业临时措施法》。其次，根据以上法律，将铝业、合纤（4种）、平电炉、合金钢、纺织、化肥、造船、瓦楞纸等14个行业指定为"特定行业"。政策措施包括，对下岗职工的职业培训、延长失业保险时间、优先安排公共项目，对中小企业提供融资支持等。

从20世纪70年代中期开始，推行"贸易和投资自由化"，借势日元升值，日本国内传统制造业企业加快对亚洲国家和地区的海外投资，向海外转移过剩产能。积极向海外扩张，将劳动密集型、资源消耗型和环境污染型等制造产业转移到海外，限制原材料工业发展，发展资本、技术密集型产业，增强进口能力。

进入20世纪80年代，日本政府的思路从"政府主导经济"逐渐转变到"让市场更好地发挥作用"，经合组织（OECD）提倡的"积极性产业调整政策"（Positive Adjustment Policy，PAP）成为共识政策。期间，日本的整个产业结构也发生了变化。随着经济总体规模的增长和产业结构的优化，钢铁等行业的占比逐渐下降，留下的企业员工规模也只有以往的几分之一，问题的核心逐渐从"行业"调整转变为个别"企业"的调整。

自1985年下半年开始，日元持续大幅度升值，日本政府于1986年5月发表了"面向21世纪产业社会长期设想"，提出以对外实现"国际水平分工"和对内实现"知识融合化"作为产业结构的新发展方向。具体措施一是刺激国内需求，推进"内需扩大主导型"战略；二是鼓励对外投资；三是充实社会公共投资，提高国民福利水平。日本企业进行了多方面的改革和调整，其中主要是生产向海外转移，在全球范围内进行最佳生产，形成国际生产网络。日本国内传统制造业企业加快对亚洲"四小"（韩国、中国台湾、中国香港和新加坡）、东亚和中国等国家和地区的海外投资，向海外转移过剩产能。

7.1.4 第四阶段：制定"科学领先、技术救国"方针，建设知识密集产业（20世纪90年代日本泡沫经济破裂后至现在）

20世纪90年代至今，泡沫经济破裂后，提出了以"科学领先、技术救国"的方针，调整产业结构，建设知识密集产业。

20世纪90年代日本泡沫经济破裂后，日本再次面临严重的产能过剩，1995年10月，日本产业结构审议会基本问题分委会提出了《面向21世纪的日本经济结构改革思路》的报告，提出了"科学领先、技术救国"的方针，调整产业结构、建设知识密集产业。指出日本应开发新的产业领域，现有产业应向高附加值产业转移；放宽规制，促进竞争，改革有关的企业制度。1998年通产省推出了《经济结构改革行动计划》，该计划提出面对全球经济环境变化的挑战，尽快创造新产业。90年代的日本经历了痛苦的泡沫经济破裂，首先集中于房地产投资的坏账处理（第一段），由此银行陷入了不良债权危机，政府投入了大量公款。

经历了10年时间，到21世纪头10年，房地产的问题高峰已过，但仍有零售、酒店等行业的"僵尸企业"未处理（第二段）。此时日本把它作为（个别）"企业再生"问题，运用资本市场规律和技术来处理。

7.2 日本化解产能过剩危机的措施

日本 1951～1973 年开启经济高速追赶，实现了 23 年年均 9.3% 的增长，1973 年人均 GDP 达到 11434 国际元，相当于美国的 68.5%，到达增速换挡的收入阈值。增速换挡后，1974～1991 年的 18 年实现了年均 3.7% 的增长，属于中速增长阶段。1991 年人均 GDP 达到 19355 国际元，相当于美国的 84.7%，步入前沿国家的低速增长区间。

日本的高速增长期是依靠大量能源投入和粗放经营实现的。快速的工业化造成了能源消耗和环境污染日趋严重。从 1955 年到 1964 年，日本的能源消耗量增长了约 3 倍，主要能源也从煤炭转变为石油。到 1973 年石油危机爆发前，日本的原油进口依存度已达到 99.7% 的惊人程度。日本的水源和空气也都受到严重污染，20 世纪 50～60 年代出现了震惊世界的四大环境公害，即镉污染所致的骨痛病、甲基汞污染所致的熊本水俣病、新泻水俣病、四日市大气污染所致的哮喘病，对日本人民的生命健康造成极大损害，国民不满情绪愈演愈烈，抗议示威事件层出不穷。到 20 世纪 70 年代，以四大公害诉讼均以居民原告方胜诉为标志，日本高能耗和高污染的增长模式已失尽人心，针对以上问题，日本政府综合运用法律、财政、税收和金融等政策措施，侧重从供给侧入手实施改革，主要改革措施如下。

7.2.1 扩大内需、化解产能过剩危机

1946～1955 年是日本经济的复兴时期，通过"二战"后恢复需求的拉动和确立出口导向型发展模式，日本经济保持了持续快速增长，对国际贸易的依存程度也迅速提高，顺利实现了经济的恢复调整和振兴起步。从 1955 年开始，日本经济进入起飞时期，此时面临的主要问题是，"二战"后恢复需求的逐渐消失致使内需不振，经济增长过于依赖出口需求；经过多年的快速增长之后，日本经济于 1957 年下半年发生了经济危机，主要行业产能过剩明显；社会各界对于经济能否保持快速增长普遍缺乏信心。在这种背景下，以《国民收入倍增计划》的推出和实施为标志，日本经济开始了向内需主导特别是民间消费主导型发展模式的转型历程。

此前各国出台的国民经济增长计划，均将促进经济高速增长作为相对单一的政策目标。而 1960 年推出的《国民收入倍增计划》，却同时追求极大增长、国民生活水平提高和充分就业三个目标。计划规定，用 10 年时间使国民生产总值翻番，国民收入接近当时的联邦德国和法国，同时极大地提高国民生活水准和达到充分就业；在上述三个目标

中，国民生活水平提高是最终目标，其实施过程中的政策着力点又在于提高低收入阶层的购买力，具体措施包括推行最低工资制度、加大对农业的财政资金投入、扩展完善社会保障体系等。

《国民收入倍增计划》的实施取得了良好的效果。在经济增长方面，1961~1970年日本国民生产总值年均增长率达到10%，国民劳动报酬的年均增长率超过10%，实现了国民经济与居民收入同步增长的目标，形成了将近1亿人口的中产阶层。

在日本实现经济高速增长的1956~1973年18年中，民间消费对国内生产总值增长的贡献率有10年高于60%，仅有两年低于50%；民间消费支出对国内生产总值的拉动在5%~7%，仅有5年低于5%；而净出口对国内生产总值的拉动从未高于1%。这就表明，高速增长时期日本的增长模式是以民间消费支出为主的内需型经济增长。以国民收入快速增长和居民消费支出持续提高为基础的消费革命，不仅化解了由于需求不足导致的产能过剩危机，还促使设备投资与制造业生产形成良性互动，进而推动整个日本经济保持了近20年的高速增长。

7.2.2 推动产业向海外转移，消化过剩产能

进入20世纪80年代，日本经济增长相对平稳。日本虽然拥有1亿多人口，但日益成熟强大的经济使本国消费市场显得相对狭小，因此日本大规模进行对外投资的主要目的是开拓海外市场。同时，由对外投资带动的产业转移也加快了日本国内过剩产能的消化进程。

扩大对外投资是日本促进经济发展的一项重要策略，也是进行经济结构调整特别是实现产业升级换代所必须经历的过程。随着日元持续大幅度升值以及对外贸易摩擦愈演愈烈，20世纪80年代中期日本出现了"海外投资立国论"，希望通过扩大对外投资、加快生产和资本的国际化步伐来缓解日元升值导致的投资和生产成本提高等问题。此后，日本国内制造业加快了对亚洲"四小"（韩国、中国台湾、中国香港和新加坡）、中国、东盟等国家和地区的海外投资。1985年，日本对外直接投资为122亿美元，1989年达到675亿美元，创历史最高纪录。至90年代初，受泡沫经济破灭等因素的冲击，日本对外投资出现了暂时下降，但这并没有从根本上扭转日本产业向海外转移的趋势。从海外企业销售额与国内企业销售额的比率（即海外生产比率）这一指标的变动中，可以看出日本产业转移的持续发展状况：80年代前期，日本制造业的海外生产比率仅为3%左右，90年代初提高到8%左右，而2002年达到17.1%，其中电气机械业达到26.5%，运输机械业则高达47.6%。

从不同时期日本制造业对外投资的重点产业领域看，对外投资额排在前三位的产

业，在 1969~1973 年是纺织、化学和铁及非铁金属，分别占同期日本对外直接投资总额的 7.7%、6.1% 和 4.8%；1978~1984 年是铁及非铁金属、化学和电气机械，分别占对外直接投资总额的 7.6%、5.0% 和 4.8%；1986~1989 年是电气机械、运输机械和化学，分别占对外直接投资总额的 6.4%、3.3% 和 2.7%。进一步分析可以发现，上述制造业行业在相应时期大多已进入产业发展的成熟阶段，在国内市场上开始面临过度竞争、生产过剩等问题，而通过向海外进行产业转移，无疑有助于过剩产能的消化并推动这些产业的优化升级。

7.2.3 强化产业政策的运用，淘汰落后产能

所谓落后产能，是指生产设备、生产工艺的技术水平低于行业平均水平的生产能力。从生产后果看，落后产能的运用往往对应着更高的能耗、水耗和更多污染物的排放。在完善的市场经济条件下，过剩的产能一般包括落后产能，而落后产能的淘汰、退出则能够改变市场的供求关系，减轻产能过剩的程度。

"过剩设备"以及与之相关的落后产能治理问题，是 20 世纪 60~70 年代日本产业政策的重点，具体做法主要有五点：一是设备注册制度。注册现有设备和限制生产品种，限制非注册设备使用，限制新增设备。二是制定准入标准。1965 年日本制定新建石油化工中心企业的标准，获批企业的产能门槛是年产乙烯能力达到 10 万吨，此后根据 30 万吨以上的大型成套设备在技术和经济上逐渐成熟这一变化，很快又将该指标提高到 30 万吨。三是淘汰落后设备。1964 年的"纤维工业设备等临时措施法"采用了废弃两台旧设备才允许添置一台新设备的原则，1967 年的"特定纤维构造改善临时措施法"将废弃过剩设备、促进设备现代化以及企业规模适当化作为三项基本内容。1978 年的"特定萧条产业安定临时措施法"规定对平电炉钢材、炼铝、合成纤维、化学肥料、船舶制造等萧条产业实施调整，目的在于使指定的工业部门停产或报废设备。四是实行政府补偿。在解决萧条行业产能过剩问题过程中，采取政府收购然后报废设备的方式，即由政府与产业界合作预测未来供求，过剩部分由政府出资收购报废。五是鼓励使用节能设备。由政策性银行给予低息贷款，积极推广使用节能设备。如果企业使用列入目录的节能设备，可享受特别折旧和税收减免优惠，减免税收约占设备购置成本的 7%。除正常折旧外，还可享受特殊的"加速折旧"政策。

淘汰落后产能面临的一个主要问题是如何避免大规模失业现象集中发生。为此，日本先后制定了"特定萧条产业离职者临时措施法"和"特定萧条地区中小企业对策临时措施法"。主要措施包括：为失业人员提供就业信息服务；对失业者进行就业指导和职业培训；对雇用特定衰退产业或地区失业者的企业提供补贴；为原企业提供劳动者停

业补助和训练费用;延长特定产业或地区失业人员的失业保险(放心保)金支付时间;安排失业人员参加公共事业;向所认定的中小企业提供紧急融资;延长设备资金贷款的还款期限;促进企业转产,并利用工业再配置补助金吸引其他企业前来投资等。

7.2.4 "减量经营",降低能耗、利息、劳动力成本

第一次石油危机引发的国内经济危机引发一些日本企业自发开展经营调整,这种调整被称为"减量经营",其核心主要有三条:节约能源消耗、降低利息负担和降低劳动力成本。日本政府因势利导,积极推动和引导"减量经营"在全国范围内实施,使"减量经营"成为石油危机后的流行词汇。"减量经营"的实施非常成功,成为日本制造业"二战"后从传统的粗放型经济增长方式向高附加值型经济增长方式转变的转折点。

节约能源消耗。以石油危机为契机的能源价格上涨,对日本传统的粗放式增长模式造成了沉重打击,以石油化工、钢铁等为代表的高能耗行业的竞争力大大降低。日本政府通过行政指导及各种限制措施,引导经营效益差的企业关停并转,显著削减了这些行业的生产能力。1975年,日本增加生产能力的设备投资在全部设备投资中比重比70年代初降低了约50%。同时,鼓励企业进行内部技术改造和生产设备更新,有效节约能源。许多高能耗行业积极采取节能技术,如钢铁业大量采用高炉炉压发电设备,石油化工业采用加热炉的废气、余热回收技术,水泥业引进悬浮预热器技术等。降低利息负担。石油危机爆发后,日本著名的《日经商务》杂志指出,在石油危机后的恶劣环境下,日本企业必须努力压低原材料费用、财务费用等各项成本才能生存下去。当时日本企业自有资本比率不高,利息负担较重是一个比较突出的问题。通过实施"减量经营",日本企业的自有资本比率大幅提高,从企业借款占营业额的比率看,1978年比1965~1973年平均减少6.6个百分点;从制造业自有资本比率看,1985年比1975年提高7.7个百分点。再加上同期日本利率水平不断降低,企业利息负担得到有效减轻。降低劳动力成本。刘易斯拐点到来后的劳动力成本大幅上升,成为石油危机冲击下日本企业不能承受之重。当时有研究表明,如果主要制造业企业在一年内不削减6万~14万雇佣人数以降低成本,就无法维持收益。企业通过解雇临时工、控制正式员工的录用、女性员工离职后不再补充新人乃至减少主干劳动力等多种方式调整雇佣人数,降低人工成本。据日本产业劳动调查所统计,1975年以后的四年中,包括松下电器、三菱重工、东芝等在内的多家企业减员达21万人。此外,由于发展中国家劳动力成本较低,日本政府还积极鼓励劳动密集型产业尤其是一些高耗能、高污染的劳动密集型产业向海外转移。

7.2.5 政府引导产业结构升级,大力疏解产能过剩和扶持新兴产业发展

大力疏解产能过剩。经过两次石油危机打击,日本衰退产业和过剩产能增加。1978年,日本政府制定了《特定萧条产业安定临时措施法》(简称"特安法")和《特定萧条产业离职者临时措施法》等四部法律,进入"特安法"时代,主动对衰退产业和过剩产能进行调整和疏解。"特安法"认定平电炉、炼铝、合成纤维、造船、化肥等14种产业为结构萧条产业,当时这些产业的企业开工率只有60%~70%。针对上述结构萧条产业的调整和疏解方法包括:(1)采取政府收购来报废设备的方式,即由政府与产业界合作预测未来供求,对"过剩部分"由政府出资收购报废;(2)设立特定萧条产业信用基金,对那些按计划淘汰落后设备的企业提供优惠利率贷款,帮助萧条行业安置工人和转产;(3)允许因供求明显失调、价格降到平均生产费用的特定商品的生产者缔结有关限制产量、维持合理价格的垄断组织。"特安法"的实施取得明显成效,1978年和1979年日本工业连续两年高涨。

扶持新兴产业发展。在对衰退产业和过剩产能进行调整和疏解的同时,日本政府有效利用产业政策,鼓励和培育新兴知识和技术密集型产业发展。1978年,日本政府制定了《特定机械信息产业振兴临时措施法》,提出要发展电子计算机、高精度装备和知识产业,投入了大笔政府专项资金对尖端技术的开发提供补贴和资金,并对以上产业实施税收和金融方面的优惠政策。人们已将这个项目视为日本70年代后期推出的产业技术政策的成功典范,它为奠定日本电子产业的基础及扩展在国际市场的份额做出了很大的贡献。20世纪70年代,日本产业结构变化的另一个重要特点是服务业的重要性增强,1973~1985年服务业年均增速高于同期制造业增速0.2个百分点,从1970年到1980年,服务业就业人数比重提高了8.9个百分点。

在去产能的过程中,最困难、最重要的是裁员。在日本,企业的社会责任之一就是保护劳动者的就业,所以不能因为经营不善而随意解雇员工,只能在用尽所有力量仍无法避免企业倒闭时,才可裁员,这是日本三四十年前传统的经济和企业理念。正因为如此,裁员都会伴随很大的痛苦。在20世纪70年代石油危机冲击之后,大公司将人员重新调配到那些效益比较好的工厂或者分支机构,例如,新日铁有好几个钢厂,于是在这些工厂里对人员进行轮岗、调配、转岗。其实新日铁在此之前已经经历过五次调整。到了80年代,造船、钢铁的产能过剩问题非常严重,但是汽车行业如日中天,能吸引更多的员工,正因为如此,有造船业务的三菱重工,把剩余的劳动力调配到汽车厂,当然,这也是获得了汽车厂的配合。但是,如果所有可行的方法都应用后仍然不能摆脱困境,就只能借助政府的支持政策。

7.3 日本的供给侧改革的实施效果

日本在1973年石油危机之后：实施供给侧改革，辅以中性偏紧的货币政策，无风险利率大降，增速换挡成功后股市走牛。以1973年为转折点，日本开始扎实推进供给侧改革，给企业在调整产能、压缩成本、节约能源、技术创新等方面以压力，同时从刺激政策转向采取紧缩性的货币政策，抑制物价、工资和资产价格上涨，挤出边际上无效产能和无效资金需求。在1973年3月~1974年10月，日经指数跌去了40%。自1974年10月开始，日本股指在触底后反弹并走牛。1974~1981年增速换挡成功后股市走出大牛市，日经指数进入慢牛、长牛。20世纪70年代日本的供给侧改革取得了巨大成功。

7.3.1 日本成长为制造业强国

"减量经营"使日本制造业的国际竞争力显著增强，帮助日本逐渐确立了世界制造业强国的地位。日本制造业在节能方面也取得了突出成就，到20世纪80年代初时，日本已成为主要经济体中能源利用效率最高的国家。日本汽车由于低能耗和高性能而受到普遍欢迎，1980年以后日本汽车产量超越美国而居世界第一位，并大量出口到以美国为首的海外市场中。

7.3.2 产业结构顺利完成优化升级

从20世纪70年代后半期到80年代，电子、汽车等产业取代了原来的钢铁、石化等产业，成为引领日本经济增长的主导产业。日本产业结构从原来的劳动密集型和资源密集型逐渐转向知识密集型和技术密集型。

7.3.3 经济"稳定增长"

通过这次改革日本不但成功经受了两次石油危机的考验，而且顺利完成了从高速增长向平稳增长的增速换挡，1975~1985年日本经济平均增长率保持在4%左右，日本政府称其为"稳定增长"，该时期在主要发达国家中日本的经济增长仍然是最快的。

7.4 主要产业去产能的实施效果

7.4.1 钢铁产业

1951年通产省审议会出台了第一次钢铁合理化计划。当局本意是将投资重点放在轧钢设备的引进上，对高炉建设持保留态度。但1950年刚刚独立、没有高炉的川崎制铁却提出要在临海地段建设最新式高炉炼轧钢一体化工厂。此要求当初遭到有关部门的拒绝，日本银行总裁一万田威胁要让川铁的建设用地满地杂草丛生，但川铁还是克服困难建起了新型工厂。这极大地刺激了高炉老三家企业以及另外两家无高炉企业。1956年第二次合理化开始后，六家企业展开了大规模的投资竞争，共建成11所高炉。1961年第三次合理化后，各企业纷纷建设临海一体化大型工厂，规模大大超过了合理化计划。总体而言，第一次合理化期间通产省的投资调整还有一定效果，但这是在政府融资及税制优惠及各种管制措施下的结果，而且川铁的反抗还是对计划产生了很大冲击，加速了钢铁产业投资竞争。而此后各时期通产省所主导的投资计划基本失效，企业在通产省指导下的自主调整也与通产省的期望相悖，各项巨额投资计划都被认可或被事后承认。产量调整方面，由于相对劣势的住友金属激烈反对减少国内销售配额，调整的结果是只得认可各家产量。而通产省于1958年主持制定的旨在对钢铁价格开展干预的公开销售价格制度（公贩制），虽经多次调整也总是偏离市场价格，1962年后对钢铁价格战没有任何拘束作用。产业集约化方面，通产省1963年试图通过"特振法"来推动钢铁企业合并，1966年又发表《关于今后钢铁产业发展方向》报告，强调欧美钢铁企业正在大规模整合，日本应避免国内过度竞争，通过合并等方式来实现集约化。在此情形下，"二战"后被分拆的八幡及富士不顾舆论反对重新合并。据分析，合并对抑制投资有一定效果，但是在降低了出口价格的同时，提高了国内市场价格，表明合并扭曲了市场机制，副作用较大。

7.4.2 造船业

海洋国家日本对造船业十分重视。运输省1947年便开始推行"计划造船"，1950年、1953年又分别制定了造船法及临时船舶建造调整法。政府以造船法为依据，采取审批手法严格管制；以计划造船为指标，投入公共资金推动实施。据统计，直到20世纪60年代中期，通过开发银行及进出口银行的政策融资一直占计划造船资金的5~8

成，可见国家扶持力度之大。但计划造船实施起来也是困难重重。第一，由于涉及融资，造船计划通常由运输省出面与大藏省、政策金融机构协商后，再与民间的银行协会协调制定，各方的利害冲突导致计划常常被大幅度调整。第二，造船计划照顾每个企业，基本上是均等分配，而且计划总是被企业牵着鼻子走，投资难于得到抑制。特别是1960年所得倍增计划出台后，运输省更是制定计划鼓励企业以超常速度投资，加剧了投资竞争，被看做是日后海运业经营状况恶化的原因之一。第三，由于海运业市场波动较大，往往计划赶不上变化。例如，1974年造船需求量急速下降到1973年的30%，1975年第31次计划为170万吨，实际造船只有95万吨，1976年计划定为90万吨，实际造船更跌至16万吨，到1978年造船量只有1973年的10%，为此大家戏称计划造船为"无计划的计划造船"。第四，计划外常常冲击计划内。1957年在制定第13次造船方案时运输省曾提出要严格取缔计划外造船，但很快在船主的强烈要求下废除了此项禁令。总之，在计划造船的体制下，造船业投资过度，而在后期的生产及设备调整中，产业调整政策也未能奏效。特别要指出的是，从20世纪60年代末期起，早期列举的扶持造船业的理由，如安全保障、与其他产业配套发展等理由已不复存在，但运输省还是处心积虑地维持造船计划，宣传造船是国家需要，计划造船的做法一直维持到90年代，到2000年造船业仍然采用审批制。

7.4.3 石化工业

1955年通产省制定了《石油化学工业培育对策》，并通过石油业法对石化产业实行了非常严格的管制，即便如此，我们看到政府对该产业投资规模的调整也没有奏效。在石化工业的第一期计划期间（1955～1958年），政府批准了4家企业，第二阶段里（1959～1964年）又批准了5家企业的投资规划，引起了先行企业的不满。在第三期计划里，政府本来希望利用提高准入门槛来阻止新企业的掺入，帮助核心企业扩大规模，提高竞争力，同时通过限制投资主体，提高集中度来限制过当竞争，但准入门槛的设定虽从1965年的10万吨乙烯提高到1967年的30万吨，大家仍都争先恐后，所有企业还是在计划期间提交了投资方案，政府最终批准了全部8项投资，其中3家是新企业。这些投资有的是几家联合投资，有的是你先投我、我建成后再投资给你的投资方式。这样的结果与政府的期待完全相反，导致产业集中度进一步下降，生产能力和设备大量过剩。石油危机后，石化产业长期陷入了困境。

7.4.4 机械产业

政府20世纪50年代初就制定了几项对机械产业的补助制度，1956年更制定了机械工业振兴临时措施法,其后在1961年和1966年两次延长了法律实施期间。在当初的立法意图中,通产省认为有必要推动机械产业的专业化、简单化及标准化,改变机械产业零散、细小的状况,为此力争将机械产业的卡特尔和联合行为作为重要的政策手段写入了法律之中。通产省实际上是以福特生产方式为理想的模式,希望通过政策的实施改变日本机械工业多品种少量生产的格局,通过专业化的大量生产来提高劳动生产率。但是从结果来看,这种期望走美国模式的想法完全落空了:机械产业的专业化分工远没有达到预计效果,系列体制依旧存在,而且系列内零部件承包制仍然发挥着巨大的作用。机械零部件工业及基础机械工业的发展,主要得益于市场的成长以及技术革新,机械产业在维持传统体制和产业结构格局的同时,提高了专业化水平。

7.4.5 汽车产业

通产省20世纪50年代初曾提出过国民车构想,1961年又提出从1963年起将国内8家汽车制造厂改组为大批量车、特种车、微型车三大集团,并禁止其他企业进入汽车行业。此构想1963年还被写入特振法,试图强制推行。但是,通产省的构想一开始就遭到了汽车厂家的批判和抵制,各企业纷纷发表新车投资计划,仅1963~1964年投资规模就大大超过了通产省产业整合的预想。此构想特别遭到了本田宗一郎的强烈抵制。本田公司正计划进军汽车生产领域,特振法如获通过,本田将无法得到生产许可证。本田宗一郎与通产省的主要官员多次理论。通产省局长说:"国内企业有丰田和日产就够了,还没涉足汽车生产的根本别想来做,没有可能干过福特和通用汽车的。"本田宗一郎大怒:"生产什么是我们的自由,我们是股份制公司,不会听政府意见而行事,有什么不满那就请成为我们的股东后再来说教。""大企业有谁能保证永远都是老大?……我们是自由主义体制的企业,不是政府的附属物,不容政府插手。"由于民间企业及各界的强烈反对,特振法三次提交国会未果,成为废案。汽车产业得以维持竞争状态,本田也顺利进军汽车行业。如今本田与丰田比肩,7家汽车企业也各领风骚。

7.5 日本造船业去产能的经验

7.5.1 日本造船业的发展历程

日本造船业的竞争特征是横向攀比竞争:造船厂家很多(61家);政府主导下的设

备处分。越是大的厂家，设备处分越多。所有企业都能生存。根据配额来处分过剩设备，所以各企业的相对位置基本不变，市场份额不变。

日本的"二战"后计划造船分为：数量优先时期（1947~1948年，第1~4次）、效益优先时期（1949~1952年，第5~8次）、技术更新时期（1953~1959年，第9~15次）、规模扩张时期（1960~1972年，第16~28次）及结构调整时期（1973年至今，第29次以后）5个时期。日本"计划造船"的5个时期也就是日本造船业从"二战"后恢复到成为世界造船强国经历过的历史阶段。从这里也能够看出日本造船业的发展经历了从注重数量到注重效益和质量的过程（见图7-1）。

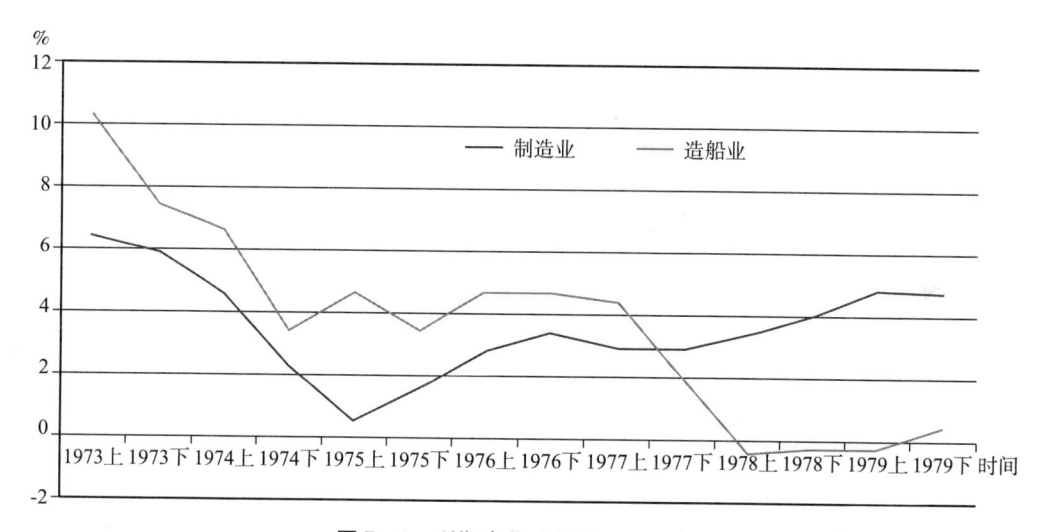

图7-1 利润变化（1973~1979年）

资料来源：五十年の步み，p.74。

1956年超过英国成为世界第一造船强国。20世纪70年代中期成为典型的产能过剩产业，经受了严峻的考验。造船产业的特征是资金密集型、劳动密集型（劳务费用占船价的11%~14%，制造业平均为8%~9%）、技术密集型。受经济周期变动的影响巨大的典型的订单产业，国际竞争激烈受汇率影响巨大，因此容易成为投机资本的投机对象。

1971年8月15日，尼克松冲击（美元汇率实行浮动汇率制，1971年12月19日，日元对美元汇率由360日元升值为308日元）日本造船业因此损失2570亿日元。1973年11月，第一次石油危机。OPEC决定石油提价70%（每桶从1972年初的2.5美元提高到5.2美元，1974年初达到11.65美元）。1978年第二次石油危机。70年代中期以后，韩国造船业异军突起。1985年广场协议，日元进一步升值。日本经济进入安定成长时期，造船产业也经历了产能过剩的困难时期。

7.5.2 造船业不况对策

历史上，日本造船业曾一度占据了全球市场超过50%的份额。然而，随着中韩造船业的崛起，日本船企的市场份额近些年来已经降至20%左右。为应对市场低迷及中韩造船企业的挑战，日本大中型船企2016年调整接单策略、推进造船合作与结盟，并且通过调整业务结构寻求新的业务增长点，以促进企业经营稳定和业绩提升。

当前，日本造船业发展面临散货船市场持续低迷、日元升值、劳动力不足等一系列问题，部分船企因建造高技术船舶和海工项目发生巨额亏损并导致整体业绩严重下滑。

目前，三菱重工（MHI）、川崎重工（KHI）、三井造船（MES）三家日本船企已经陆续公布了2017年造船业务发展策略。值得注意的是，这些船企在新规划中均放弃了通过制造和销售部分高附加值船舶产品来实现企业增长的策略，调整为通过造船联盟、转移业务重心或收缩造船业务等方式，应对当前低迷的市场环境。

因为有大量的手持订单，日本造船业的不况开始于1976年前后。与20世纪70年代初的尼克松冲击及第一次石油危机有3年时差。造船业产能过剩，利润率下降、企业破产（见图7-2）。

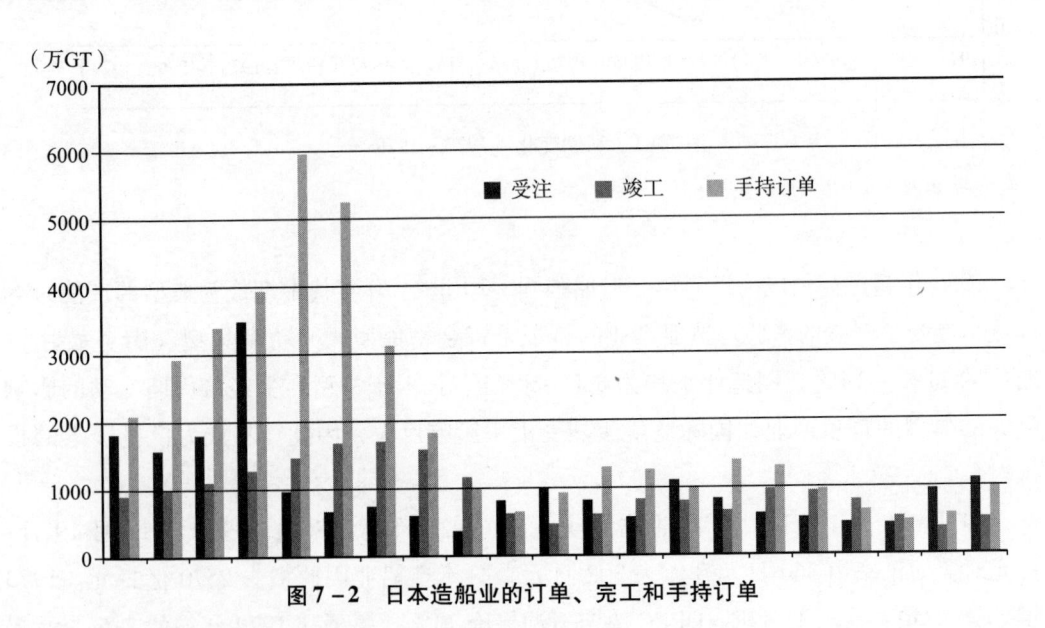

图7-2 日本造船业的订单、完工和手持订单

1977年通产省提出《特定不况产业安定临时措施法》（1978年公布实施），其基本思路是废除过剩设备—减少产量—减少库存—均衡供需—恢复市场价格—实现企业经营的安定化。造船业被指定为特定不况产业。1979年恢复了对造船业的利息补贴，自民

党、社会党等主要党派，长崎县和长崎市等地方政府都设立造船关系联络协调会，从地方的社会经济角度对造船业的调整提出对策。

为了与"公平交易法"相对应，在公正交易委员会的同意下，成立"不况卡特尔"（第一次 1979 年 8 月 1 日到 1981 年 3 月 31 日，第二次 1987 年 3 月 31 日到 1989 年 9 月 30 日）。

7.5.3 特定不况产业调整政策

2015 年，航运市场低迷，散货船市场受到的冲击尤为严重。2016 年年初，日元开始升值，随着英国脱欧公投，日元升值速度大幅加快，尤其是 6 月底英国脱欧公投引发了日元狂涨，造船利润不断被汇率升值所侵蚀。此外，海工项目延期也加重了部分日本船企的亏损。从日本船企公布的 2015 财年（截至 2016 年 3 月）业绩情况看，大多亏损或利润大幅下滑。2016 年 9 月 30 日，川崎重工发布了"关于修订 2016 财年上半年及全年经营业绩的公告"，公告将公司上半年净销售收入由 7000 亿日元下调 2.8% 至 6800 亿日元，净利润由盈利 145 亿日元下调至亏损 50 亿日元；整个财年的净销售收入由 1.57 万亿日元下调 3.8% 至 1.51 万亿日元，净利润由 490 亿日元下调 66.3% 至 165 亿日元，并对公司销售收入和净利润下调原因进行了分析，提出日元升值、船舶及海工装备建造业务将分别造成 120 亿日元、110 亿日元的损失。此外，三菱重工也因在邮轮领域失利而导致亏损。

除传统的综合性重工型船企亏损外，部分船企已经选择关停设施。据悉，石川岛播磨重工（IHI）旗下创建于 1973 年，拥有一座 800 米干船坞的爱知工场已经不再承接任何新订单，并将在完成最后一个 SPB 储罐之后停产。由于海工市场的低迷，加上建造延期导致的收入下滑，IHI 决定终止爱知工场的生产，这也是近期继川崎重工后又一家日本大型船企关闭旗下船厂。在日本国内，造船企业与上下游构建起牢固的海事产业联盟，通过整个产业链上下游合作提升自己的竞争力。

市场的不景气再加上全球运力的过剩，全球造船市场都深陷"寒冬"，迟迟不能回暖。日本船企也不例外。于是，向来对市场反应较快的日本船企采取措施及时调整策略。日本船企主要通过以下几种方式来缓解当前市场不景气对经营带来的冲击。

(1) 缩短生产时间，减少产量

(1976 年第一次劝告，1977 年第二次劝告，1978 年第三次劝告)。1983 年又一次劝告要求缩小生产（1983 年 493 万总吨（为高峰期的 50%），1984 年 406 万总吨（41%））。越是大企业，缩短的生产时间比例越大，被调整的生产能力也越多。体现了对专业造船厂和中小造船厂的保护（见表 7-1）。

表 7-1　　　　　　　　　　　缩短生产时间

企业集团	1977 年度 作业时间标准	1978 年度 作业时间标准	1979 年度 作业时间标准	1978 年度 CGRT 标准	1979 年度 CGRT 标准
大型 7 家	67	63	55	34	34
中型 17 家	76	70	66	45	45
中型 16 家	82	75	70	49	49
中小型 7 家		85	80		
40 家平均	72	67		39	39
45 家平均			61		

注：生产规模在 100 万吨以上的是大型企业，10 万~100 万吨的是大型企业，10 万吨以下是中型企业，2 万吨以上的是中小型企业。

（2）指定特定船舶制造业，处分造船设备

对象为船台船坞，数量为 340 万吨（标准货物船换算），处分方法为废止、停产或让渡，同时 1983 年 6 月底以前不批准新的造船设备。在处分生产设备的同时，注意造船工人的培训转岗，积极利用造船设备和技术，开展新的事业。推进造船企业间的合并和系列化（见表 7-2、表 7-3）。

表 7-2　　　　　　　　　　第一次设备处分（1980 年末）

区分	处理前能力	处理目标	处理能力	速成率	残存能力
大企业 7 家	569	40	225	99	343
大中型 17 家	289	30	103	119	205
中型 16 家	79	27	25	119	45
中小型 21 家	40	15	5	81	26
合计 61 家	977	35	358	105	619

表 7-3　　　　　　　　　第二次设备处分（与第一次比较）

第一次处理（1980 年 3 月末）			第二次处理（1989 年 3 月末）			
	处理目标	处理		处理目标	处理	残存
大型 7 家	40%	39.50%	大型 7 家	20%	23.60%	7 家
中型 17 家	30	35.6	中型 17 家	20	23.6	13 家
中型 16 家	27	31.6	中型 11 家	20	23.6	4 家
中小 21 家	15	12.5	小型 9 家	20	23.6	2 家

续表

第一次处理（1980年3月末）			第二次处理（1989年3月末）		
	处理目标	处理		处理目标	处理	残存
合计61家	35	36.6	合计44家	20	23.6	26家
企业数	61家→44家			44家→26家		
设备数	138台→73台			73台→46台		
5000吨以上设备能力（万CGT）	977－619			619－460		
集团	11（单独10）			8		

（3）政府增加船舶订货（计划造船）

高度成长时期，每年有200万~300万总吨的计划造船。加上出口船舶，构成了日本造船的主要部分。但是到了1976~1978年，计划造船下降到只有20万~30万总吨。作为紧急援助政策，1979~1981年，计划造船达到每年100万总吨，预算990亿日元，作为日本外航船舶整备之用。实际上，计划造船的实绩为1979年163万总吨，1980年184万总吨，1981年180万总吨。这三年国内外的订单量为2662万总吨，计划造船527万总吨，占20%左右。为了确保中小船厂的船舶建造，日本政府各部门与转播整备公团一起，向中小船厂订购内河船和近海船。1978年9万总吨，1979年10.3万总吨，1980年11.7万总吨。1981年12万总吨。同时，海上保安厅和海上自卫队也增加了巡视船和舰艇的订货。1978年11月，针对中小船厂的撤退，制定公布《特定船舶制造业安定事业协会法》。

（4）减少员工

根据特安法，设立特定不况产业信用基金（102亿日元），作为撤退企业的设备处理担保和工人退职金。1977年末以来就开始有企业要求员工自主离职。到1979年秋天，已经有25000名员工离职。与此同时，造船企业也停止招收新员工（见表7-4、图7-3）。

表7-4　　　　　　　　　　　　破产企业

年度	倒闭企业数	负债额（亿元）	员工（人）
1976	9	169	748
1977	24	1609	5103
1978	10	450	1632
1979	1	9	36
1980	3	115	236

图 7-3 历年员工变化

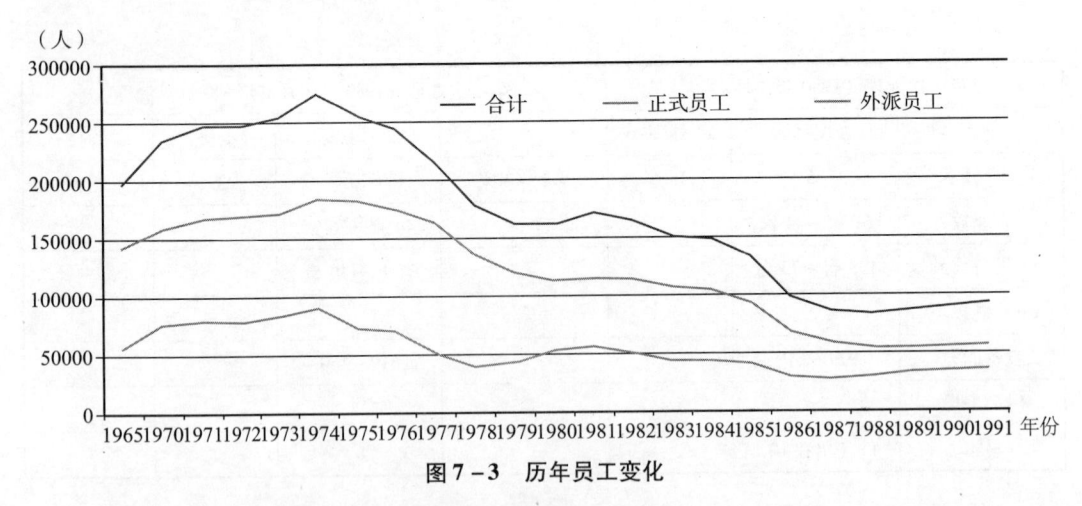

资料来源：運輸省海上技術安全局監修『造船統計要覽』成山堂書店 1975，1993。

（5）收缩业务，调整接单策略

日本一些企业在低迷市场形势下压缩造船规模，关停一些船坞设施，选择性接单，并通过转让技术和设计、工程服务、咨询等业务，从而减少损失。三井造船采取了分拆业务，收缩造船规模的方式。在 2017 年中期管理计划中，三井造船表示将从 2018 年 4 月 1 日开始转变为控股公司体制，并将目前的三井造船分拆为船舶、机械和工程三家子公司。造船业务方面，将持续收缩业务规模，仅在与业务伙伴的合作关系中维持造船活动，包括向其他造船企业授权技术或委托第三方生产。今治造船表示，将基于现有手持订单，优先通过削减成本提高盈利能力，而不是急于接单。日本联合造船也明确提出了选择性接单的策略，内部整合后其船型设计能力得到极大提升，可根据下属船厂情况灵活接单并确保工作量。

（6）打造联盟，整合优势资源

最近一两年，日本造船企业之间出现了联营的趋势。三菱重工去年 8 月 30 日宣布，与今治造船、大岛造船、名村造船合作，增强船型开发能力和市场营销时针对客户需求的快速响应能力，降低造船成本，提升日本造船业在全球市场的竞争力。2017 年 3 月，上述联盟已正式成立，标志着日本造船业结盟再次取得了实质性的进展。三菱重工与今治造船等三家船厂联姻，其中的理由很简单，那就是取长补短、互惠互利、抱团发展。

然而，值得注意的一点是，日本船企之间的联营、联盟和日本航运企业之间联盟有所区别。三菱重工与其他三家联营的过程中，由于三菱重工以工程设计、研发服务为专长，造船设施并不具备突出的优势，因此联营中三菱重工主要提供船型设计和技术，其他三家船企负责建造船舶。三井造船也是如此，在新的中期经营策略中，三井造船将把合作而不是坚持自己建造作为主要发展途径。造船业务方面，三井造船将不再坚持自己建造船舶，而是通过向其他公司提供技术和委托生产的方式，转为"无制造业务"（没有总装厂)的经营模式,在降低企业运营成本支出的同时确保业务收益。

(7) 转战海外,寻求新的增长点

日本船企在巴西投资的造船业务虽然以失败退出告终,但中国、菲律宾部分日本企业仍加大造船业务投入,以期实现向海外转移并获取更高利润的目标。其中,最有代表性的是川崎重工。2017 年 3 月 31 日,川崎重工在公司官网上发布了"船舶及海工装备建造业务重组—商船建造业务向中国转移"的公告和实施方案,方案从"重组背景、外部环境、总体思路、商船建造业务重组方案、强化风险管理、组织和时间表"六个方面阐述了川崎重工的重组计划,其核心思想是"削减本国船厂产能,将商船建造业务向中国转移,并退出海工装备建造市场"。川崎重工计划在 2020 年前关停日本坂出船厂的一个船坞,而大连中远川崎的第二座船坞将在 2017 年 10 月投产,形成坂出船厂一个船坞,南通中远川崎、大连中远川崎各两个船坞的生产布局。

此外,从稳定经营和长远发展的角度来看,日本综合型重工船企均一直非常重视新业务领域以及具有广阔市场前景的非船业务领域开拓。三井造船在未来 10 年发展规划中披露,其未来经济增长将主要来自海工、电站和运输装备的柴油机、桥梁等,同时还将扩大电厂和浮式 LNG 终端业务。川崎重工将把氢产业链作为保持中长期增长的重点投资方向之一。可以看出,日本船厂未来转型主要结合他们船厂的自身情况,比如劳动力不足,本身具备船型管理、高效等方面的优势来进行,智能化也是日本船厂未来发展的一个大的方向。

7.5.4 日本"计划造船"政策下法律制度建设

日本学者寺古武明在《造船复兴与发展》中指出,"计划造船"政策是指"以国家资金的融资,按照国家计划来建造船舶的政策"。实际上,在第二次世界大战期间日本就曾经实行过战时"计划造船"政策。战后实施的"计划造船"政策与战时"计划造船"政策有着相似性,也可以看做是战时"计划造船"政策的延续。

日本政府为了保障"计划造船"政策的实施制定了一系列的法律法规。战后日本制定的直接针对造船业的法律有 30 多项,主要包括《造船法》《临时船舶建造调整法》《小型船造船业法》《造船业基盘整备事业协会法》《远洋船建造贷款利息补贴法》《防止外国船舶制造业者不正当廉价造船合同法》等,而这些法规服务的中心就是计划造船制度。

日本政府通过"计划造船"政策对造船工业的发展提供了雄厚的资金支持。同时,日本政府通过"计划造船"政策加强了国家对造船工业的宏观调控。

为造船业的发展提供财政政策上的支持也是日本"计划造船"政策的重要组成部分。日本政府通过开发银行给造船企业提供利率为 5.100,偿还期为 15 年的优惠贷款,并且给予补贴额度为 2.5%~3.5% 的利息补贴。从 1947 年到 1980 年，日本政府提供的贷款总额将近 26000 亿日元，利息补贴超过 3000 亿日元，直到 2000 年，日本仍然有 1.5 亿美元用于"计划造船"政策向造船企业提供优惠贷款。但值得注意的是，在日本加入 OECD 之后，日本政府逐步减少了对造船业的刚性补贴，转而加强对造船业的科研补贴，以减轻国际压力和避免贸易争端。

高速增长阶段向安定增长阶段转换时期，产能过剩是一个普遍现象（除了造船产业之外，当年日本曾把铝业、合纤、平电炉、合金钢、纺织、化肥、瓦楞纸等产业指定为不况产业）。

日本造船产业是在政府、学界、行业协会和企业的互动中发展崛起的，在 20 世纪 70 年代中后期的产业调整过程中，上述四者依然发挥着相应的作用。结果，在与韩国、中国造船业的竞争中，除了个别专业造船厂家（如今治造船、常石造船）外，整体上日本造船业处于不利地位。日本船企应对市场危机所采取的策略，既是源于对造船业发展规律的深刻认识，从长远着眼提升竞争力，又是结合当前全球造船竞争态势及自身发展状况，科学定位抓住产业链高端谋求增长。与中韩造船企业相比，日本企业 2008 年金融危机后的发展一直相对稳健，这在很大程度上得益于上一轮全球船市繁荣时期，日本并未像中国、韩国一样大规模进行硬件设施扩能，危机袭来时适度压缩生产节奏、依靠相对充足的手持订单度过寒冬，并且注重把散货船等优势船型做精、做专、做强，在节能环保、船型经济性等方面持续加强投入，依靠批量化、精益化降低成本，依靠质量、品牌赢得船东信赖，依靠技术、工程服务优势拓展海外合作。同时，长期加强基础研发所培养形成的科研实力，也使日本船企能在较短时间内就开发出万箱级超大型集装箱船，以及 LNG 船、VLCC 等新船型并投入市场，从而抓住机遇。真正促进日本造船业发展的是从事技术革新的技术人员和劳动者。

战前造船强国的美国战后没有真正进入民用造船市场，英国坚持造船旧技术（铆钉技术），以希腊为代表的船东追求低成本船舶以及战后好运市场的大发展也给日本造船业的成功崛起提供了外部环境（沢井実（1995）、伊丹敬之（1992））。

7.5.5 对我国造船业的发展具有较强的借鉴意义

日本造船业针对未来发展，已经明确提出了国际市场份额提升至 30% 的目标。在全球船舶市场需求短期内仍维持低迷的形势下，这无疑将对中国、韩国造船业发展带来极大的挑战。中日韩"三足鼎立"的造船竞争格局，已经持续了差不多 10 年左右时间，日本造船业虽然在成本、效率方面不断被韩国、中国逼近，国际市场份额不断被中韩所"蚕食"，但在国际上仍占有不低的份额，甚至还曾一度反超韩国。同时，论起应对市场危机的策略，日本的经验要较中韩丰富的多，非常值得学习和借鉴。目前，中国造船业正处于由大做强的关键时期，在全球船舶市场低迷的形势下，只有依靠提升自身在科技研发、产品质量和品牌、生产管理和成本等各方面的竞争力，才能在今后更趋激烈的竞争中立于不败之地。

日本政府施行的"计划造船"政策对我国造船业的发展具有较强的借鉴意义。因此应当从我国造船业发展的现状出发，将我国造船业发展的实际同日本施行"计划造船"政策的经验相结合，走出一条符合我国造船业发展现状的道路。笔者就我国借鉴日本"计划造船"政策提出以下几点建议。

①在我国施行"计划造船"政策必须慎之又慎，草率不得，否则就可能葬送近30年来我国造船业所取得的成果。这是由我国现阶段造船业发展及我国社会主义市场经济发展的现状决定的。无论是日本还是韩国的"计划造船"政策，都将政府的计划放在首位，企业按照政府的宏观计划来进行生产，政府则为企业的生产提供大量的财政资金支持。一方面，由于我国社会主义市场经济体制还在逐步建立，政企分离还没有彻底完成，如果实行了"计划造船"政策而缺乏其他的制度保障，就很容易在造船领域内再次出现政企不分的状况；另一方面，由于"计划造船"政策需要政府提供大量的财政资金的支持和其他法律制度上的保障，很容易形成我国造船工业对国家保护过分依赖而缺乏国际竞争力的局面。

②施行"计划造船"政策必须法律先行，将法律制度建设摆在首位，强化中央政府立法。这是基于以下三点考虑。第一，我国现阶段造船业立法权限配置不合理。第二，对造船业来说，我国很少颁布专门的行政法规对造船业进行规范和引导，由国家颁布的法律更是少见。第三，我国一般都是将造船业列入装备制造业等行业统一制定法规。相反，地方政府为了促进本地区经济的发展，出台了众多地方性法规，而这些地方性法规很难免除地方保护主义的嫌疑。值得注意的是，这种情形在现阶段有愈演愈烈的趋势。

③运用法律手段鼓励国内造船企业进行兼并重组，组建大型造船企业集团。我国造船业发展迅猛的原因之一是我国存在着众多的中小型造船企业。中小型造船企业的泛滥同时也导致我国造船业产能过剩。从国际竞争的角度来看，大型造船企业拥有更强的竞争力是毋庸置疑的。大型造船企业构成了日本、韩国等造船强国的产业主体。例如，日本于1999年夏季提出对国内的造船企业进行结构调整，将七大造船企业合并为3~4家。由此可见，大型造船企业对于提升造船业的国际竞争力的重要性。通过法律手段鼓励造船企业之间的兼并重组是我国造船业面对国际大型造船企业挑战的必由之路。

④我国应当加大对造船业科技研发补贴的支持力度。WTO《补贴与反补贴协议》与OECD《国际造船协定》中均有取消出口补贴和国内补贴的相关规定，其他国家很可能以此为依据发起贸易争端。鉴于此，日本、韩国等国家纷纷减少了国家对造船业的刚

性补贴。但是WTO《补贴与反补贴协议》与OECD《国际造船协定》中都没有禁止国家对科技研发进行补贴。OECD在《国际造船协定》中同时允许政府对科研开发提供援助。该协定把科研开发划分为基础科研、基础工业科研、应用科研以及开发研究工作。WTO《补贴与反补贴协议》中允许政府对科研开发提供补贴支持。所以，我国可以考虑减少国家对造船工业的刚性补贴，加大对造船工业进行科技研发补贴的隐性补贴。而我国造船工业现在面临的困境之一就是科技研发能力落后，缺乏拥有自主知识产权的技术，产品技术含量低。通过国家对科技研发投入力度的加大，我国造船业不仅能够获得更多的政府补贴，弥补企业造船过程中的资金不足，而且能够促进我国造船企业提升自主创新能力，拉近我国与世界上其他造船强国之间的技术差距，促使我国造船企业走上高技术含量、高附加值之路，我国造船业的国际竞争力也必然会得到大幅度提升。

⑤在我国造船领域内建立加速折旧制度。长期以来，我国造船工业迅猛发展的同时也面临着政府之所以实施特别折旧制度，是因为该制度可以减少企业上缴国家的税收，增加企业在生产和发展过程中的资金，缓解企业资金紧张的状况，加速企业的内部积累和投资能力。

⑥依靠产业结盟合作共同抵御市场危机。在日本国内，造船企业与上下游构建起牢固的海事产业联盟，在市场低迷时期船厂与船东重新协商交船期、付款，与钢厂、配套厂协商资材采购价格与交货期等，互相支持、共同发展。与此同时，日本船东优先选择本国船厂下单造船，船厂也优先选择本国配套企业供货，通过整个产业链上下游合作提升自己的竞争力。还有，造船企业间结盟以及重组整合，也是日本造船业提升规模生产、技术研发、采购成本等方面优势的有效途径。

⑦企业层面科学制定并灵活调整经营尤其是接单策略。金融危机后，日本船企在造船生产、营销接单方面呈现明显的阶段性特征，可谓是"摸准脉、抓对药"。前期总体上采取的是收缩策略，降低船厂开工、减缓承接低价订单，中期（2013年下半年）开始利用汇率贬值、短期交船船位充足等优势积极扩大接单，提升船厂运营水平。2015年后，大部分船企手持订单较为饱满，又开始对市场低价订单持观望态度，选择性接单。在接单策略调整变化的过程中，部分有实力的企业还积极进军LNG船、超大型箱船等高端船型市场，并根据市场需求变化重点承接VLCC、阿芙拉型油船等船型。

⑧重视科研持续加强研发，依靠领先技术提升船型市场竞争力。除了建造质量外，日本船企的散货船设计，在燃油效率、绿色环保、运营经济性等方面都很有特色。同时，日本船企的很多船型设计都能做到适度超前，在压载舱涂层保护标准（PSPC）、共同结构规范（CSR）、压载水处理公约等众多的海事新规则新规范生效之前，就能在业界率先推出满足上述要求、更具竞争力的船型供船东选择，抢占市场先机。

⑨通过质量、品牌、服务赢得船东信赖。日本船企通过严格的生产质量管理、完善

的售后服务，已经在国际上树立了良好的品牌形象。除建造质量因素外，配套产品质量和完善的售后服务，都是其提升品牌、牢牢抓住船东客户的重要途径。

7.6 日本供给侧改革去产能对我国的启示

产能过剩是世界经济运行中面临的矛盾之一，从国际上看，一些处于赶超阶段的后起工业化国家，在经过一段较长时期高速增长之后，都曾出现过比较严重的产能过剩问题。日本在产能过剩治理方面的做法值得我们借鉴。对于中国从日本经历吸取经验教训，当前我国面临从高速增长向中速增长转换的增速换挡期，与日本20世纪70年代很像。只有坚定地推进供给侧改革，大力疏解产能过剩，淘汰和清理僵尸企业，放松服务业过多的准入限制和管制，培育新增长动力和构筑新增长平台，切实使市场在资源配置中起决定性作用，才能顺利实现经济平滑增速换挡。

(1) 对产能过剩行业及时加以调控和引导

一是要坚持控制增量和优化存量相结合，分类指导和有保有压相结合，培育新兴产业和提升传统产业相结合，把有限的要素资源引导和集中配置到调整存量、优化增量，培育新的增长点上。

二是市场引导和宏观调控相结合，对新兴产业的发展要加强引导，避免低水平重复建设。综合运用法律、经济、技术、标准以及必要的行政手段，协调产业、环保、土地和金融政策，形成引导产业健康发展的合力。

(2) 淘汰落后产能企业、并购和重组等压缩生产能力

淘汰高耗能、高污染、成本高、缺乏竞争力的落后产能。对钢铁、水泥等产能过剩行业，充分利用当前市场机制，在减少或不增加产能下，联合重组。支持一批具有较强实力的企业集团，鼓励在全国范围内实施跨区域战略性重组，推动其实现由大到强的转变。

(3) 调整产业结构、推进企业技术创新

尽快修订发布《产业结构调整指导目录》，坚决防止产能过剩行业重复建设，项目安排必须符合相关产业规划和产业政策；加强技术创新，大力发展服务业提高我国产业自主创新能力和竞争力，积极推进企业技术改造，用新技术、新材料、新工艺、新装备改造提升传统产业，提高技术装备水平，发展高附加值产品，促进节能减排。

(4) 扩大需求促进国内、国际两个市场消费增长

从长期看，解决产能过剩必须依靠扩大国内需求；同时，也要通过提高出口退税率、转变出口产品结构、开拓新市场等方式促进出口的增长，充分利用国际市场消化过剩产能。从经济政策上支持有条件的企业走出去，参与国际经济技术合作和共同开发。

（5）发挥政府的作用

对于去产能过程中政府的作用，在去产能过程中，不仅是企业需要走出去，政府在其中也要发挥非常好的基础作用，为企业提供排头兵和先遣队的支持，协助加快企业产能实现海外转移，政府大有可为。

（6）尊重市场经济原则

在这一阶段的产能调整中，日本遵循经合组织倡导的积极性产业调整政策，重视竞争，尊重市场经济原则。这一政策的主要内容是：

——是否救助企业的标准：不救助时产生的经济和社会成本是否难以接受；

——稳定就业的措施应避免保护低效产业，重视支援员工改行或职业培训等；

——在经济薄弱地区应支持发展新产业及充实基础设施（支持地区发展等）。

总的来看，积极性产业调整政策通过"供给侧改革"，提高生产效率，促进经济增长的思路很明晰，虽然已过了将近40年，现在也有使用价值。

（7）避免"撒胡椒面"

日本除20世纪80年代陷入困境的钢铁、造船等特定行业之外，还有仍处于高速成长期的汽车、电子等行业，这些行业有较强的能力来吸收冗余劳动力。但此次中国制造业的产能过剩范围非常广泛，在"制造业"的范围内难以找到过剩劳动力的吸收方。因此，公共财政应该发挥更大的作用，但财政负担要向中央政府而非地方政府"倾斜"，支援地区经济的公共设施建设等措施应向有困难的地区倾斜，避免"撒胡椒面"。

第 8 章

经济转型与日本供给侧改革:"脱虚向实"

20世纪90年代以来,日本经济出现了三大引起世界高度关注的现象:一是泡沫经济崩溃后的日本经济至今已近30年但还是没有完全走出其阴影;二是日本产业空心化进一步加剧;三是昔日日本制造就等于高质量随着一系列质量问题的暴露正面临着巨大的挑战。从表面上看,上述三大现象之间似乎各自独立,没有多大关联,但透过表象进行深入的实质分析,可以发现上述三大现象之间的出现却有着共同的根源,而且彼此相互影响:在跟随美国"去工业化"与"再工业化"浪潮的过程中,日本经济发展战略出现了重大的失误:一方面,日本并没有把握好"去工业化"与"再工业化"的精髓,却放大了美国"去工业化"与"再工业化"浪潮政策的失误和行动的偏离,使日本经济陷入了泥潭;另一方面,在美国开始大力纠正"去工业化"与"再工业化"进程中的政策的失误、矫正其行动偏离的时候,日本不但仍徘徊于陈旧的理念之中,行动迟缓,甚至有不少人仍坚持认为是"制造业毁灭了日本",试图使日本在"脱实向虚"的道路上继续前行。日本的经验教训值得对于正处于工业化进程之中的中国进行深入研究与借鉴。

8.1 日本的"去工业化"与"再工业化"进程

8.1.1 日本的"去工业化"进程

1. "去工业化"的内涵

"去工业化"一词首先是由巴里·布鲁斯顿和贝尼斯·哈里森在1982提出的。他们将一国将投资、劳动力等生产要素快速地从制造业向服务业广泛而又系统地转移,从而导致制造业的产出、就业相对衰落的现象称之为"去工业化"。[①]麦金农在研究美国的"去工业化"现象后认为,所谓"去工业化"是指一国的投资、产业结构人为地向服务业倾斜,特别是向金融业倾斜,以及将一些生产环节向海外转移从而导致实体经济衰落的现象。综合现有的研究,本文认为,所谓"去工业化"是指一国的经济发展战略、产业结构、投资等从以制造业为核心转向以服务业为核心,甚至转向以金融业为核心,同时将低端产业和产业价值链中的低端环节向成本更低的国家转移而专注于高端产业和产业价值链中附加值较高的环节,从而导致一国经济"服务化""金融化""虚拟化"、以制造业为核心的实体经济衰落的过程。"去工业化"既是一国产业结构发展进程中的自然历史过程,也是一国产业结构发展进程中的人为的政策导向过程。两种过程交互作用既有可能使其沿着正确的方向发展,也有可能使其偏离正确轨道,酿成重大危机。然而,残酷的现实却是后一种情况居多,从而给人们留下了关于"去工业化"道路如何走得值得深入思考的一系列问题。

2. 日本"去工业化"进程及其特征

日本在 20 世纪六七十年代完成了其工业化进程。随着国内外形势的变化,日本也开始了其"去工业化"进程(见表 8-1)。[②]

①制造业产出、就业人数、企业数量的变化。由表 8-1 可以看出,日本制造业产出额从 20 世纪 70 年代的 36% 下降到了 2010 年的 19.38%,下降了 85.8%;同期,制造业就业人数从 1377 万人下降到 997 万人,下降了 27.5%;制造业就业占比则从 1970 年的 27.03% 下降到了 2011 年的 16.68%,下降了 62.1%;日本制造业的企业数更是从 652931 户下降到 224403 户,下降了 65.6%。

表 8-1　　　　　　　　　　日本"去工业化"的主要指标

年份	制造业产出（10亿日元）	制造业占比（%）	制造业就业人数（万人）	制造业就业占比（%）	制造业企业数（户）
1970	26402	36.00	1377	27.03	652931
1980	70232	28.92	1367	24.69	429336
1990	121219	27.38	1505	24.08	435997

---

① Barry Bluestone and Bennett Harrison. The Deindustrialization of America, Plant Closings, Community Abandonment, and the Dismantling of Basic Industry, Basic Books, 1982: 4-6.

② 通常情况下,一国"去工业化"的情况,主要采用制造业产值及其占国内生产总值（GDP）的比重、制造业就业人数及其占总的就业人数的比重、制造业企业数量、资本外流造成的制造业海外生产比率变化、对外直接投资变化、贸易差额等几个指标来衡量。

续表

年份	制造业产出（10亿日元）	制造业占比（%）	制造业就业人数（万人）	制造业就业占比（%）	制造业企业数（户）
2000	111439	21.86	1321	20.49	341421
2001	—	—	1284	20.02	316267
2002	—	—	1222	19.30	290848
2003	—	—	1178	18.65	293911
2004	105410	20.93	1150	18.17	—
2005	107877	21.41	1142	17.97	276715
2006	107766	21.27	1161	18.19	258543
2007	103565	20.19	1165	18.17	258232
2008	98666	19.69	1144	17.92	263061
2009	83351	17.69	1073	17.08	235817
2010	93362	19.38	1049	16.77	224403
2011	—	—	997	16.68	—

资料来源：中经网统计数据库；历年《日本统计年鉴》，日本总务省统计局官网，http://www.stat.go.jp/english/data/index.htm。

②三大产业就业情况的变化。由表8-2可以看出，自20世纪70年代以来，日本第二产业的就业份额不断下降，从1970年的35.2%下降至2011年的24.6%，而与之对应的是日本第三产业就业份额的大幅度上升，从1970年的47.3%上升至70.7%。

表8-2　　　　　　　　日本三大产业就业份额的变化　　　　　　　　单位：(%)

年份	第一产业	第二产业	第三产业
1970	17.4	35.2	47.3
1980	10.4	34.8	54.6
1990	7.2	33.6	58.7
2000	5.1	30.7	63.7
2010	4.0	24.8	70.2
2011	3.7	24.6	70.7

资料来源：历年《日本统计年鉴》，日本总务省统计局官网，http://www.stat.go.jp/english/data/index.htm。

③对外直接投资与日本产业的"空心化"。日本在20世纪六七十年代基本完成工业化后，为了进一步承接国际产业的转移，特别是为了规避日美之间的贸易摩擦，便开始

通过对外直接投资向海外转移生产基地,最初是将其纺织业等劳动密集型、部分资本密集型产业东南亚国家转移。而在"广场协议"[①]后,随着日元大幅度升值,日本制造业从最初以劳动密集型产业向外转移为主,发展到资本密集型产业、技术密集型产业生产基地向外转移,甚至到后来IT、汽车等产业的技术研发部门等也开始向国外转移。产业生产基地向外转移的直接后果便是日本国内制造业产量份额、就业份额的不断下降。1990年日本制造业海外生产比率为6.4%,比1985年上升三个多百分点;1995年,日本制造业海外生产比率达到9.1%,其中,以汽车为代表的运输机械达到23.9%,电气机械达到15.5%;1996年超过10%,而2001年海外生产比率达到16.7%,递增趋势明显。从表8-3中可以看出,虽然日本对外直接投资占GDP比重变化不是特别大,但其发展却显示出有着不断扩大的趋势,由此也带来了贸易差额的较大变化,日本从1990年以来一直是呈贸易顺差状态,但到了2011年却出现了16170亿日元的逆差,这种变化也从一个侧面说明,日本"去工业化"进程在加快。

表8-3　　　　　　　　　　日本去工业化指标的具体衡量

年份	对外直接投资(10亿日元)	对外直接投资/GDP(%)	贸易差额(10亿日元)
1970	—	—	—
1980	—	—	—
1990	7352	1.66	10053
2000	3401	0.67	12372
2001	4659	0.93	8401
2002	4048	0.81	11550
2003	3339	0.67	11977
2004	3349	0.66	13902
2005	5046	1.00	10335
2006	5846	1.15	9464
2007	8661	1.69	12322
2008	13232	2.64	4028
2009	6990	1.48	4038
2010	4939	1.03	7979
2011	9126	1.95	-1617

资料来源:中经网统计数据库;历年《日本统计年鉴》,日本总务省统计局官网,http://www.stat.go.jp/english/data/index.htm.

---

① 《广场协议》(Plaza Accord):美国、日本、英国、法国、西德等工业发达国家于1985年9月22日签署的协议。目的在于干预外汇市场,使美元对日元、英镑等货币有秩序地下调,以解决美国巨额贸易赤字,从而导致日元大幅升值。

8.1.2 日本的"再工业化"进程

1. "再工业化"的内涵

"再工业化"一词最早由美国学者阿米泰·埃兹厄尼（Amitai Etzioni）在1977年首先提出的，其本意最初是指发达工业化国家的重工业基地，如美国东北部地区、德国的鲁尔地区及法国洛林等重工业基地的改造和重新振兴的政策或行动。罗伊·罗斯韦尔（Roy Rothwell）和威特·泽格费尔德（Waiter Zegveld）（1985）将"再工业化"定义为：一国政府通过制定一系列政策使"产业向具有更高附加值，更加知识密集型的部门和产品组合以及服务于新市场的产业和产品的转型"的过程，据此，韦伯斯特词典认为，"再工业化"指的是通过政府的政策的支持，一国不仅要实现传统工业部门的复兴和现代化，而且也要支持新兴工业部门的增长和发展的过程，即本质上"再工业化"是一国刺激经济增长的策略。综合现有的研究，本文认为，所谓"再工业化"是指一国在对"去工业化"纠偏的基础上，采取一系列政策措施，重新确立制造业在国民经济发展中的核心地位，提升制造业国际竞争力的过程。

2. 日本的"再工业化"进程及其政策

由于正当日本"去工业化"进程开始起步时，美国却开始了其"再工业化"进程。美国"再工业化"进程的雄心壮志及其初期所显现出的良好效果，促使日本也开始了其"再工业化"进程。因此，在美国"再工业化"进程的同期，日本的"再工业化"进程及其政策呈现出在"去工业化""再工业化"之间摇摆的"混沌"特征。

面对着美国"再工业化"的压力和激励，日本在产业结构审议会在其20世纪"70年代的展望"报告中提出了"知识密集化构想"的产业政策构思。1978年又据此制定了《特定机械产业振兴临时措施法》，对电子计算机、集成电路等产业进行重点扶持。在《80年代的通商产业政策》中提出了"要建立以尖端技术领域为中心的产业结构"等政策。20世纪90年代为了走出由于泡沫经济崩溃导致的日本经济持续低迷的困境，日本提出了"创造性知识密集型"的产业政策、"科技创造立国"的方针，把信息技术产业的发展放在工作的首位。1995年日本产业结构审议会的《面向21世纪的日本经济结构改革思路》报告提出，日本应该重点开发新的产业领域，并向高附加值产业转移，为此要通过放松管制、促进竞争来创造必要的政策环境。2006年7月，日本经济产业省（原通商产业省）发布了《新经济增长战略大纲》，提出了相关产业结构政策和产业组织政策，针对制造业、农林、服务业等产业提出了具体的政策措施。2009年8月经济产业省发布的《2010年经济产业政策重点》报告，在强调传统制造业的技术创新必要性的基础上，强调产业政策的重点要放在可再生资源、IT等新兴产业的发展之上。2008年全球金融危机爆发后，面对美国的"再工业化"政策的压力，特别是面对德国掀起的"工业4.0"浪潮的压力，2013年6月安倍内阁发布的《日本复兴战略》，推出了产业复兴、战略性市场创造、国际化战略等行动计划，并制定了5年内要使日本的全球竞争力世界排名从第五位跃升至第一位的目标。为此，日本政府连续三年推出《科技创新战略》，表示，要"面向新层次日本创造的挑战""架设通往创造未来的创新之桥"，要充分发挥日本在科技创新方面的优势，构建智能道路交通、新型制造、全能型材料开发、本地万能健康保健和游客接待等五个系统。为了跟上乃至引领全球"再工业化"新浪潮，继2016年1月日本政府首次提出"社会5.0"（超智慧社会）的概念[①]后，在2016年5月修订的《科技创新战略2016》中表示，日本将大力度推进实现"社会5.0"的平台建设及其基础技术的强化工作以此建设"由科技创新引领社会变革而诞生的一种新型社会"。2016年6月初，日本政府再次宣布将着眼于第四次产业革命，大力推动机器人等新兴产业发展，寻求在未来的制造业竞争中占据制高点。[②]

由此可见，在美国"再工业化"的压力和激励下，日本所采取的"再工业化"的政策措施既有美国的"再工业化"政策的内涵——寻求在未来全球制造业竞争中占据制高点，又有自己独到的特征——注重社会生活基础设施、治理产业发展造成的环境污染等方面。但是，在美国的"再工业化"政策内涵、外延及其政策已都在进行大规模调整的时候，日本的"再工业化"政策的重心仍停留在国家经济的发展究竟是以是实体经济（制造业）为核心，还是以服务业（金融业）为核心的摇摆上。例如，日本的产业政策的重心逐渐从传统的制造业转向IT服务业、文化旅游等产业转变。2006年日本经济产业省公布的《新经济增长战略大纲》中提出了许多产业政策，支持农林产业、IT、服务业等产业是其政策的重点，而传统的制造业只包括了清洁型飞机制造、汽车电池等。而且在该大纲中，日本政府期望在2015年日本的制造业附加价值份额将由2004年的22%下降到18.9%，制造业就业份额将由2003年的17.4%下降至15.9%，同期服务业的附加价值份额由33.3%上升至36.2%，就业份额由37.8%上升至40.8%。[③] 这意味着日本的"再工业化"产业政策不但在美国的三次"再工业化"进程中一直是摇摆不定，而且在美国的第三次"再工业化"战略已进行了实质性的根本调整的时候，日本的"再工业化"产业政策仍然没有走出摇摆不定、方向不明的困扰。正如日本半导

---

① 根据日本第五期《科学技术基本计划》的描述，所谓超智慧社会是指"能够将必需的物品和服务在必需的时间以必需的数量提供给必需的人，以无微不至地满足社会各种需求，使所有人都能够享受到高品质服务，不受因年龄、性别、地区、语言等各种差异带来的影响而快乐舒适地生活的社会"。
② 参见徐梅：《世界知识》2017年第22期。
③ 参见日本经济产业省：《日本新经济增长战略》，林家彬译，中信出版社2009年版，第252页。

体产业观察者汤之上隆在其《失去的制造业》一书中批评的那样：即使日本已经提出了应该向美国学习"振兴制造业"的说法，但是却没有推出切实可行的如何振兴日本制造业的措施和路径，更没有像奥巴马政府那样引领美国制造业的回归。更有甚者，即使到了2012年，在全球众多国家开始深入反思美国的"去工业化""再工业化"政策的失误所带来的沉痛教训时，日本却逆而行之，发出了"制造业毁灭了日本"的呐喊。例如，日本著名官厅经济学家野口悠纪雄在其2012年出版的《日本的反省：制造业毁灭日本》一书中坚定地认为，制造业立国的经济发展模式是日本经济停滞不前的罪魁祸首，制造业毁灭了日本。面对经济困境，日本必须改变以往的制造业立国模式，应该对日本经济结构进行彻底的调整：应该向美国学习，全力发展以金融为中心的服务业，以确立以"人才开国""富人模式"为目标的新兴成长模式，这样就能彻底地解决日本资源不足、电力供应紧张、劳动力短缺、环境压力大等问题，实现日本的再次繁荣。野口悠纪雄的观点起初是在钻石在线（DIAMOND online）上连载引起了巨大的反响。后来在钻石社书籍编辑局、《钻石周刊》编辑部的支持下公开出版。实际上，野口悠纪雄在他的《未曾有的经济危机战胜方法》《世界经济恢复，为什么唯独落下日本？》《经济危机的根源》《日本的反省：悬崖边上的经济》《日本的反省：依赖美国的罪与罚》等著作中都表达了类似的观点。可见野口悠纪雄对于日本经济陷入困境原因的分析以及实现日本与再次繁荣路径的观点在日本国内外拥有众多的支持者，这也是其相关的著作在国内外畅销的重要原因。①

8.2 美国的"去工业化""再工业化"：对日本的影响

由于日本的"去工业化""再工业化"进程既在时间上后于美国，更为重要的是日本的"去工业化""再工业化"是在跟随、模仿美国的相关政策措施中加以推进的，因此，要研究日本的"去工业化""再工业化"问题，必须要对美国的"去工业化""再工业化"政策措施对日本的影响加以研究。

8.2.1 美国的"去工业化"进程

美国的"去工业化"始于20世纪50年代。其原因在于，作为本土没有遭到第二次世界大战战火摧残的国家，美国充分利用了第二次世界大战的契机，大发战争财，从而使其制造业得到了空前的发展：到"二战"结束时，美国的制造业产值竟然占到了全

---

① 参见［日］野口悠纪雄：《日本的反省：制造业毁灭日本》，东方出版社2014年版。

世界制造业产值的53%，其中汽车、钢铁的产量占世界总产量的80%和57%。① 然而20世纪50年代以后，随着世界大战特需的消失，特别是随着德国和日本制造业的快速恢复和发展，美国制造业的战时辉煌不但一去不复返，而且无论是从国内三大产业发展状态的比较来看，还是从全世界制造业发展状况的比较来看，美国的制造业都处于相对衰落的状态，特别是在20世纪70年代，美国制造业不但增长速度明显放缓，而且制造业产出占GDP的比重、就业比重也在快速下降。到了20世纪80年代初期，美国的制造业更是出现了严重的衰退：工厂的大量倒闭，工人的大批失业，生产性投资的大幅减少以及贸易逆差的日益扩大。② 此期，面对制造业的衰落，美国初期是将制造业从国内发达地区向落后地区转移，后期则是从国内转移到日本等国家，从而开启了战后世界性的产业转移浪潮，因此，20世纪50年代至70年代初美国进入了"去工业化"进程之中。

8.2.2 美国"再工业化"进程

然而，20世纪50年代至70年代初美国的"去工业化"政策不但没有完全解决美国制造业发展的困境，反而带来了一系列新的问题。面对着"去工业化"进程所面临的一系列新老的问题，特别是面对着国际经济竞争的不断加剧，美国自20世纪70年代末开始进行了三次"再工业化"进程。

美国的第一次"再工业化"始于1978年美国时任总统卡特。此次"再工业化"主要解决两个问题：一是要解决美国传统的东北部和中西部制造业基地急剧衰落的问题；二是要解决在石油危机等的冲击下，美国制造业投资停滞、失业率上升、出口产品竞争力下降及对外贸易平衡恶化等问题，特别是要解决前期"去工业化"进程导致的产业空心化加深、服务业对经济增长拉动动力不足等问题。但由于卡特提出"再工业化"思想后他在任只剩下不到两年的时间，其"再工业化"思想并没有完全落实到实际行动上，其效果也没有时间显示出来。

20世纪80年代，面对第一次"再工业化"只有思想，没有多少实际行动、其效果差强人意的情况，美国时任总统罗纳德·里根在吸收卡特"再工业化"部分思想的基础上，制定出较为系统的"再工业化"战略及政策措施，开启起了第二次"再工业化"进程。在"再工业化"对内政策方面，里根总统提出了要通过减少政府对企业的干预、减税、财政资助等措施来复兴美国的钢铁、汽车等传统制造业，在此基础上，采取强有力的政策重点扶植新兴工业部门，增强以制造业为核心的美国经济的国际竞争力等。③

---

① ② 参见金慰祖、于孝同：《美国的"再工业化"问题》，《外国经济与管理》1980年第10期。
Barry Bluestone and Bennett Harrison. The Deindustrialization of America: Plant Closing, Comminity Abandonment and the Dismantling of Basic Industry, New York, Basic Books, 1982, P.9.
③ 参见佟福全：《美国的"再工业化"战略》，《世界经济》1982年第7期。

特别值得注意的是,在里根总统的积极推动下,美国国会连续地颁布了《1982年加恩—圣—杰曼法》,开始启动修正和废除"Q条例"的步骤,经过4年的推动,到1986年4月"Q条例"被完全废除,全面实现了利率的市场化。《1987年银行公平竞争法》允许商业银行涉足证券投资等非传统银行业务。这一系列放松金融管制、实施金融自由化的相关法律,打破了美国坚持了近半个世纪对银行业发展的众多限制,推动了大规模的金融创新、金融产品的自由定价、各类金融机构业务的交叉以及金融市场的国际化,上述政策的制定为支持"再工业化"对内政策的实施创造出了宽松的金融环境。在"再工业化"对外政策方面,里根总统通过制定《综合贸易法案》,全面修改《1974贸易法》,推出了用单边政策强力打开国际市场的"301"条款,企图用"301"条款来进一步撬开国际市场以此为美国的"再工业化"创造出更大的市场空间、减少巨额的外贸逆差,恢复和加强美国制造业的国际竞争力。

客观地来讲,美国的第二次"再工业化"政策的目标并没有完全达到,反而是由于其政策的失误和行动的偏离积累了越来越多的问题,特别是里根总统在推进第二次"再工业化"进程中,由于大幅度地放松金融规制,助长了金融投机,终于在1987年10月19日酿成引发全球恐慌的"黑色星期一"。① 但由于人们大多将"黑色星期一"出现的原因简单地归结于技术的原因、羊群心理的作用,并没有从美国"再工业化"政策中寻找根源,并没有对美国"再工业化"政策的弊端去反思。特别是由于里根总统在任的8年时间里是美国经济发展最好的8年,② 更掩盖了其可能存在的负面影响。比尔·克林顿1992年就任总统后基本延续了里根总统的政策思维,推出了《金融服务现代化法》,进一步推动了金融自由化进程,给金融业的发展带来了历史性的变革。美国一系列的金融自由化政策累积了大量的金融风险,最终导致了2007年次贷危机的爆发进而演变成为全球金融危机。金融危机爆发后,美国经济,尤其是美国制造业遭到了重创:制造业开工率只有65%,是"二战"结束以来的历史最低点;汽车、钢铁、化工等行业全面亏损,导致企业倒闭潮和失业潮的叠加。③ 面对此种困境,奥巴马开启了美国的第三次"再工业化"的进程:自2009年12月起奥巴马分别签署了《美国制造业振兴框架报告》、《制造业促进法案》(2010年8月)、《先进制造业伙伴计划》(2011年6月)、《先进制造业国家战略计划》(2012年2月)、2013年3月,出台了《机器人技术路线图:从互联网到机器人》(2013年3月)、《振兴美国先进制造业2.0版》(2014年10月)、《振兴美国制造业和创新法案》(2014年11月)、2015年10月,《美国创新

---

① "黑色星期一"是指1987年10月19日美国股票市场毫无征兆地发生大股灾,使股民账面财富瞬间消失数百亿美元而人们束手无策的恐慌情况。当日道琼斯指数下跌了22%,道琼斯工业平均指数下跌至508点,并且美国的股灾迅速地在全球蔓延,从而引发世界性的恐慌。
② 从1982年末到1988年(里根任期),美国GDP增长率都维持在3.5%以上;1987年"黑色星期一"之后经过调整,美国股市走出了长达13年的大牛市。
③ 参见姚海琳:《西方国家"再工业化"浪潮:解读与启示》,《经济问题探索》2013年第3期。

战略》(2015版)(2015年10月)。而对奥巴马一系列执政理念持否定态度的特朗普上台后,采取了对内降税、对外征收高关税等更激进的政策措施对美国的"再工业化"进程加以推进。

8.2.3 两种价值取向的较量与美国"去工业化""再工业化"进程的政策、行动的偏离

1. 两种价值取向的较量与美国"去工业化""再工业化"进程

在美国在"去工业化""再工业化"进程中,始终存在着两种价值取向的激烈摩擦与较量:第一种价值取向是:对内,按照"配第—克拉克定理",[①] 通过引导投资、产业结构向服务业转移,使服务业成为主导产业,以此使经济能够保持可持续的发展;对外,通过对外直接投资将价值链中附加值较低的制造业环节转移到国外,集中精力专注于附加值较高的环节,以保持和提升制造业的国际竞争力。第二种价值取向是:在"去工业化""再工业化"进程中,不但要驱使投资、产业结构向服务业转移,使服务业成为主导产业,而且要使金融业成为服务业的核心,即不但要使经济"服务化",而且要使经济"金融化"。在美国的"去工业化""再工业化"进程中,两种价值取向的激烈摩擦与较量的结果是第二种价值取向始终占据主导地位,在上述理念的支配下,特别是由于受资本逐利本性的驱使,美国的"去工业化""再工业化"进程演变成为经济的"服务化""金融化",乃至演变成"投机化""虚拟化"。从而使美国的"去工业化""再工业化"走入歧途,最终导致虚拟经济的崩溃、次贷危机—金融危机爆发,留下了沉痛的教训。

2. 两种价值取向的较量与美国经济的"服务化"

如前所述,虽然两种价值取向有着本质的不同,但它们对发展服务业的价值取向却差别不大,于是在这两种价值取向的推动下,美国的服务业得到了超常的发展。在"去工业化"的20世纪50年代,美国服务业产值占GDP的比重、服务业吸纳就业的比重就超过了50%,到2004年,服务业占美国GDP的83%,吸纳了美国85%的就业,服务业的发展也美国成为世界上最大的服务贸易顺差国,这和美国货物贸易长期存在着巨

[①] 克拉克以威廉·配第的发现为基础,通过分析一些国家的大量时间序列数据,对产业结构演变的一般规律进行了考察。他的研究表明,伴随着经济的发展和人均收入水平的提高,劳动力首先从第一产业(农业)向第二产业(制造业)转移;当人均收入水平进一步提高时,劳动便从第二产业向第三产业(商业和服务业)转移。由于克拉克和配第都强调不同部门间的收入差异对劳动力转移的影响,因此,对这一产业结构演变现象的概括被人们称之为"配第—克拉克定理"。

额的贸易逆差形成了鲜明的反差。①

为了发展服务业,美国服务业发展政策取向,对内突出的特征表现为:放松管制、鼓励创新、促进竞争、注重效率。对外,在国际上开始大力推进服务贸易自由化政策。美国的《1974外贸法》首次提出要把服务贸易纳入其外贸政策体系之中。1984年的《贸易与关税法》、1988年的《综合贸易与竞争法》以及1994年克林顿总统的《国家出口战略实施报告》等都将服务贸易置于优先地位,并授权总统使用"301条款"和"超级301条款"对阻碍美国服务贸易扩张的外国进行报复。

美国服务业的超常发展,服务业已经成为吸收和解决就业的最主要领域。特别是服务业对GDP、就业贡献率的提高掩盖了其存在的越来越大的副作用,甚至有人认为由于服务业的发展使美国经济已进入了"新经济"时代,美国经济从此将会摆脱经济周期的影响。然而,虽然美国服务业的发展符合"配第—克拉克定理",但在"去工业化""再工业化"的进程中,美国却教条式理解三次产业发展的一般规律,进而人为推动服务业脱离实体经济发展需要超常发展,导致美国经济的"服务化"。

3. 两种价值取向的较量与美国经济的"金融化"

在美国经济"服务化"的过程中,美国的金融自由化得到了快速发展。美国出台的《1982年加恩—圣—杰曼法》《1987年银行公平竞争法》,特别是1999年出台的《金融服务现代化法》,使金融业的自由化得到了快速的发展,不但使其获得了独立的地位,而且使其成为美国经济的支柱产业,大量的资源不断地向金融业转移,从而使美国经济快速地向金融化方向发展。

随着美国经济金融化的深化,一方面金融业巨头们获得了超强的议价能力,在某种程度上也绑架了美国的决策;另一方面,"金融思维"既成为美国经济发展的主导思维,也成为美国应对金融危机的主导思维。例如,2008年金融危机爆发后,包括美国联邦政府的救助计划的"金融思维"的特征极为鲜明:2008年金融危机爆发后,美国政府的应对之策是出资收购不良资产,拯救金融体系从而引发了普通民众反对用他们的钱来拯救华尔街的金融大鳄们的"占领华尔街"运动。②

不但如此,美国经济的金融化,特别是脱离实体经济的过度金融创新和金融投机行为泛滥造成了世界性的严重的"金融污染"③,世界上许多国家跟随或模仿美国进行所谓的金融创新和金融投机,由此全球金融资本急剧增长并成为全球经济的主宰。据国际

---

① 参见黄永春、郑江淮、杨以文、祝吕静:《中国"去工业化"与美国"再工业化"冲突之谜解析》,《经济问题探索》2013年第3期。
② 参见孙兴杰、李黎明:《美国的制造业复苏之难》,《中国工业评论》2017年第1期。
③ 所谓金融"污染"是指金融体系自身有无限度扩张的体系缺陷,一旦超出正常的资金配置的需求,金融服务业的发展便会具有某种负外部性,就像经济活动可能会造成环境污染一样。

货币基金组织统计,全球金融资产价值 1980 年只有 12 万亿美元,与当年全球 GDP 规模基本相当,而到了 2007 年,全球金融资产价值达到了 230 万亿美元,即 27 年全球金融资产价值增加了 18.2 倍,而同期 GDP 只增加了 4.55 倍。

4. 两种价值取向的较量与美国经济的"虚拟化"

随着美国经济的"金融化",资本的趋利性被进一步激发,大量的资本投向了回报率畸高金融业、金融产品,使美国经济呈现出明显的虚拟化特征——大量的资金流向了房地产、股票、债券和金融衍生产品市场进行投机炒作。值得注意的是,美国经济虚拟化的发展,虚拟经济如同一个巨大的抽血系统,造成了产业之间的资源流向的"马太效应",使制造业越来越受到各种资源,特别是金融资源的冷落,相反,各种资源不断地流出以制造业为核心的实体经济,使以制造业为核心的实体经济处于"失血"状态。即使在 2008 年金融危机爆发后,美国政府实施了多次的大幅度宽松的量化宽松政策来解决债务积累问题,但量化宽松政策也没有解决资金流向的问题,信贷和新增的货币并没有流入实体经济甚至流通领域,而是在虚拟经济体系内循环。

5. 两种价值取向的较量与美国产业的"空心化"

当人们谈到一国的"产业空心化"问题时,往往会把"产业空心化"问题与通过对外直接投资进行产业的国际转移联系起来。但以"制造业投资流出指数"① 来测算美国"产业空心化"的程度就会发现,在 20 世纪 80 年代初到 90 年代末,美国的制造业投资流出指数一直大于 1,可以说明这个时期的美国的"产业空心化"是由对外直接投资造成的。但值得注意的是,这个时期美国对外直接投资的产业构成中,制造业投资只是略高于金融保险及房地产投资,因此,即使在这个时期也不能说美国的"产业空心化"完全是由对外直接投资造成的。而自 1998 年至今,美国的制造业投资流出指数开始小于 1 并处于长期的下降状态,说明这个时期,美国制造业吸引的国外直接投资额大于美国制造业对外直接投资额。由此可见,美国制造业对外直接投资并非是导致美国"产业空心化"的主要原因。研究发现,在美国经济的"金融化""虚拟化"的过程中,美国制造业资产平均收益率的快速下跌② 促使产业资本逃离制造业寻找资本回报率更高的产业。资本逐利的本性必然使资本逃离制造业寻找资本回报率更高的产业。于是,大量的产业资本涌入了非生产性的虚拟经济领域。2008 年金融危机爆发前,金融保险业和房地产业的比重已超过 GDP 的 20%,金融业公司利润占全部公司利润

---

① "制造业投资流出指数" = 制造业对外直接投资额/制造业吸引的国外直接投资额。
② 据统计,美国制造业资产平均收益率 1963~1966 年为 15.5%,1967~1970 年为 12.7%,1970~1973 年为 10.1%,1975~1978 年为 9.7%,总体下降幅度为 59.8%,呈现出一路下行的趋势。

的比例已高达40%，而同期以制造业为核心的实体经济部门利润的比重则从战后初期的50%下降到了不足30%。由此可见，美国的产业空心化虽然兼有"离本土化"和"离制造化"的双重特征，①但产业资本"离制造化"是美国的产业空心化的根本特征。

6. 两种价值取向的较量制约着美国"再工业化"战略的成功

尽管自20世纪70年代末开始美国进行了三次"再工业化"进程，但由于美国的"再工业化"的基本理念没有出现实质性的调整，再加上两种价值取向的较量，美国"再工业化"战略的成功受到了较大的影响，美国的"去工业化"趋势始终没有被彻底地逆转过来。例如，从1980年到2008年，虽然制造业的产值总体是呈现上升趋势，但是其产值增长率小幅升高到2004年后就呈现下滑趋势；制造业在国民生产总值中的比例、制造业就业基本呈现下滑的态势，在20世纪80年代到90年代期间，下滑尤其明显（见表8-4）。

表8-4　1980～2008年美国制造业发展情况

年份	制造业产值（百万美元）	制造业产值年增长率（%）	制造业产值占GDP比重（%）	制造业就业（千人）	制造业就业占非农就业比重（%）	工业产能利用率（%）
1980	154391	—	5.537	18733	20.693	84.5
1990	242686		4.184	10737	9.807	82.6
2000	350715	—	3.524	10877	8.254	81.5
2001	330875	-0.057	3.217	10336	7.841	76
2002	326227	-0.014	3.065	9485	7.277	74.7
2003	334616	0.026	3.003	8964	6.895	75.9
2004	359081	0.073	3.026	8925	6.790	77.9
2005	395173	0.101	3.127	8956	6.698	80.1
2006	418330	0.059	3.122	8981	6.599	80.7
2007	423423	0.012	3.008	8808	6.401	81.3
2008	431929	0.020	2.991	8476	6.184	77.9

资料来源：Economic report of the president, transmitted to the congress July 2010, U.S. department of labor, 2010.

---

① 参见胡立君、薛福根、王宇：《日本后工业化阶段的产业空心化——以日本和美国为例》，《中国工业经济》2013年第8期。

8.2.4 美国"去工业化""再工业化":对日本的深远影响

美国是"去工业化""再工业化"的实践者,更是"去工业化""再工业化"的示范者,而一向以美国为师的日本,在美国是"去工业化""再工业化"进程中,几乎是亦步亦趋地跟随、模仿美国"去工业化""再工业化"的政策及其行为模式。可以说,美国"去工业化""再工业化"对日本的影响极为深远。

一方面,日本充分地利用美国"去工业化""再工业化"所带来的契机,加速自身的工业化进程——自20世纪50年代至70年代,美国便开始了"去工业化"进程,而此期间正是日本完成工业化的收官期。日本充分利用了这个时期美国"去工业化"进程中产业转移的契机,加速了自身的工业化和产业结构调整的进程,日本的工业化质量得到了大幅度的提升,日本产品的质量享誉全球。与此同时,当日本完成工业化进程后,自70年代开始,随着日本产业结构的调整,日本开始模仿美国产业转移的模式,有序地将劳动密集型产业、资本密集型产业甚至技术密集型产业向东南亚国家、地区转移,开启了自己的"去工业化"进程。

另一方面,而正当日本"去工业化"进程开始起步、日本"去工业化"进程的问题还没有充分暴露时,美国却自20世纪70年代初开始了其"再工业化"进程。美国"再工业化"进程的雄心壮志及其初期所显现出的良好效果,促使日本也开始其"再工业化"进程。因此,在日本出现了"去工业化"进程和"再工业化"进程的叠加。于是,日本经济便在跟随、模仿美国"去工业化"进程与"再工业化"进程的游移、摇摆中发展。

正是这种跟随、模仿不但使日本经济迷失了方向,而且放大了美国"去工业化"进程与"再工业化"进程中政策与行动的偏离,使日本虚拟经济迅速膨胀,形成经济泡沫,最终导致其泡沫经济的崩溃。日本放大美国"去工业化"进程与"再工业化"进程中政策与行动地偏离的后遗症贻害极其严重:一是使日本经济失去了近"三十年",至今还没有完全走出其阴影;二是使日本产业空心化进一步加剧;三是日本制造的质量问题不断暴露,使日本制造的信誉面临着"二战"后以来前所未有的巨大挑战。特别值得注意的是在以美国为代表的发达国家掀起再工业化浪潮时,日本仍继续沉迷于以美国为代表的发达国家去工业化浪潮时快感而不能自拔,"制造业毁灭日本"、日本应继续进行经济金融化的思维仍有极大的市场和影响力,这是必将影响"再工业化"进程的正确方向。

8.3 日本的"去工业化""再工业化":模仿中的偏离与放大

日本的"去工业化""再工业化"进程正是美国"再工业化"快速推进的时期,一方面,美国"再工业化"的理念及其初期良好的效果对日本"去工业化""再工业化"政策影响巨大;另一方面,美国"再工业化"需要打造与之相适应的国际环境。美国这两方面的影响与压力不但导致了日本"去工业化""再工业化"政策偏离正确轨道,而且使日本放大了美国"再工业化"的失误,这也是日本泡沫经济崩溃大大地早于美国金融危机爆发、日本泡沫经济崩溃后迟迟难以走出困境的根本原因所在。

8.3.1 推行金融自由化政策,形成虚拟资本脱离实际经济的独特运动

在美国贸易自由化、金融自由化压力的推动下,日本被迫实行了从"外需主导"到"内需主导"的经济发展战略的转变,特别是日本开始了其放松金融管制,实施金融自由化的转变。而金融自由化政策的实施对日本放大美国"再工业化"的失误、推动日本泡沫经济膨胀的影响最大。日本的金融自由化政策主要包括:一是放松银行业务的限制,如解除对银行金融商品开发的限制,解除对银行公债买卖业务的禁令等。二是放松非银行金融机构的业务限制,允许非银行金融机构经营存款业务。三是加速银行利率市场化进程。1985年前,日本官定利率连续四次下调,从1985年的8.5%已降至5%。特别是为了配合"内需主导型"战略的实施,在1986年1月30日到1987年2月23日的一年有余的时间内,连续五次将中央银行贴息率降低,由5%降至为2.5%的历史最低水平。四是实行金融的国际化。自20世纪70年代起,日本就开始放松对外国银行进入日本的限制(1970年9月),允许非居民发行日元计价外国债券(1970年12月),取消了外汇集中制(1972年5月),建立东京美元短期同业拆借市场(1972年4月),建立外汇贷款制度(1972年9月),开始欧洲日元交易等。在此基础上,日本进一步推动了金融国际化的进程。例如,引进自由利率存款、改善国债的发行方式、扩大国债市场等。到了80年代,金融国际化得以全面展开,从1980年底开始实施新外汇法——《外汇及外贸管理法的修改》,在1984年5月27日达成的日美日元美元委员会报告中,日本承诺进一步实施金融国际化。五是实行资本自由化。在20世纪60年代两次资本自由化的基础上,日本在70年代进行了三次大的资本自由化:第三次资本自由化(1970年9月1日)——扩大新建企业自由化部门,放宽对参与经营的自动认可限度;第四次资本自由化(1971年8月4日)——除个别审查部门外,对新建企业实

行50%或100%的自由化,放宽对参与经营的自动认可限度;第五次资本自由化(1973年5月1日)——除例外部门和暂缓自由化部门外,对参与经营的投资均实行100%自由化。经过五次资本自由化基本上取消了对外国投资的限制。①

金融自由化是一把双刃剑。一方面,金融自由化为企业的融资提供了方便,在一定时期内,有利于满足企业的设备投资需求,促进经济的发展;另一方面,金融自由化也带来了巨大的负面效应:

对银行来讲,金融自由化使银行的注意力逐渐偏离了为实体经济服务的轨道。在金融的自由化的条件下,银行的主要客户——大企业可以通过发行股票、债券筹资,增加自有资金,对银行融资依赖性明显减弱。为避免银行业务的萎缩,银行将贷款大规模地贷给了房地产业。1991年3月,在东京证券交易所上市的日本各家银行对房地产业的贷款金额高达49.9万亿日元,比1985年3月增加了1.8倍,约占这些银行全部贷款的1/4。于是,银行与房地产业结成了利益共同体:房地产业的发展,使银行贷款业务发展有了保障;银行贷款对房地产业的偏爱,使房地产业发展得到了及时而大量的资金保障。而当房地产业泡沫膨胀时,使银行账面价值得到迅速而大幅度的攀升,房地产业从而被银行视为发展前景良好的优质放贷行业能够得到银行巨量资金的进一步支持,房地产泡沫进一步膨胀。与此同时,银行对制造业的支持力度进一步减弱,制造业的发展得不到应有的资金支持。

对于企业来说,金融自由化政策的实施和金融商品的不断开发,助长了企业依托财技术②进行金融投机以获取巨额收益。20世纪80年代中期以后,财技术不仅风行于金融部门,而且风行于众多的企业,甚至一些企业醉心于财技术的运用,为此成立了专门的机构或子公司,专门从事财技术业务,并以此获取巨额收益:在资本市场上,日本企业通过发行债券、股票、可转换公司债券和认股权证等来动员大量的资金从事财技术业务以投机获利。1985~1990年,日本企业利用财技术业务在股市赚取了85万亿日元。1985~1989年,在东京证券交易所上市的制造业企业,本业利润为1.25万亿日元,财技术收益却为1.91万亿日元,财技术业务的收益是本业经营收益的153%。③在房地产市场上,一方面房地产泡沫的膨胀使企业的自有土地和房产的价值得到提升,使企业的融资能力和固定资产会计收益得到提高,进而得到银行资金的进一步支持;另一方面,由于土地价格不断提升,土地和不动产的投资回报率也随之上升,企业将更高的产业资金投入房地产市场参与到房地产投机大潮之中。于是,企业在房地产泡沫膨胀期间本来应该用于本业的大量资金逃离制造业,导致制造业"失血",形成了专注于本业经营的

---

① 参见王厚双:《日本经济与世界经济接轨的经验浅析》,《日本学刊》1997年第1期。
② 所谓财技术,是指企业运用高度的技术技巧来筹措资金,从事金融投机,从中获取金融投资收入的技巧。
③ 参见周林薇:《从日本股市暴跌看泡沫经济的特征》,《世界经济》1993年第2期。

企业生存陷入困境乃至是不明智的氛围。而当房地产泡沫破裂，房地产价格快速下跌时，企业在房地产泡沫膨胀时期用于购买土地的资金则被迫大量"沉淀"在房地产市场而无法转移到本业生产领域，使企业在本业经营和房地产经营上进退两难，给企业本业的发展和整体经济的发展带来难以克服的难题。

对个人来讲，随着金融自由化的发展，日本社会的传统价值观也发生了重大变化，一方面，金融自由化政策的实施和金融商品的不断开发使个人的投资渠道进一步拓宽，特别是日本实行长期低利率政策，银行存款收益对社会资金的吸引力几乎丧失，于是，人们纷纷将手中的货币资金投到股票、地产业市场进行投机活动，而不是将其存入银行。而1984年后日本推出的"特定金钱信托"等制度由于其专业性以及其号称"旱涝保收"性又助长了个人参与投机的热情。由此造成巨额投机资金涌入股市，刺激了股价的迅速膨胀。另一方面，投机活动的高收益及其继续不断看涨的预期，也改变了日本人的消费观念，1985年个人消费高利借款只有5600亿日元，到1989年已扩大至54900亿日元，增长了8.8倍。个人消费观念的改变又进一步助长了人们参与投机的热情。

银行、企业、个人投机行为提高了虚拟经济膨胀的速度与幅度：一是股价狂涨。1989年12月29日日经指数达到了38915点的历史最高点，比1983年的8800点上涨了3.4倍，远远超过同期GNP51%的增长率。二是地价的狂升。1990年日本的土地资产总额为2389万亿日元，比1985年的1004万亿日元上涨了1.38倍。从日美土地资产总额的比较来看，1990年，按时价计算的日本土地资产总额却相当于美国的2.5倍，日本单位面积的土地价格相当于美国的62.5倍。① 三是日本国民资产膨胀的速度和幅度都达到了前所未有的程度。1985~1989年，日本国民总资产由3936万日元膨胀到6811万亿日元，膨胀幅度达到73%，相当于同期GNP增加值77万亿日元的38.1倍。四是推动日本加速成为资产第一大国。到1987年，按当年的平均汇率计算，日本国民总资产已达36.9万亿美元，超过了美国的35.8万亿美元，日本成为世界第一资产大国。② 因此，无论是银行、企业、个人，都沉浸在这种景气带来的幸福之中，甚至被这种景气冲昏了头脑，人们坚定地相信这种景气会持续上升，没有任何人认为会出现下降的可能，更不用说会出现这种景气破灭的可能。然而，虚拟经济的过度膨胀最终引发泡沫经济的崩溃：股市出现持续大幅度地下跌，日经指数从1989年12月29日的38915点跌至1992年8月11日的14822.56点，跌幅超过60%。③ 土地价格也开始下跌，到1994年底，地价已较1991年的高峰期下跌幅度达50%。股价、地价下跌使日本国民资产损失惨重，损失的数额达到了1086万亿日元，大批企业和个人破产或处于破产边缘，金融机构的

---

① 参见刘昌黎：《浅谈日本的泡沫经济》，《日本研究》1993年第2期。
② 参见周林薇：《从日本股市暴跌看泡沫经济的特征》，《世界经济》1993年第2期。
③ 参见李伯瑜：《浅析日本的泡沫经济》，《日本问题研究》1994年第4期。

不良债权也高达 70 万亿日元,金融体系的安全受到严重威胁。① 尤其值得注意的是,日本泡沫经济崩溃的后遗症长期难以消除,应对国际金融危机的承受力也在严重下降。在日本泡沫经济崩溃 17 年后的 2008 年全球金融危机爆发后,日本经济在 2008 年 9~12 月的增长率骤降为 -12.1%,创下了自 1974 年来的新低。2008 年 1~12 月,日本倒闭企业总数达 1.268 万家,同比增长 15.7%,负债总额更高达 11.9 万亿日元,为 2007 年同期的 2 倍。日本经济下降幅度之大,在战后日本经济发展史上也属罕见。②

8.3.2 "去工业化""再工业化":加重了日本的产业空心化

20 世纪 80 年代后半期,在"去工业化""再工业化"的进程中,日本对外直接投资也在快速发展,成为当时世界最大的资本输出国。1986 年日本对外直接投资达 220 亿美元,1987 年为 330 亿美元,1988 年增至 470 亿美元,1989 年更是猛增至 675 亿美元,平均年增长率高达 62%。③ 1990~2004 年,日本国内平均每年对外直接投资约为 270 亿美元,而这一时期日本平均每年吸收的国外直接投资却仅有约 40 亿美元,输出和输入直接投资的差额平均每年有约 230 亿美元。这种差额在 2005 年后变得更加悬殊,在此期间日本平均每年的对外直接投资超过 700 亿美元,而其吸收的外国直接投资却仅有约 75 亿美元,输出和输入直接投资的差额达到近 10 倍,这使日本产业空心化呈现出"离本土化"式产业空心化④的鲜明特征。⑤

人们在解释日本产业空心化现象产生的原因时,常常认为,日本劳动力短缺、自然资源稀缺、日本高税率、对外贸易摩擦和汇率升值导致的出口约束是日本进行对外直接投资的动因。实际上,日本跟随、模仿美国"去工业化""再工业化"战略是导致日本产业空心化的主要原因:日本通过对外直接投资,不断地将劳动密集型产业、资本密集型产业、技术密集型产业生产基地向外转移,甚至到后来 IT、汽车等产业的技术研发部门等也开始向国外转移,特别是向东亚地区转移,其目的:一是通过对外直接投资,腾出产业空间、精力专注于高端制造业的发展和核心技术的开发与控制,这是美国"去工业化""再工业化"战略的核心特征;二是通过对外直接投资、产业的转移构建日本为核心的东亚生产网络,为日本制造业的发展创造广阔的市场空间。然而,事物的发展总

---

① 参见郑良芳:《从日本泡沫经济破灭说起——正确处理虚拟经济和实体经济关系问题的研究》,《福建金融管理干部学院学报》2003 年第 4 期。
② 参见刘文娟:《金融危机下经济严重失衡国家的经验教训及对我国的启示》,《经济研究》2010 年第 4 期。
③ 参见刘昌黎:《浅谈日本的泡沫经济》,《日本研究》1993 年第 2 期。
④ 按产业资本流动的方向划分,产业空心化可以分为"离本土化"式产业空心化和"离制造化"式产业空心化。前者是指由于国内产业发展环境的约束,产业资本向海外的转移和流动,从而造成"离本土化"式的产业空心化;后者是指虚拟经济发展到一定规模和水平,并具备了吸纳大量产业资本流入的能力的情况下,产业资本向虚拟经济的转移和流动的情形。
⑤ 参见胡立君、薛福根、王宇:《日本后工业化阶段的产业空心化——以日本和美国为例》,《中国工业经济》2013 年第 8 期。

是利弊兼有，虽然日本的战略诉求得到了一定的成功，但也最终导致日本严重的产业空心化。

8.3.3 "去工业化""再工业化"：日本制造业大溃败

如前所述，虽然日本的"去工业化""再工业化"取得了一定的成功，但其弊端也不可小觑。其中一个重要的弊端还在于日本制造业的风光不再，甚至是大溃败。

日本制造业的大溃败，可以在财富世界500强的榜单上日美中企业数量的变化得到验证（见表8-5）。

表8-5　　　　　日美中"财富世界500强"的变化情况　　　　单位：个、%

年份	1996	2006	2016	2006/1996	2016/2006	2016/1996
美国	99	170	128	+71	-42	-29
日本	99	70	52	-29	-22	-29
中国大陆	2	19	97	+17	+78	+95

资料来源：美国《财富》。

由表8-5可见，与美国、中国企业在财富500强榜单上的绝对数量不断上升的情形相反，日本企业在财富500强榜单上的绝对数量却是直线下降：1996年时，财富500强榜单上的日本企业多达99家，与美国上榜企业数量持平，是中国上榜企业数量的近50倍；但是到了2006年，日本上榜企业数量已经减少至70家，日本上榜企业数量大幅度降到美国的41%；日本上榜企业数量从1996年是中国上榜企业数量的近50倍降为3.68倍。到2016年，日本上榜企业数量仅剩52家，比1996年锐减了将近一半。日本上榜企业数量大幅度降到美国的41%；日本上榜企业数量从1996年是中国上榜企业数量的近50倍、2006年的3.68倍，降为只有中国的54%。

从日本一些知名企业在"财富世界500强"中排名的变化情况来看，其名次下滑更是触目惊心（见表8-6）。

表8-6　　　　日本部分企业在"财富世界500强"中排名的变化情况　　　单位：个、%

年份	1996	2006	2016	2006/1996	2016/1996	2016/2006
丰田	8	8	8	0	0	0
日立	13	38	89	-25	-76	-51
松下	19	47	131	-28	-112	-84

续表

年份	1996	2006	2016	2006/1996	2016/1996	2016/2006
日产	24	41	59	-17	-35	-18
东芝	32	87	157	-55	-125	-70
索尼	40	65	116	-25	-76	-51
本田	46	31	44	+15	+2	-13
富士通	54	133	251	-79	-197	-118
三菱汽车	62	345		-283		
佳能	131	170	334	-39	-203	-164
马自达	170	235	429	-65	-259	-94
三洋	183	300		-117		
夏普	205	242	470	-37	-265	-228
铃木	207	249	436	-42	-229	-87
理光	373	391		-18		

资料来源：美国《财富》。

由表8-6可以看出，自1996年到2006年，再到2016年，日本一些知名企业在"财富世界500强"中排名只有本田有小幅的上升（若以2016年与2006年相比，本田在"财富世界500强"中排名也下降了13个位次）。其余的日本一些知名企业在"财富世界500强"中排名都在下降，其中在"财富世界500强"中排名2006年比1996年下降超过100个位次有两家：三菱汽车在"财富世界500强"中排名2006年比1996年下降了283个位次，三洋下降了117个位次；2006年比2016年下降超过100个位次有7家，其下降位次分别为松下112、东芝125、富士通197、佳能203、铃木229、马自达259，夏普在"财富世界500强"中排名下降幅度最大，达265个位次。

8.3.4 "去工业化""再工业化"的后遗症：日本造假事件、质量问题层出不穷

1. 日本制造造假事件、质量问题层出不穷

2017年10月8~13日，日本神户制钢所被曝出，其生产的部分铝铜制品、铁粉制品技术数据人为篡改作假，涉嫌造假产品多达13种，波及企业数量约500家，给全球供应链造成极大的恐慌。

实际上，对于日本制造业来说，神户制钢技术数据造假并不是第一起被曝出的造假

丑闻，就近几年代表性的质量事件来看，可谓层出不穷：（1）日立城际高铁质量事件：据日本共同社2017年10月16日报道，日立在英国制造的城际高铁列车16日开始投入商业运行，但因技术问题造成了数40多分钟的延误，而且还发生了车内空调严重漏水等故障。此外，列车在从柴油电力转到架空电线时也出现了一些技术问题，不得不返厂维修。（2）援越跨海大桥桥头下沉质量事件：据越南快讯（VnExpress）2017年7月16日报道，由日本政府出资、日本建筑公司承担援建的越南新武、沥县跨海大桥在大桥建设中间验收中就被发现该桥的桥头存在下沉等质量问题。（3）日本高田汽车安全气囊事件：2017年5月，因为高田气囊存在安全隐患，本田、丰田、日产、宝马、奔驰、特斯拉等19家汽车制造商生产出售的1.2亿辆汽车被迫召回。同年8月，同样的原因，马自达在美召回约80000辆轿车和SUV。（4）三菱汽车承认油耗造假事件：2016年4月，三菱汽车承认油耗造假，日产汽车因使用无资格人员负责整车检查，导致大约116万辆汽车被召回。（5）丰田汽车召回事件：2009年9月丰田汽车公司或因其汽车内可移动地板垫存在安全隐患，或是因为油门踏板存在设计缺陷、刹车系统存在安全隐患，被迫召回的汽车数量达830万辆，创造了汽车召回史上的吉尼斯纪录。（6）日产燃料泵燃料软管安全隐患事件：2002年9月29日，日产宣布，由于连接燃料泵的燃料软管有可能松动，因此决定召回20300辆2003年款"Infiniti G35"轿车。

由此可见，日本制造造假事件、质量问题可谓层出不穷，昔日日本制造的高质量、高品质的光环正在黯然失色，这不能不引起人们的深入思考。

2. 日本在"去工业化""再工业化"的后遗症是日本制造跌落神坛的根源

面对上述日本制造业出现的层出不穷的严重的质量问题、造假事件，人们对其产生的原因进行了多方面的解释，例如，在不断加剧的国际竞争环境下，由于日本国内市场狭小、消费能力疲弱、劳动力日益短缺、生产经营成本上升等原因，企业已无法正面应对激烈的竞争，在巨大的压力之下不得不侥幸地冒险违规操作。这种解释有一定的道理，但也显得极为苍白，因为上述问题和压力，是日本制造业发展过程中所面临的常规问题。实际上，日本制造业出现的层出不穷的严重的质量问题、造假事件的根源在于：在"去工业化""再工业化"的过程中，随着虚拟经济的发展，特别是在虚拟经济快速发展过程中，日本制造业企业"财技术"收益的急速膨胀，使日本的许多日本制造业企业昔日那种精益求精的"工匠精神"已快速消弭，甚至荡然无存，取而代之的是投机盛行心理膨胀蔓延，因此，忽视质量，甚至通过造假来保生存获发展就成为许多日本制造业企业的"理性"选择。

8.4 日本"去工业化""再工业化":经验教训与启示

8.4.1 要牢固确立发展经济的着力点必须放在实体经济上的发展理念

在"去工业化""再工业化"过程中,日本最大的教训就在于实体经济在国民经济发展中的命脉、根基地位被倒置,从而使泡沫经济膨胀,而泡沫经济崩溃的后遗症长期难以消除,使经济发展陷入长期的困境之中。

无数历史和现实的经验教训都多次地证明,实体经济是国民经济发展的命脉、根基是各国经济发展的"公理"。1776 年,亚当·斯密就曾指出:一个国家财富的多少不能用货币的多少来衡量,而必须用这个国家人民实际财富的生产能力的大小来衡量。1820 年,李斯特也表达了几乎同样的思想。他认为,财富的生产能力比财富本身不知要重要多少倍,财富的生产能力是国家经济动力的基础。查尔斯·P·金德尔伯格通过对近 500 年世界经济霸权的演变历史的研究发现:国家经济最重要的就是"生产性",历史上的经济霸权国家大多经历了从"生产性"到"非生产性"的转变,从而无法逃脱由盛到衰的宿命。昔日的经济霸权大国英国就是由于发生了从"生产性"到以金融为核心的"非生产性"的转移,从而使其经济霸权地位被专注于"生产性"的美国所替代。而"二战"后美国从"生产性"到"非生产性"的转变相对衰落的重要原因就在于美国经济也正在从"生产性"向"非生产性"转变。特朗普正是因为看到上述转变中的危险性,所以他就任美国总统后就积极甚至激进地推进"再工业化"进程,试图于"让美国再次伟大"起来。实际上,在处理"生产性"和"非生产性"的关系上,"生产性"的状况如何不单单决定着经济霸权国家盛衰,实际上也决定着任何国家的经济繁荣与衰退。因此,实体经济是一国国民经济的命脉、根基,是国家综合实力和竞争力的重要依托,是一国经济在国际经济竞争中赢得主动的根基。正是基于此,2008 年全球金融危机爆发后美国对"再工业化"战略的理念发生了重大变化:从以往以服务经济,特别是金融经济、虚拟经济为主转向了以制造业为核心的实体经济为主;虽然日本的"再工业化"战略的理念仍在转变的过程之中,但其也会从美国"去工业化""再工业化"经验教训中得到启示,特别是从自身的经验教训中得到警醒,从而回到正确的轨道之上。因此,无论是美国,还是日本,抑或是其他国家,经过 2008 年全球金融危机的洗礼,"再工业化"战略的理念已经得到了较大的矫正,"再工业化"战略的理念发生了重大变化,其实质就是对前期"去工业化""再工业化"战略失误的深刻反思,是对金融业与实体经济关系的深刻反思，是对制造业与服务业的关系的深刻反思，是对转变经济发展模式的思考的深刻反思，特别是"实体"与"虚拟"经济关系的深刻反思。人们重新意识到，虚拟经济是不可持续的，而以制造业为核心的实体经济才是保持国家竞争力和经济健康发展的基础。实际上，我国在快速推进工业化进程中，由于受国外"去工业化""再工业化"战略的影响，特别是受到美国"再工业化"进程的雄心壮志及其初期所显现出的良好效果的误导，在一些基本完成工业化的发达地区也在自觉不自觉地盲目发展服务业、发展金融、实施"去工业化"政策，而一些相对落后的地区也不甘示弱，在服务业、金融的发展上也给予了高度关注，倾注了大量的心血。于是一时间把注意力高度地关注在了服务业在GDP中比重的提升，关注金融的快速发展。特别是在应对2008年全球金融危机的刺激政策的推动下，房地产既得到了快速的发展，出现了疯狂炒作的现象，使房地产资产化特征明显，房子变成不是用来住的，而是用来炒的，结果导致大量资金流入房地产、流入虚拟经济之中，严重影响实体经济的发展。国内外的经验教训都表明，必须重新确立实体经济在国民经济发展中的地位，正如党的十九大报告所指出的那样，不论经济发展到什么时候，必须把发展经济的着力点放在实体经济之上。房子要用来住的，而不是用来炒的，现代化经济体系的大厦必须是建筑在实体经济基础上的，否则就会贻害无穷。

8.4.2 强化制造业在实体经济发展中的核心地位和主导作用

无数历史和现实的经验教训也一再地证明，制造业永远是每个国家经济增长的根本的动力源泉（Kaldor, 1967），是每个国家技术创新和扩散所导致的供给增长源泉，是创造就业机会的载体源泉（Hersh, 2003）。制造业水平是衡量每个国家综合实力和国际竞争力强弱的重要标志，制造业的兴衰关系到每个国家和民族的兴衰。正如1820年德国经济学家李斯特在其《政治经济学的国民体系》中所指出的那样：制造业就是现代社会的财富生产能力。如果一个国家和民族缺乏制造业或制造业仍处于幼稚产业状态，缺乏国际竞争力，那么，这个国家和民族就很容易被制造业强势的国家所控制，因此，任何一个国家和民族都需要一个强大的制造业来保证自己国家的经济独立和促进经济的长期繁荣。德国之所以在2008年全球性金融危机中经济仍保持比较稳健的发展，也许是德国人深刻地把握了李斯特思想的精髓，从而使德国始终十分重视以制造业为主的实体经济发展，从而使其能够在以美国为代表的其他发达国家虚拟经济崩溃导致金融危机主权债务危机立于不败之地。

而强化制造业在一国实体经济发展中的核心地位和引领作用，一是要进一步加大科研投入，强化自主创新，强化为建设制造业强国提供根本性的坚强支撑和持续创新和发展能力。当今世界性的"再工业化"浪潮的出现,其本质之一就是强调和重视一国自主创新和持续创新能力的提升和巩固,强调和重视要夺取自主创新和持续创新能力的世界制高点。随着制造业高技术化趋势不断加强,加大研发投入,抢占制造业自主创新和持续创新能力的制高点已成为众多国家"再工业化"战略的核心目标。中国制造业之所以还没有摆脱在全球价值链分工中的低端地位,仍在全球价值链分工中扮演"打工仔"的角色,还远没有实现全球价值链分工中地位的跃升,制造业的总体现代化水平比世界制造业一流水平的国家还落后 100 多年,其根本原因在于中国的制造业的研发投入仍不足、自主创新能力仍亟待提高,这也是中国推出《中国制造 2025》战略规划的原因所在。研究表明,发达国家不但重视对制造业的研发投入,而且对高技术制造业的研发投入尤为重视,研发投入始终处于保持在高水平状态,其中荷兰的高技术制造业的研发投入比例高达 59.14%,芬兰为 58.12%,韩国为 53.8%,而中国的这个比例仅为 12.5%,从而使中国在高技术制造业领域的竞争中处于被动地位,例如,目前中国的 90% 的高档数控机床、95% 的高档数控系统、机器人依赖进口,工厂自动控制系统、科学仪器和精密测量仪器对外依存度仍高达 70%。因此,中国要在借鉴西方"再工业化"的经验的基础上,进一步加强对制造业的自主创新和持续创新能力提升的投入,特别是要加强对高技术制造业的研发投入,既要加大政府的科技创新研发投入,更要通过各种措施引导企业的科技研发投入力度,形成产学研政对制造业研发投入的巨大合力,为奠定中国制造业,特别是高技术制造业的快速发展、国际竞争力的提升奠定坚实的基础。二是要创新现代服务业支撑制造业发展的新路径,推动生产性服务业与制造业的共生融合发展。要摆正服务业的发展与制造业发展的正确关系,要围绕着制造业发展的要求来发展直接为制造业发展服务的服务业——生产性服务业,特别是应加快高端生产性服务业的发展,推动生产性服务业与制造业的共生融合性的发展,即依托制造业不断拓展生产性服务业,要寻找出将现代服务业融入制造业发展体系中的新路径,而不是人为地推动脱离制造业发展的要求去发展服务业,甚至为了提高服务业在 GDP 中的比重,刻意地把服务业从制造业中剥离出来,使服务业的发展失去根基,甚至由此造成制造业税负的增加。①

8.4.3 要处理好实体经济与虚拟经济的关系

实体经济和虚拟经济都是一国经济的重要组成部分,二者是一种相互依存、相互促

---

① 例如,某地为了提高服务业在 GDP 中的比重,刻意地把服务业从制造业中剥离出来,结果不但没有提高服务业的服务效率,反而是增加了企业的税负负担,如某企业物流业从企业中剥离出来后,每年增加了 3400 万元的税负。

进的关系。但是，实体经济和虚拟经济在一国国民经济发展中的地位却是存在着巨大的差别。如前所述，实体经济国民经济发展的命脉、根基，而虚拟经济的发展则必须服务于实体经济发展的需要，虚拟经济的发展不能超越实体经济发展的需要而盲目的发展，更不能脱离实体经济而独立而过度地发展，否则就会破坏二者之间相互依存、相互促进的发展关系，特别是当虚拟经济发展的脱离甚至背离实体经济，任由虚拟经济过度发展，不但会扭曲企业、个人的发展理念，而且会造成投机泛滥，进而可能引发金融危机、经济危机。2007年美国次贷危机的爆发进而引发全球金融危机的根本原因就在于美国在其"去工业化""再工业化"进程中任由虚拟经济过度发展最终导致的经济灾难。而日本20世纪90年代泡沫经济的崩溃，其根本原因就在于在日本"去工业化""再工业化"进程中放大了美国"去工业化"进程与"再工业化"进程中上述政策与行动的失误，使日本虚拟经济迅速膨胀，形成经济泡沫，最终导致其泡沫经济崩溃。在中国，在虚拟经济的发展在一定程度上起到了促进实体经济发展的作用。但是随着形势的变化，虚拟经济的发展逐渐呈出现扭曲的状态。例如，在虚拟经济扭曲发展的条件下，不少地方都在酝酿建"金融中心"，追求发展虚拟经济的过度发展；不少企业热衷于炒房，甚至认为"开工厂不如炒房"，产业资本不断地逃离实体经济。于是，虚拟经济在中国国民经济中的占比迅速提升呈现出超前甚至过度的发展的态势，例如，2015年和2016年虚拟经济连续两年在中国GDP中占比都高达8.4%，这个占比不仅超过了中国2001~2005年金融业增加值在中国GDP中的占比，而且也超过了美国这个占比的两个历史高点。值得注意的是，当2001年美国虚拟经济在其GDP中占比达到7.7%时既催生了美国互联网经济泡沫，又导致美国的互联网泡沫的破灭。为了挽救互联网经济泡沫破灭对经济发展的危害，美国虚拟经济发展的注意力迅速地转向了房地产领域，于是2006年美国虚拟经济在其GDP中占比又上升到了7.6%，继而引发了次贷危机、金融危机。

美国的教训值得中国深入研究。实际上，中国的虚拟经济过快而扭曲的发展，没有促进实体经济的发展，反而使实体经济的发展陷入困境。例如，2011~2016年，中国的M2与GDP之比从1.74增长到2.08，远远超美国的M2与GDP之比0.69，也高于日本的1.74，总额已经达到了155万亿元人民币，再加上中国影子银行65万亿元人民币的信贷规模，使中国资金市场规模达到了220万亿元人民币。然而这巨量的流动资金，在金融监管缺位的情况下，大都进入虚拟经济领域，而不是进入实体经济。于是，一方面，巨量的流动资金拉动中国的资产价格大幅度上升，加剧证券市场投机和房地产的投机炒作，使中国经济出现金融化的趋势。另一方面，巨量的流动资金滞留在虚拟经济体系内部不断自我循环扩张，使实体经济融资难融资贵等问题更为突出。而实体经济投资回报率的持续降低和生存发展环境恶化，再加上虚拟经济高额的回报率，就迫使和诱使实体经济部门的注意力不断地转向虚拟经济，从而使虚拟经济在自我循环中走向泡沫化，给中国经济的健康发展带来巨大的隐患甚至是巨大的现实风险。对此，十九大以及2016年、2017年中央经济工作会议都给予了高度重视，处理好实体经济与虚拟经济的关系已成为中国经济发展中必须高度重视而且必须有效解决的重大现实问题。因此，为了防止虚拟经济脱离实体经济过度发展可能带来的严重后果，习近平总书记在十九大报告中所说的那样，必须始终坚持"以实为主，虚实协调"的宏观产业结构政策导向，对虚拟经济的发展进行科学、准确的定位，要进一步强化虚拟经济部门为实体经济服务的本质功能，使虚拟经济真正地成为支持实体经济发展的强大动力，提升包括金融业在内的虚拟经济部门对以制造业为核心的实体经济部门的"反哺"功能和能力，要坚决防止虚拟经济脱离实体经济独立而过度地发展从而引发虚拟经济泡沫以及虚拟经济泡沫崩溃对整个国民经济造成巨大伤害的情况发生，确保整个国民经济的健康平稳地发展。

8.4.4 要防控重大风险，特别是金融风险的出现

在美国的"去工业化""再工业化"过程中，由于其两种价值取向的较量，使美国"去工业化""再工业化"进程的政策、行动出现了严重的偏离，使风险不断累积，风险的不断累积形成了难以驾驭、控制的重大风险，最终导致次贷危机乃至金融危机的爆发。而日本经济在跟随、模仿美国"去工业化""再工业化"进程中放大了美国"去工业化""再工业化"进程中政策与行动的偏离，使日本虚拟经济迅速膨胀，形成经济泡沫，最终导致其虚拟经济的崩溃，而且其后遗症贻害极其严重。因此，历史的特别是现实的惨痛教训警示我们，在经济发展过程中，必须要严密防范和及时化解经济发展过程中可能出现的各种风险，特别是可能出现的重大风险，尤其是要防控金融风险，只有对可能出现的各种风险，特别是可能由金融风险酿成的重大经济风险保持高度警惕，做到早识别、早预警、早发现、早处置，防患于未然，才能把握主动权，才能降低，甚至消除风险。

8.4.5 要对"再工业化"浪潮所带来的各种挑战有充分认识

无论是美国的"再工业化"、西欧发达国家的"再工业化"，还是日本的"再工业化"，抑或是发展中国家的"再工业化"，虽然它们的注重点存在着许多差异，但它们的共同之点却是相同的：一方面，要通过"再工业化"战略的实施夺取新一轮科技革命背景下的以制造业为核心的实体经济发展的制高点；另一方面，要通过"再工业化"战略的实施提升其以制造业为核心的实体经济的国际竞争力，夺取更大的世界市场份

额,为其以制造业为核心的实体经济的发展争得更大的生存空间。而这两方面的交互作用最终集中到一点就是对各种资源的全球性的激烈争夺:为了保持和进一步获取持久的科技创新能力形成全球性科技资源的激烈争夺;为了保持和进一步获取以制造业为核心的实体经济的国际竞争力,不但要大力发展制造业,特别是高端制造业,而且还要通过制定和实施各种优惠政策鼓励甚至强迫制造业回归本土,从而形成全球性制造业资源的激烈争夺;为了保持和进一步获取以制造业为核心的实体经济的发展空间,不惜利用高关税、技术壁垒、绿色壁垒、反倾销、反补贴、反垄断、特殊保障措施等花样不断翻新的手段争夺世界市场资源,从而形成全球性市场空间的激烈争夺,例如,为了打压中国制造业的国际竞争力,特朗普不惜重新动用"301调查"。特朗普认为,为了提升制造业的国际竞争力,中国对内采取了着手重构产业政策,对外采取吸引外国直接投资和对外加紧投资等战略从而对美国制造业国际竞争力带来巨大的压力,因此,美国必须重起"301调查"这面大旗从根本上打压中国制造业国际竞争力。[①] 因此,面对"再工业化"浪潮引发的对各种资源的全球性的激烈争夺,中国必须给予高度警惕并采取有效措施予以积极应对。

---

① 参见孙丽、王厚双:《特朗普启动对华"301调查"的目的与影响透视》,《国际贸易》2017年第9期。

参 考 文 献

中文文献：

[1] 胡鞍钢、胡光宇编：《公司治理-中外比较》，新华出版社 2004 年版。

[2] 哈特（Halt）：《企业、合同和财务结构》（中译本），上海三联书店 1998 年版。

[3] 青木昌彦（1999）：《对内部人控制的控制：转轨经济的公司治理的若干问题》。

[4] 何浚：《上市公司治理结构的实证分析》，《经济研究》1998 年第 5 期。

[5] 中国工商银行"破产问题"研究小组：《关于企业破产问题的研究报告》，《经济研究》1997 年第 4 期。

[6] 同济大学—上海证券（联合）课题组：《上证研究》，第 1 卷第 2 号。

[7] 李硕远：《中日韩证券市场研究》，上海交通大学出版社 2003 年版。

[8] 孙丽：《后发展经济视角下的产权制度与公司治理：中日韩比较》，《日本学刊》2006 年第 5 期。

[9] 陈友骏：《安倍经济学的构想与困境》，《太平洋学报》2014 年第 2 期。

[10] 伞锋、张晓兰：《"安倍经济学"能拯救日本经济吗?》，《东北亚论坛》2014 年第 1 期。

[11] 陈虹：《日本国债：安全资产还是风险潜在?》，《西部论坛》2012 年第 11 期。

[12] [美] 米什金：《货币金融学》，郑艳文译，中国人民大学出版社 2006 年版，第 433 页。

[13] 蒋瑛琨、刘艳武、赵振全：《货币渠道与信贷渠道传导机制有效性的实证分析——兼论货币政策中介目标的选择》，《金融研究》2005 年第 5 期。

[14] 兰健、龚敏：《日本货币政策效应的实证分析：1980.Ⅰ-2001.Ⅱ》，《世界经济文汇》2002 年第 5 期。

[15] 王永茂：《量化宽松货币政策对汇率的影响——基于 2001~2006 年日本实证分析》，《财贸研究》2011 年第 10 期。

[16] 榊原英资：《日本为何难以推进结构性改革》，《国际经济评论》2002 年第 2 期。

[17] 周颖昕、郝正非：《利益集团与日本政治体制中的"三角同盟"——兼论日本结构改革难以推进的原因》，《当代亚太》2005年第8期。

[18] 万志宏、曾刚：《量化宽松货币政策的实践——以日本为例》，《国际金融研究》2011年第4期。

[19] 约瑟夫·斯蒂格利茨：《"安倍经济学"将会成功》香港信报，2013年第4期。

[20] 柴田德太郎：《全球视角解读安倍经济学》，《中国经济报告》2013年第7期。

[21] 鲁政委：《拆解安倍经济学》，《中国金融》2013年第14期。

[22] 吴敬琏、周小川等著：《法治结构债务重组和破产程序——重温1994年京伦会议》，中央编译出版社。

[23] 张季风：《重新审视日本失去的二十年》，《日本学刊》2013年第6期。

[24] 易宪容：《"安倍经济学"的金融分析》，《金融与经济》2013年第6期。

[25] 津上俊哉：《产能过剩与僵尸企业处理：日本经验》，《比较》2016年第3辑。

[26] 吴汉洪：《日本邮政民营化改革解析及启示》，《经济理论与经济管理》2006年第2期。

[27] 小林庆一郎：《关于邮政改革的思》，经济产业研究所主页 www.rieti.go.jp/cn。

[28] 徐万胜：《论邮政民营化与日本自民党政权》，《解放军外国语学院学报》2006年3月第29卷第2期。

[29] 李秀敏、朱艳艳：《论日本邮政民营化改革》，《当代经济研究》2005年第12期。

[30] 宋晓梅、孙涌：《日本邮政民营化改革——出国考察报告》，《西安金融》2006年第7期。

[31] 杨华：《日本邮政民营化改革》，《决策与信息》2006年1月下半月刊。

[32] 周见：《日本邮政民营化启示》，《中国企业家》2006年第5期。

[33] 张永涛：《日本邮政民营化带来的几点启示》，《改革越战略》2006年第1期。

[34] 姚海天：《日本邮政民营化分析》，《日本研究》2005年第3期。

[35] 姚建华：《日本邮政民营化改革探析》，《邮政研究》2006年1月。

[36] 张远凤：《本行政体制改革与日本邮政民营化》，《现代日本经济》2006年第4期。

[37] 赵旭梅：《日本邮政民营化改革解析》，《现代日本经济》2006年第4期。

[38] 杨华：《析论日本邮政民营化改革》，《现代日本经济》2007年第4期。

[39] 深尾光洋：《金融研究报告——加速彻底邮政民营化》，RIETI经济产业研究所主页 www.rieti.go.jp/cn。

[40] 丹尼斯·C·穆勒：《公共选择理论》，中国社会科学出版社1999年版。

[41] 戴维·M·克雷普斯：《博弈论与经济模型》，商务印书馆2006年版。

[42] 章嘉琳：《美国工业的空心化及其后果》，《人民日报》1987年8月29日。

[43] 郭万达、朱文晖：《中国制造：世界工厂正转向中国》，江苏人民出版社2002年版。

[44] 金慰祖、于孝同：《美国的"再工业化"问题》，《外国经济与管理》1980年第10期。

[45] 佟福全：《美国的"再工业化"战略》，《世界经济》1982年第7期。

[46] 姚海琳：《西方国家"再工业化"浪潮：解读与启示》，《经济问题探索》2013年第3期。

[47] 黄永春、郑江淮、杨以文、祝吕静：《中国"去工业化"与美国"再工业化"冲突之谜解析》，《经济问题探索》2013年第3期，第7~18页。

[48] 杨仕文：《美国非工业化研究》，江西人民出版社2007年版。

[49] 孙涛：《美国金融服务现代化法述评》，《科学决策》2001年第4期。

[50] 孙兴杰、李黎明：《美国的制造业复苏之难》，《中国工业评论》2017年第1期。

[51] 杨琳：《从几次金融危机看虚拟经济与实体经济关系》，《中国金融》2009年第5期。

[52] 张云、刘骏民：《经济虚拟化与金融危机、美元危机》，《世界经济研究》2009年第3期。

[53] 马立珍：《发达的金融业支撑着"双赤字、过度消费"的美国经济》，《理论界》2010年第3期。

[54] 刘昌黎：《浅谈日本的泡沫经济》，《日本研究》1993年第2期。

[55] 胡立君、薛福根、王宇：《日本后工业化阶段的产业空心化——以日本和美国为例》，《中国工业经济》2013年第8期。

[56] 金碚、刘戒骄：《美国"再工业化"的动向》，《中国经济导刊》2009年第22期。

[57] 桥本寿朗、长谷川信、宫岛英昭：《现代日本经济》，戴晓芙译，上海财经大学出版社2001年版。

[58] 日本经济产业省：《日本新经济增长战略》，林家彬译，中信出版社2009年版。

[59] [日] 野口悠纪雄：《日本的反省：制造业毁灭日本》，东方出版社2014年版。

[60] 王厚双：《日本经济与世界经济接轨的经验浅析》，《日本学刊》1997年第1期。

[61] 周林薇：《从日本股市暴跌看泡沫经济的特征》，《世界经济》1993年第2期。

[62] 郑良芳：《从日本泡沫经济破灭说起——正确处理虚拟经济和实体经济关系问题的研究》，《福建金融管理干部学院学报》2003年第4期。

[63] 李伯瑜：《浅析日本的泡沫经济》，《日本问题研究》1994年第4期。

[64] 杨琳：《从几次金融危机看虚拟经济与实体经济关系》，《中国金融》2009年第5期。

[65] 华民：《美国贸易额重返世界第一警醒中国》，《南风窗》2017年第11期。

[66] 孙丽：《公司治理结构的国际比较研究：来自日本的启示》，社会科学文献出版社2008年版。

[67] 孙丽、王世龙：《泡沫经济崩溃后日本非常规利率政策实证研究——"零利率"走向"负利率"》，《现代日本经济》2017年第3期。

[68] 孙丽：《日本处理僵尸企业的经验和教训研究》，《日本学刊》2017年第3期。

[69] 王厚双、孙丽：《战后日本参与全球经济治理的经验研究》，《日本学刊》2017年第1期。

[70] 孙丽：《日本政府企业关系模式解析》，《现代日本经济》2008年第4期（总第160期），2008年第7期。

[71] 孙丽：《日本邮政事业民营化的政治经济学分析》，《日本研究》2008年第1期（总第124期），2008年第3期。

[72] 孙丽：《中日韩内部人控制模式比较》，《2008年日本经济蓝皮书》2008年第11期。

[73] 孙丽：《后发展经济视角下的产权制度与公司治理：中日韩比较》，《日本学刊》第5期，2006年第9期。

[74] 孙丽：《公司治理结构的国际比较研究——来自日本的启示》，中国社会科学院《日本学刊》2003年第2期。

[75] 孙丽、赵兴赛：《评析安倍经济学的现状与挑战》，《2014年日本经济蓝皮书》2014年第5期。

[76] 易宪容：《"安倍经济学"的金融分析》，《金融与经济》2013年第6期。

[77] 伞锋、张晓兰：《"安倍经济学"能拯救日本经济吗？》，《东北亚论坛》2014年第1期。

[78] 陈虹：《日本国债：安全资产还是风险潜在？》，《西部论坛》2012年第11期。

[79] ［美］米什金：《货币金融学》，郑艳文译，中国人民大学出版社2006年版，第433页。

[80] 蒋瑛琨、刘艳武、赵振全：《货币渠道与信贷渠道传导机制有效性的实证分析——兼论货币政策中介目标的选择》，《金融研究》2005年第5期。

［81］兰健、龚敏：《日本货币政策效应的实证分析：1980.Ⅰ-2001.Ⅱ》，《世界经济文汇》2002年第5期。

［82］王永茂：《量化宽松货币政策对汇率的影响——基于2001~2006年日本实证分析》，《财贸研究》2011年第10期。

［83］榊原英资：《日本为何难以推进结构性改革》，《国际经济评论》2002年第2期。

［84］周颖昕、郝正非：《利益集团与日本政治体制中的"三角同盟"——兼论日本结构改革难以推进的原因》，《当代亚太》2005年第8期。

［85］万志宏、曾刚：《量化宽松货币政策的实践——以日本为例》，《国际金融研究》2011年第4期。

［86］艾尔维·阿侬：《超低或负利率对金融稳定和经济增长的影响》，《当代金融家》2015年第6期。

［87］刘兴华：《日本的"零利率"政策：缘起、效果与趋势》，《现代日本经济》2010年第4期。

［88］张慧莲：《负利率能否帮助全球经济走出困境》，《金融与经济》2016年第4期。

［89］王宇哲：《负利率时代：政策创新与宏观风险》，《国际经济评论》2016年第4期。

［90］徐奇渊：《负利率政策：原因、效果、不对称冲击和潜在风险》，《国际经济评论》2016年第4期。

［91］柳宜生、沈润涛：《日本负利率政策的内外影响》，《银行家》2016年第9期。

［92］殷剑峰：《负利率与长期停滞：日本的教训和启示》，《新金融》2016年第9期。

［93］片冈纲士：《日本式量化宽松将走向何方——安倍经济学的现在、过去与未来》，杨玲等译，机械工业出版社2016年版。

［94］田谷祯三：《日本经济：零利率政策的终结》，《国际金融研究》2007年第1期。

［95］金仁淑：《次贷危机中日本货币政策效应实证分析》，《现代日本经济》2009年第5期。

［96］汪川：《负利率的理论分析与政策实践》，《银行家》2016年第4期，第46~49页。

［97］陈强：《高级计量经济学及ststa应用（第二版）》，高等教育出版社2014年版。

日文文献：

［1］鹤田俊正（1982）：『戦後日本の产业政策』日本经济新闻社。

参考文献

［2］小宮隆太郎・奥野正寛・鈴村興太郎（1994）：『日本の产业政策』東京大学出版会。

［3］伊藤元重・清野一治・奥野正寛・鈴村興太郎（1988）：『产业政策の経済分析』東京大学出版会。

［4］青木昌彦・奥野正寛编（1998）『経済システムの比較制度分析』東京大学出版会。

［5］青木昌彦・奥野正寛编（1997）『東アジアの経済発展と政府の役割』日本経済新聞社。

［6］［日］青木昌彦等编著（1999）：《市场の役割、国家の役割》东洋经济新报社。

［7］钱颖一・BarryR. Weingast「制度、政府行動主義と経済発展—中国国有企業と郷鎮企業の比較」青木昌彦・奥野正寛编（1997）：『東アジアの経済発展と政府の役割』，日本経済新聞社。

［8］奥野正寛・堀宣昭（1994）：「产业政策の機能と理論的評価」、『通産研究レビュー』第4号。

［9］小林弘二（2002）「東アジアにおける政府と企業」現代東アジア政治研究班。長谷川啓之（1995）『アジアの経済発展と政府の役割』文真堂。

［10］ミン・チェン著　長谷川啓之・松本芳男・池田芳彦訳（1998）『東アジアの経営システム比較』新評論。

［11］岡崎哲二（1996）：「戦後市場経済移行期の政府・企業間関係」伊藤秀史编：『日本の企業システム』，東京大学出版会。

［12］森淳二朗（2005）：『東アジア（中国・韩国・日本）のコーポレート・ガバナンス』九州大学出版会。

［13］池尾和人など（2001）：『日韩経済システムの比較制度分析』日本経済新聞。

［14］菊澤研宗（2004）：『比較コーポレート・ガバナンス論』有斐閣。

［15］藪下史郎（2006）：『制度・経済発展・分配の政治経済学的アプローチ』，早稲田大学21世紀COEプログラム・開かれた政治経済制度の構築・研究成果報告。

［16］世界銀行：《東アジアの奇跡—経済成長と政府の役割》，白鳥正喜監修訳，東洋経済新報社，1994。

［17］王在桔（2001）：『中国の経済成長—地域連関と政府の役割』，慶応義塾大学出版会。

［18］安忠栄（2000）：『現代東アジア経済論』，岩波書店。

[19] 大野健一 (2000):『途上国のグローバリゼーション』、東洋経済新報社。

[20] 金本良嗣「政府と企業」伊藤秀史編 (1996):『日本の企業システム』,東京大学出版会。

[21] 孫麗:《コーポレート・ガバナンスにおける政府の役割―中日韓の比較を中心に》,早稲田大学,《早稲田政治経済学雑誌》,第366号,2007。

[22] 川井伸一 (2003):『中国上場企業−内部者支配のガバナンス』総土社。

[23] 寺本義也・坂井種次 (2002):『日本企業のコーポレート・ガバナンスの現状分析』,生産性出版。

[24] 花崎正晴・寺西重郎 (2003):『コーポレート・ガバナンスの経済分析』,東京大學出版会。

[25] 鶴見誠良編 (2000):『アジアの金融危機とシステム改革』,法政大学出版局。

[26] 深川由起子 (2000):「東アジアの構造調整とコーポレート・ガバナンス形成―韓国の事例を中心に」載青木昌彦・寺西重郎:『転換期の東アジアと日本企業』,東洋経済新報社。

[27] 深川由起子:(1997)『韓国・先進国経済論:成熟過程のミクロ分析』日本経済新聞社。

[28] 小宮隆太郎:『現代中国経済―日中の比較考察』,東京大学出版社,1989年。

[29] 呉敬璉 (1995):『通向市場経済之路』凌星光など訳《中国の市場経済》,サイマル出版社。

[30] 高龍秀 (2000):『韓国の经济システム』東洋经济新报社。

[31] 植竹晃久 (1997):「コーポレート・ガバナンス」田島壮幸责任編集『经营学用語辞典』税務経理協会。

[32] 高橋俊夫 (1999):「コーポレート・ガバナンス」神戸大学大学院经营学研究編『经营学大辞典』第2版,中央经济社等制成。

[33] 日本证券经济研究所編 (1995):《中国的股份公司制度和证券市场的生成》日本证券经济研究所。

[34] 公正交易委员会事务局编:《最新日本六大企业集团的实态》,东洋经济出版社,1994。

[35] 孫麗:《コーポレート・ガバナンスにおける政府の役割―中日韓の比較を中心に》,早稲田大学,《早稲田政治経済学雑誌》,第366号,2007。

[36] 孫麗:《日中韓における政府と企業間関係の比較研究》,《国際協力論集》,第15巻第3号,2008.3。

[37] 日本全国証券交易所协会编：《1995年度股份分额分布状况调查》。

[38] 深尾京司：『「失われた20年」と日本経済』、2013年3月出版。

[39] 岩田規久男、宮川努編：『失われた10年の真因は何か』、東洋経済新報社2003年出版。

[40] 宮川努：『長期停滞の経済学——グローバル化と産業構造の変容』、東京大学出版会2005年版，第11頁。

[41] 片冈刚士：《日本"失去的20年"——克服经济紧缩的经济政策》，藤原书店2010年2月出版。

[42] 浜田宏一、堀内昭义、内阁府经济社会综合研究所：《论争日本的经济危机》，日本经济新闻社2004年出版。

[43] 小川一夫：『「失われた十年」の真実』、東洋経済新報社2009年版。

[44] 小林慶一郎、加藤創太：『日本経済の罠：なぜ日本は長期低迷を抜け出せないのか』、日本経済新聞社2001年版。

[45] 日本内阁府（http：//www.cao.go.jp）。

[46] 日本国首相官邸（http：//www.kantei.go.jp/cn/index.html）。

[47] 日本銀行（http：//www.boj.or.jp）。

[48] 伊丹敬之＋伊丹研究室（1992）『日本の造船業　世界の王座をいつまで守れるか』NTT出版。

[49] 沖田健吾（1995）「産業縮小の過程：日本造船業のケース」『群馬大学社会情報学部研究論集』創刊号。

[50] 具承桓・加藤寛之・向井悠一郎（2010）「造船産業のダイナミズムと中手メーカーの製品戦略：国際競争構図の変化と新たな取組み」MMRCDiscussionPaperSeries286。

[51] 沢井実（1995）：「造船業：1950年代の競争と協調」武田晴人編『日本産業発展のダイナミズム』東京大学出版会、第3章。

[52] 高柳暁（1993）：『海運・造船業の技術と経営』日本経済評論社。

[53] 寺谷武明（1993）：『造船業の復興と発展』日本経済評論社。

[54] 日本造船工業会（1980）：『日本造船工業会30年史』（非売品）。

[55] 日本造船工業会（1997）：『五十年の歩み』（非売品）。

[56] 日本造船工業会：『造船関係資料』（2003，2016）

[57] ヴォーゲル（1985）：『ジャパンアズナンバーワン再考』TBSブリタニカ。

[58] 沼上幹＋一橋MBA戦略ワークショップ（2015）『一橋MBA戦略ケースブック』東洋経済新報社。

[59] 溝口誠吾（1997）：『造船重機械産業の企業システム：経営資源の継承性と展開（第2版）』森山書店。

[60] 吉識恒夫（2007）：『造船技術の進展：世界を制した専用船』成山堂書店。

[61] 小宫隆太郎著：《现代日本经济》东京大学出版社1989年版。

[62] 山下幸夫（1993）：『海運・造船業と国際市場』日本経済評論社。

[63] 日本经济新闻社编：《日本经济TODAY》日本经济新闻社，1996年

[64] 进堀利宏著：《经济大国日—美的财政政策》东洋经济新报社1991年

[65] 大藏省编：《财政金融统计月报》1997.4

[66] 东洋经济编：《统计月报》1997.8

[67] 石弘光监修：《财政结构改革的条件》1997 东洋经济新报社

[68] 厚生省编：《日本将来推计人口》1992.9

[69]《世界经济评论》1997年5月。

[70] 金森久雄、香西泰编：《日本经济读本》东洋经济出版社1997年第7版

[71] 日本经济新闻社编：《日本经济TODAY》日本经济新闻社，1996年

[72] 进堀利宏著：《经济大国日—美的财政政策》东洋经济新报社1991年

[73] 石弘光监修：《财政结构改革的条件》1997 东洋经济新报社

[74] 厚生省编：《日本将来推计人口》1992.9

[75] 菊澤研宗（2004）：『比較コーポレート・ガバナンス論』，有斐閣。

[76] Mincyin 著 長谷川啓之・松本芳男・池田芳彦訳（1998）：『東アジアの経営システム比較』，新評論。

[77] 金本良嗣：「政府と企業」伊藤秀史編（1996）：『日本の企業システム』，東京大学出版会。

[78] 池尾和人など（2001）：『日韓経済システムの比較制度分析』日本経済新聞社。

[79] 伊藤元重・清野一治・奥野正寛・鈴村興太郎（1984）：『产业政策の経済理論』東京大学出版会。

[80] 岡崎哲二・奥野正寛（1993）：『現代日本経済システムの源流』日本経済新聞社。

[81] 三轮芳朗、Ramseyer：《经济规制的有效性——倾斜生产政策的神化》，载东京大学《经济学论集》。

[82] 片岡剛士：《円のゆくえを問いなおす実証的・歴史的にみた日本経済》，東京：ちくま新書，2012：141。

[83] 岩田規九男：《デフレの経済学》，東京：東洋経済新報社，2001：17。

英文文献：

[1] Johnson, C. (1981), MITI and the Japanese Miracle, Stanford, Stanford University Press.

[2] World Bank (1993), The East Asian Miracle: Economic Growth and Public Policy, Oxford, Oxford University Press.

[3] Matsuyama, K. (1996), "Economic Development as Coordination Problem", inM. Aoki, M. Okuno-Fujiwara and H. Kim, eds., The Role of Government in East Asian Development: Comparative Institutional Analysis, Oxford, Oxford University Press.

[4] Laporta, Rafael, FlorencioLoppez-de-Silanes, AndreiSheifer, RobertW. Vishny (1998), Lawand Finance, Journal of Political Economics, Vol, 106, 1131-1155.

[5] StijinClaessen, SimeonDjankovandLarryH. P. Lang (1990): Who Controls East Asia corprations World Bank Working Papers, Feb.

[6] GerarRoian (2002) "Transition and Economics" beijing da xue chu ban she.

[7] Chowdhury, A. and IyanatulIslam (1993), The Newly Industrialising Economies of Easa Asia.

[8] Does Corporate Governance Predict Firms'Market Values? Evidence from Korea. By: BernardS. Black; HasungJang; WoochanKim. Journal of Law, Economics&Organization, Oct2006, Vol. 22Issue2, pp. 366-413, P.48, 11charts, 5graphs; DOI: 10.1093/jleo/ewj018; (AN22262605).

[9] Lee, ChungH. and I, Yamazawaeds (1990), The Economic Development of Japan and Korea.

[10] IAnc. Berlie and QMeans (1932): The Modern Corporation and Private Property [M]. Harcourt, Braceand, New York, Revised edition, 1967.

[11] Levine, Ross (1994), "Government Insurance and Financial Intermediaries: Issues of Regulation, Evaluation, and Monitoring," Farugi. Shakil (ed.) Financial Sector Reforms, Economic Growth, and Stability, EDI Seminor Series, World Bank.

[12] Xue, muqiao (1981) china's socialist Economy, Beijing Foreign Languages Press.

[13] Xu, Disin, etal (eds) (1982) The Chinese Economy Since1949, Beijing: New World Press.

[14] HiroshiUgai. Effects of the quantitative easing policy: A survey of empirical Analyses. Bank of Japan working paper series. 2006.

[15] Barry Bluestone and BennettHarrison. The Deindustrialization of America, Plant Closings, Community Abandonment, and the Dismantling of Basic Industry, Basic Books, 1982: 4-6.

[16] Krugman, P. Domestic Distortions and the Deindustrialization Hypothesis. NBER-Working Paper, No. 5473, March, 1996.

[17] N. Kaldor, "Comment", in Blackaby, ed., De-industrialisation, 1979: 18.

[18] The library of Congress, Competitive Equality Banking Act of 1987.

[19] The library of Congress, Gramm – Leach – Bliley Act of 1999.

[20] Seymour Meiman and JonRynn. "After Deindustrialization and Financial Collapse: Why the U.S. economy must be made production-centered", pp. 14 – 15.

[21] Magazinet, IraC. and ThomasM. Hout (1980), Japanese Industrial Policy, Berkeley, Calif: University of California Press.

后　　记

本书是辽宁省社科规划基金重点项目"借鉴日本经验有效处理辽宁供给侧改革中的僵尸企业问题的对策研究"（L17AJL003）和国家社会科学基金重大项目"全球经济失衡与治理对我国开放型经济转型升级的影响与对策研究"（编号：14ZDA085）的中期研究成果。本书的出版得到了教育部人文社会科学重点研究基地辽宁大学转型国家经济政治研究中心的资助。

日本具有长期实行供给侧政策的实践，并且历经了不同的经济发展阶段，"二战"以后，日本先后进行了五次大规模的供给侧改革，为日本实现工业化，成为世界强国奠定了坚实的基础。在供给侧结构性改革中，最为核心的争议问题是政府与市场主体（企业）的关系各自应如何定位？政府的产业政策如何制定？长期以来，日本依靠"多元的政府企业关系"在五次大规模的供给侧改革政策实践的持续性上发挥了优势，使相互协调的关系得以成立。既保持了相当大连续性，又因约束条件的变化而有相当大的区别。1996年登场的第二次桥本内阁开始着手"结构改革"，并在小泉内阁时期达到高潮。安倍内阁上台后，推行的大胆的货币宽松政策、灵活的财政政策、刺激民间投资为中心的经济产业成长战略，这三项政策被称为安倍政府的三支利箭。而给予最大期望的就是以供给侧改革为中心的新的经济增长战略。2013年6月安倍内阁发布的《日本复兴战略》，推出了产业复兴、战略性市场创造、国际化战略等行动计划，并制定了5年内要使日本的全球竞争力世界排名从第五位跃升至第一位的目标。2016年6月初，日本政府宣布将着眼于第四次产业革命，大力推动机器人等新兴产业发展，寻求在未来的制造业竞争中占据制高点。为了引领全球"再工业化"新浪潮，继2016年1月日本政府首次提出"社会5.0"（超智慧社会）的概念后，在2016年5月修订的《科技创新战略2016》中表示，日本将大力度推进实现"社会5.0"的平台建设及其基础技术的强化工作以此建设"由科技创新引领社会变革而诞生的一种新型社会"。

"安倍经济学"中最关键的结构改革迟迟未能发挥作用，日本经济的长期增长面临巨大挑战和诸多不确定性。近几年，日本制造造假事件、质量问题可谓层出不穷，使日本的许多制造业企业昔日那种精益求精的"工匠精神"已快速消弭，甚至荡然无存。日本在跟随美国"去工业化"与"再工业化"浪潮的过程中，日本经济发展战略出现了重大的失误就在于实体经济在国民经济发展中的命脉、根基地位被倒置,从而使泡沫经济膨胀,而泡沫经济崩溃的后遗症长期难以消除,使经济发展陷入长期的困境之中。强化制造业在实体经济发展中的核心地位和主导作用,是日本经济转型与供给侧改革的根本出路所在。

此外,日本在供给侧改革中去产能处理僵尸企业问题的经验教训值得对于正处于工业化进程之中的中国进行深入的研究与借鉴。

回顾日本供给侧改革的经验与教训,对中国当前供给侧改革,无疑具有重要的借鉴意义。日本的供给侧改革,至少可以为我们提供以下几个方面的经验:(1)在实施供给侧政策的同时,致力于体制改革和市场增进。(2)供给侧改革和需求侧政策同时并举。(3)正确认识政府的能力,摆正政府与企业、市场的关系,转变政府职能,加快市场化改革进程。(4)要牢固确立发展经济的着力点必须放在实体经济上这一正确的发展理念。

在本书的写作过程中,辽宁大学世界经济专业研究生赵兴赛、王世龙、王霞等参与了资料收集、文献翻译及数据整理的工作。其中,部分人员还撰写了不少部分的内容。何氏医学院关英辉讲师撰写了第2章第2节;辽阳市委党校常海鹏讲师撰写了第4章第4节。

辽宁大学国际关系学院院长、教育部人文社会科学重点研究基地辽宁大学转型国家经济政治研究中心主任刘洪钟教授、南开大学日本研究院莽景石教授对本书的写作出版给予了大量的指导与帮助,在此深表感谢。

值得一提的是,经济科学出版社的殷亚红社长和王洁编辑在本书的出版过程中提供了大量的帮助和辛勤的汗水,对他们的工作表示感谢。

孙 丽
2017年12月31日于沈阳